Green Paper on Education in Suzhou

2021年
苏州教育绿皮书

苏州市教育质量监测中心 编著

苏州大学出版社
Soochow University Press

图书在版编目(CIP)数据

 2021年苏州教育绿皮书 / 苏州市教育质量监测中心
编著.— 苏州：苏州大学出版社，2023.3
　ISBN 978-7-5672-4278-4

　Ⅰ.①2… Ⅱ.①苏… Ⅲ.①教育事业－研究报告－
苏州－2021 Ⅳ.①G527.533

 中国国家版本馆CIP数据核字(2023)第016023号

2021年苏州教育绿皮书
2021 NIAN SUZHOU JIAOYU LÜPISHU

编　　著：苏州市教育质量监测中心
责任编辑：万才兰

出版发行：苏州大学出版社（Soochow University Press）
社　　址：苏州市十梓街1号　邮编：215006
印　　刷：苏州工业园区美柯乐制版印务有限责任公司
网　　址：www.sudapress.com
邮　　箱：sdcbs@suda.edu.cn
邮购热线：0512-67480030
销售热线：0512-67481020

开　　本：787 mm×1 092 mm　1/16
印　　张：20.5
字　　数：399千
版　　次：2023年3月第1版
印　　次：2023年3月第1次印刷
书　　号：ISBN 978-7-5672-4278-4
定　　价：80.00元

若发现印装错误，请与本社联系调换。服务热线：0512-67481020

前　言

2021年，苏州市教育系统全面贯彻党的十九大和十九届历次全会精神，以习近平新时代中国特色社会主义思想为指导，坚守为党育人、为国育才，落实立德树人根本任务，深化教育综合改革，自觉肩负"争当表率、争做示范、走在前列"的职责使命，全力办好人民满意的高质量教育，为苏州建设展现"强富美高"新图景的社会主义现代化强市做出了巨大贡献。

为了更好地记录、分析与总结苏州教育的发展历程，不断构建五育并举、优质均衡、内涵扎实的现代教育体系，努力实现成为高标准教育强市的目标，苏州市教育质量监测中心组织编写了《2021年苏州教育绿皮书》。该书历经半年的采稿、筛选、编辑，收录了16篇全方位体现2021年苏州教育发展情况的监测公告和调查报告，涵盖了学生体质健康、义务教育学业质量、学生心理健康、家庭教育、教师职业状态等热点、难点问题，精选了苏州县级市（区）在教育综合改革过程中所取得的具有区域特色的发展报告。

期盼本书的出版，能够为教育行政管理人员、教育科学研究人员、广大师生及所有关心苏州教育的有识之士提供有益的参考。同时，衷心希望各界提出意见和建议，从而使本书真正成为集学术性与可读性于一体的地方教育史志。

本书的编辑出版得到了苏州市教育局、苏州市人民政府教育督导室各位领导，以及教育局有关处室、直属学校（单位），有关县级市（区）教育行政部门，苏州大学出版社的大力支持。

目 录

监测报告

2021年苏州市中小学生体质健康监测公告　003
2021年苏州市义务教育学业质量监测公告　060

调查报告

"院士之乡钟灵毓秀　科学巨匠闪耀苍穹——苏州院士人物线上特展"研究报告　087
在苏外籍教师统计与现状调研报告　100
苏州市吴江区小学生线上学习适应水平的调查研究　119
苏州市中小学生阅读能力评估与研究　130
面向"十四五",建设高素质专业化创新型教师队伍
　　——2021年苏州市小学教师队伍建设监测报告　153
苏州市中小学生创造力调查研究报告　179
苏州市中小学班主任胜任力现状与影响因素研究　206
"双减"背景下区域中小学生作业质量提升的成效与思考
　　——基于2019—2021年苏州市义务教育学业质量监测数据　227
大数据揭示高质量家庭教育密码
　　——基于苏州市初中生学业质量监测与家庭教育调查数据的关联分析　237
2021年苏州市初中青年教师职业状态专题分析报告　247
2021年苏州市义务教育学业质量监测心理健康发展状况专题分析报告　265
2021年苏州市中小学生自身压力感受状况专题分析报告　284
不同学业起点的学生何以实现学业跃进
　　——基于苏州市义务教育学业质量监测数据的研究　295
学生个体和学校在学生实现学业抗逆中的作用
　　——基于苏州市初中71 948名处境不利学生的分析　307

监测报告

2021年苏州市中小学生体质健康监测公告

一、健康指标

苏州市中小学生健康指标主要通过肥胖率和视力不良率得到反映。

（一）肥胖率

1. 中小学生肥胖率的基本情况

2021年苏州市中小学生肥胖率（表1），男生为13.97%，女生为7.46%，总体肥胖率为10.42%。

表1　2021年苏州市中小学生肥胖率

	男生	女生	总体
肥胖率	13.97%	7.46%	10.42%

注：肥胖率统计按照中国肥胖问题工作组（WGOC）评价判断标准。

各市（区）的中小学生肥胖率（表2）的差异较大，姑苏区、吴江区、相城区、高新区和张家港市的中小学生肥胖率在10%以上，其中姑苏区的中小学生肥胖率最高，为15.37%；常熟市、昆山市、太仓市、吴中区、工业园区的中小学生肥胖率在10%以下，吴中区的中小学生肥胖率最低，为5.46%。

表2　2021年苏州市各市（区）中小学生肥胖率

各市（区）	肥胖率	各市（区）	肥胖率
常熟市	9.53%	吴中区	5.46%
姑苏区	15.37%	相城区	10.51%
昆山市	9.58%	高新区	12.10%
太仓市	7.77%	工业园区	7.93%
吴江区	13.65%	张家港市	12.30%

注：肥胖率统计按照中国肥胖问题工作组（WGOC）评价判断标准。

从各年龄段中小学生肥胖率数据（表3）来看，7—10岁年龄段肥胖率逐渐提高，10岁时肥胖率最高，为15.38%；随着年龄的增长，10岁后，肥胖率总体呈下降趋势，到18岁时，肥胖率仅为4.42%。

表3　2021年苏州市各年龄段中小学生肥胖率

年龄/岁	肥胖率	年龄/岁	肥胖率
7	11.26%	13	10.48%
8	12.88%	14	6.14%
9	13.91%	15	6.83%
10	15.38%	16	7.03%
11	11.90%	17	6.52%
12	11.77%	18	4.42%

注：肥胖率统计按照中国肥胖问题工作组（WGOC）评价判断标准。

2. 2021年与2020年苏州市中小学生肥胖率的比较

与2020年相比，2021年苏州市中小学生肥胖率（表4）有所下降，总体肥胖率从10.93%下降至10.42%。其中，男生的肥胖率略微上涨，从13.90%增加至13.97%；女生的肥胖率从7.95%下降至7.46%。据教育部发布的统计数据，近5年各学段中小学生肥胖率整体呈逐年上升趋势，其中2020年我国中小学生肥胖率超过10%。

表4　2021年与2020年苏州市中小学生肥胖率对比

	男生	女生	总体
2020年肥胖率	13.90%	7.95%	10.93%
2021年肥胖率	13.97%	7.46%	10.42%

注：肥胖率统计按照中国肥胖问题工作组（WGOC）评价判断标准。

（二）视力不良率

1. 中小学生视力不良率的基本情况

2021年苏州市中小学生视力不良率（表5），男生为64.59%，女生为68.37%，总体视力不良率为66.50%。

表 5　2021 年苏州市中小学生视力不良率

	男生	女生	总体
视力不良率	64.59%	68.37%	66.50%

注：双眼裸眼视力均≥4.8 为正常视力，反之则为视力不良。

2021 年苏州市各市（区）中小学生视力不良率情况如表 6 所示，工业园区的中小学生视力不良率最低，为 55.84%；张家港市的中小学生视力不良率最高，为 78.01%；吴江区的中小学生视力不良率为 75.52%，仅次于张家港市；其他各市（区）的中小学生视力不良率分别为常熟市 66.81%、姑苏区 68.39%、昆山市 66.18%、太仓市 61.98%、吴中区 62.59%、相城区 65.80%、高新区 61.22%。其中，小学生的视力不良率最低，高中生的视力不良率最高，普遍在 80% 以上。

表 6　2021 年苏州市各市（区）中小学生视力不良率

各市（区）	视力不良率	各市（区）	视力不良率
常熟市	66.81%	吴中区	62.59%
姑苏区	68.39%	相城区	65.80%
昆山市	66.18%	高新区	61.22%
太仓市	61.98%	工业园区	55.84%
吴江区	75.52%	张家港市	78.01%

注：双眼裸眼视力均≥4.8 为正常视力，反之则为视力不良。

2. 2021 年与 2020 年中小学生视力不良率的比较

与 2020 年相比，2021 年苏州市中小学生视力不良率（表 7）有所下降，总体从 69.29% 下降至 66.50%，其中男生的视力不良率从 66.13% 下降至 64.59%，女生的视力不良率从 72.47% 下降至 68.37%。在 2020 年教育部对 9 个省区市中小学生在新冠病毒感染疫情防控期间的视力变化情况调研结果显示，在半年多的时间里，被调查学生的视力不良率从 59.2% 上升到 70.6%，近 90% 的高中生视力不良。相较于 2020 年，2021 年苏州市中小学生视力不良率虽整体有所下降，但有些市（区）的中小学生视力不良率还是偏高，且随着学段的升高，视力不良率不断增长，小学生的视力不良率最低，高中生的视力不良率普遍都在 80% 以上，甚至高达 90%。视力不良率增长可能与学生在新冠病毒感染疫情防控期间上网课密切相关。此外，用眼习惯不良和家长无法对孩子使用电子产品进行有效监管也是主要原因。

表 7　2021 年与 2020 年苏州市中小学生视力不良率对比

	男生	女生	总体
2020 年视力不良率	66.13%	72.47%	69.29%
2021 年视力不良率	64.59%	68.37%	66.50%

注：双眼裸眼视力均≥4.8 为正常视力，反之则为视力不良。

二、身体形态指标

苏州市中小学生身体形态指标主要通过身高、体重、胸围得到反映。

（一）身高

1. 中小学生身高的基本情况

2021 年苏州市中小学各学段学生身高情况如表 8 所示，小学学段男女生身高差别不大，男生为（141.93±3.33）（$\bar{x}±s$，下同）cm，女生为（141.45±2.84）cm；初中学段男生身高为（168.23±1.04）cm，女生身高为（160.40±1.23）cm；高中学段男生身高为（175.34±1.66）cm，女生身高为（163.35±1.7）cm。

表 8　2021 年苏州市中小学各学段学生身高　　　　单位：cm

学段	男生	女生	总体
小学	141.93±3.33	141.45±2.84	141.69±3.02
初中	168.23±1.04	160.40±1.23	164.31±4.17
高中	175.34±1.66	163.35±1.7	169.34±6.37

从小学学段学生身高数据可以看出，工业园区的学生身高均值最大，男生为 150.95 cm，女生为 148.63 cm；吴江区的学生身高均值最小，男生为 139.04 cm，女生为 137.97 cm。从初中学段学生身高数据可以看出，太仓市的男生身高均值最大，为 169.68 cm，高新区的男生身高均值最小，为 166.80 cm；张家港市的女生身高均值最大，为 162.56 cm，高新区的女生身高均值最小，为 158.21 cm。从高中学段学生身高数据可以看出，吴江区的学生身高均值最大，男生为 178.49 cm，女生为 165.66 cm；高新区的学生身高均值最小，男生为 172.72 cm，女生为 160.30 cm。相关数据如表 9 所示。

表 9 2021 年苏州市各市（区）各学段学生身高均值　　　　单位：cm

各市（区）	小学		初中		高中	
	男生	女生	男生	女生	男生	女生
常熟市	141.35	140.96	167.27	159.90	175.01	162.96
姑苏区	141.72	140.99	167.21	159.57	174.35	162.27
昆山市	140.74	140.32	168.59	159.64	174.23	161.34
太仓市	141.47	141.17	169.68	161.52	175.18	164.39
吴江区	139.04	137.97	168.09	159.86	178.49	165.66
吴中区	139.77	139.72	169.21	160.97	174.28	165.21
相城区	140.26	140.37	169.40	161.28	176.37	163.35
高新区	141.60	141.21	166.80	158.21	172.72	160.30
工业园区	150.95	148.63	167.30	160.47	177.20	164.62
张家港市	142.43	143.16	168.75	162.56	175.57	163.37

2. 2021 年与 2020 年中小学生身高的比较

2020—2021 年，苏州市各学段学生身高均有增长（表 10），小学学段男生身高从（140.85±2.56）cm 增长至（141.93±3.33）cm，女生身高从（140.24±3.75）cm 增长至（141.45±2.84）cm；初中学段男生身高从（167.28±1.09）cm 增长至（168.23±1.04）cm，女生身高从（160.02±0.91）cm 增长至（160.40±1.23）cm；高中学段男生身高从（174.53±1.64）cm 增长至（175.34±1.66）cm，女生身高从（162.48±1.19）cm 增长至（163.35±1.70）cm。身高逐年增长，表明各学段中小学生身体骨骼发育良好，发育阶段营养充足，国家和教育部门对学生体质提升的重视和相关举措成效显著。

表 10 2021 年与 2020 年苏州市中小学生身高对比　　　　单位：cm

学段	男生		女生	
	2020 年	2021 年	2020 年	2021 年
小学	140.85±2.56	141.93±3.33	140.24±3.75	141.45±2.84
初中	167.28±1.09	168.23±1.04	160.02±0.91	160.40±1.23
高中	174.53±1.64	175.34±1.66	162.48±1.19	163.35±1.70

(二) 体重

1. 中小学生体重的基本情况

2021年苏州市各学段学生体重情况如表11所示,小学学段男生为（37.82±2.59）kg,女生为（35.29±1.93）kg;初中学段男生为（58.54±2.00）kg,女生为（50.68±1.48）kg;高中学段男生为（67.39±2.43）kg,女生为（55.62±1.19）kg。

表 11　2021 年苏州市中小学各学段学生体重　　　　单位：kg

学段	男生	女生	总体
小学	37.82±2.59	35.29±1.93	36.55±2.58
初中	58.54±2.00	50.68±1.48	54.61±4.38
高中	67.39±2.43	55.62±1.19	61.51±6.32

从小学学段学生体重数据可以看出,工业园区的学生体重均值最大,男生为 44.29 kg,女生为 39.50 kg;吴中区的学生体重均值最小,男生为 34.30 kg,女生为 32.55 kg。从初中学段学生体重数据可以看出,男生中姑苏区的平均体重最大,为 61.15 kg,常熟市最小,为 55.02 kg;女生中高新区的平均体重最大,为 52.97 kg,常熟市最小,为 48.82 kg。从高中学段学生体重数据可以看出,男生中张家港市的平均体重最大,为 71.04 kg,吴中区最小,为 63.09 kg;女生中工业园区的平均体重最大,为 57.16 kg,相城区最小,为 53.15 kg。相关数据如表 12 所示。

表 12　2021 年苏州市各市（区）各学段学生体重　　　　单位：kg

各市（区）	小学		初中		高中	
	男生	女生	男生	女生	男生	女生
常熟市	37.20	35.24	55.02	48.82	66.69	55.01
姑苏区	38.57	35.18	61.15	52.77	69.90	56.49
昆山市	37.11	35.21	57.54	50.89	68.85	56.86
太仓市	37.31	34.03	58.17	49.83	64.90	55.08
吴江区	37.46	34.36	60.94	51.33	66.23	54.82
吴中区	34.30	32.55	55.71	49.44	63.09	56.24
相城区	36.39	34.90	59.53	51.52	66.22	53.15
高新区	36.70	34.38	59.22	52.97	67.72	56.07
工业园区	44.29	39.50	58.95	48.93	69.27	57.16
张家港市	38.90	37.50	59.15	50.31	71.04	55.32

2. 2021 年与 2020 年中小学生体重的比较

2020—2021 年，苏州市中小学各学段学生体重除初中学段女生外，均有增长（表13）。小学学段男生体重从（36.87±2.30）kg 增长至（37.82±2.59）kg，女生体重从（34.67±2.84）kg 增长至（35.29±1.93）kg；初中学段男生体重从（57.94±2.95）kg 增长至（58.54±2.00）kg，女生体重从（51.30±1.68）kg 下降至（50.68±1.48）kg；高中学段男生体重从（65.81±2.88）kg 增长至（67.39±2.43）kg，女生体重从（54.61±1.52）kg 增长至（55.62±1.19）kg。结合身高和肥胖率来看，苏州市中小学各学段学生平均身高在增长，体重也随之增长，在身体发育良好的同时学生肥胖率在下降，这是有利于学生健康和身体素质发展的。

表 13　苏州市中小学各学段学生体重对比分析　　　　单位：kg

学段	男生		女生	
	2020 年	2021 年	2020 年	2021 年
小学	36.87±2.30	37.82±2.59	34.67±2.84	35.29±1.93
初中	57.94±2.95	58.54±2.00	51.30±1.68	50.68±1.48
高中	65.81±2.88	67.39±2.43	54.61±1.52	55.62±1.19

（三）胸围

1. 中小学生胸围的基本情况

2021 年苏州市中小学各学段学生胸围情况如表 14 所示，小学学段男生为（68.99±2.69）cm，女生为（67.77±2.37）cm；初中学段男生为（79.73±2.09）cm，女生为（79.72±3.48）cm；高中学段男生为（85.58±2.73）cm，女生为（82.54±2.78）cm。

表 14　2021 年苏州市中小学各学段学生胸围　　　　单位：cm

学段	男生	女生	总体
小学	68.99±2.69	67.77±2.37	68.38±2.55
初中	79.73±2.09	79.72±3.48	79.73±2.80
高中	85.58±2.73	82.54±2.78	84.06±3.10

从小学学段学生胸围数据（表15）可以看出，男生中工业园区的平均胸围最大，为 73.43 cm，太仓市最小，为 64.04 cm；女生中工业园区的平均胸围最大，为 71.86 cm，吴中区最小，为 64.52 cm。从初中学段学生胸围数据可以看出，男生中吴中区的平均胸围最大，为 83.08 cm，太仓市最小，为 76.23 cm；女生中昆山市的平均胸围最大，为

86.44 cm，吴江区最小，为 73.25 cm。从高中学段学生胸围数据可以看出，男生中工业园区的平均胸围最大，为 90.36 cm，太仓市最小，为 81.22 cm；女生中相城区的平均胸围最大，为 86.54 cm，张家港市最小，为 76.31 cm。

表 15 2021 年苏州市各市（区）各学段学生胸围均值　　　　单位：cm

各市（区）	小学		初中		高中	
	男生	女生	男生	女生	男生	女生
常熟市	67.94	67.55	78.80	78.61	86.11	84.28
姑苏区	69.01	66.77	80.89	79.55	85.89	82.56
昆山市	69.73	65.69	80.08	86.44	87.75	80.89
太仓市	64.04	66.09	76.23	78.83	81.22	82.47
吴江区	69.86	67.61	78.15	73.25	86.28	83.72
吴中区	66.39	64.52	83.08	76.90	86.37	85.03
相城区	71.83	70.37	79.68	82.90	86.30	86.54
高新区	67.46	66.77	77.61	80.68	83.84	82.37
工业园区	73.43	71.86	82.15	79.40	90.36	81.27
张家港市	70.17	70.50	80.59	80.66	81.64	76.31

2. 2021 年与 2020 年中小学生胸围的比较

2020—2021 年，苏州市中小学各学段学生胸围除高中男生外，均有增长（表 16）。小学学段男生胸围从（67.62±2.81）cm 增长至（68.99±2.69）cm，女生胸围从（65.38±2.87）cm 增长至（67.77±2.37）cm；初中学段男生胸围从（79.64±2.13）cm 增长至（79.73±2.09）cm，女生胸围从（79.63±2.69）cm 增长至（79.72±3.48）cm；高中学段男生胸围从（85.94±1.25）cm 下降至（85.58±2.73）cm，女生胸围从（82.43±2.29）cm 增长至（82.54±2.78）cm。胸围是衡量学生身体发育情况的重要指标，尤其是身体力量素质，苏州市中小学生的胸围发育趋势总体还是上升的。

表 16 2021 年与 2020 年苏州市中小学生胸围对比　　　　单位：cm

学段	男生		女生	
	2020 年	2021 年	2020 年	2021 年
小学	67.62±2.81	68.99±2.69	65.38±2.87	67.77±2.37
初中	79.64±2.13	79.73±2.09	79.63±2.69	79.72±3.48
高中	85.94±1.25	85.58±2.73	82.43±2.29	82.54±2.78

三、身体机能

苏州市中小学生身体机能指标主要通过肺活量体重指数、血压、脉搏得到体现。

（一）肺活量体重指数

1. 中小学生肺活量体重指数的基本情况

2021 年苏州市中小学各学段学生肺活量体重指数如表 17 所示，小学学段男生为（51.91±8.69）mL/kg，女生为（50.79±8.01）mL/kg；初中学段男生为（58.89±8.02）mL/kg，女生为（50.97±7.39）mL/kg；高中学段男生为（59.85±6.03）mL/kg，女生为（51.47±6.22）mL/kg。

表 17　2021 年苏州市中小学各学段学生肺活量体重指数　　单位：mL/kg

学段	男生	女生	总体
小学	51.91±8.69	50.79±8.01	51.35±8.16
初中	58.89±8.02	50.97±7.39	54.93±8.54
高中	59.85±6.03	51.47±6.22	55.66±7.35

从小学学段学生肺活量体重指数数据可以看出，张家港市学生的指数均值最大，男生为 64.47 mL/kg，女生为 62.62 mL/kg；昆山市学生的指数均值最小，男生为 37.72 mL/kg，女生为 37.34 mL/kg。从初中学段学生肺活量体重指数数据可以看出，男生中常熟市的指数均值最大，为 71.48 mL/kg，姑苏区最小，为 47.97 mL/kg；女生中张家港市的指数均值最大，为 64.47 mL/kg，昆山市最小，为 40.72 mL/kg。从高中学段肺活量体重指数数据可以看出，男生中常熟市的指数均值最大，为 70.58 mL/kg，姑苏区最小，为 51.87 mL/kg；女生中常熟市的指数均值最大，为 61.00 mL/kg，高新区最小，为 42.65 mL/kg。相关数据如表 18 所示。

表 18　2021 年苏州市各市（区）各学段学生肺活量体重指数均值　　单位：mL/kg

各市（区）	小学		初中		高中	
	男生	女生	男生	女生	男生	女生
常熟市	60.43	58.30	71.48	57.22	70.58	61.00
姑苏区	55.67	55.91	47.97	44.31	51.87	45.56
昆山市	37.72	37.34	52.45	40.72	54.75	43.39

续表

各市（区）	小学		初中		高中	
	男生	女生	男生	女生	男生	女生
太仓市	42.87	43.98	51.88	46.05	56.56	48.87
吴江区	44.33	44.25	58.60	53.94	62.60	51.35
吴中区	56.99	57.75	62.92	54.65	60.06	56.42
相城区	51.98	47.69	62.91	48.42	60.80	53.40
高新区	46.50	46.39	50.01	44.26	52.19	42.65
工业园区	58.19	53.64	62.51	55.67	64.11	54.78
张家港市	64.47	62.62	68.19	64.47	64.93	57.23

2. 2021年与2020年中小学生肺活量体重指数的比较

相较于2020年，2021年苏州市小学和初中学段学生的肺活量体重指数都有所增加。小学学段男生的肺活量体重指数从（50.76±4.69）mL/kg上升至（51.91±8.69）mL/kg，女生的肺活量体重指数从（49.10±3.81）mL/kg上升至（50.79±8.01）mL/kg；初中学段男生的肺活量体重指数从（55.95±5.38）mL/kg上升至（58.89±8.02）mL/kg，女生的肺活量体重指数从（49.17±4.95）mL/kg上升至（50.97±7.39）mL/kg。高中学段男生的肺活量体重指数有所下降，从（62.50±6.55）mL/kg下降为（59.85±6.03）mL/kg，女生的肺活量体重指数从（51.37±5.36）mL/kg上升至（51.47±6.22）mL/kg。相关数据如表19所示。肺活量体重指数是衡量身体心肺机能的重要指标，心肺机能与人体健康息息相关。根据肺活量体重指数评分标准，苏州市中小学各学段学生的肺活量体重指数均值都在及格范围内。

表19 2021年与2020年苏州市中小学生肺活量体重指数对比　　单位：mL/kg

学段	男生		女生		总体	
	2020年	2021年	2020年	2021年	2020年	2021年
小学	50.76±4.69	51.91±8.69	49.10±3.81	50.79±8.01	49.93±4.25	51.35±8.16
初中	55.95±5.38	58.89±8.02	49.17±4.95	50.97±7.39	52.56±6.12	54.93±8.54
高中	62.50±6.55	59.85±6.03	51.37±5.36	51.47±6.22	56.93±8.16	55.66±7.35

（二）血压

1. 中小学生血压的基本情况

2021年苏州市中小学各学段学生血压数据如表20所示。小学学段男生的舒张压为（69.88±3.96）mmHg，收缩压为（108.73±7.46）mmHg；女生的舒张压为（69.87±

3.32）mmHg，收缩压为（107.08±7.47）mmHg。初中学段男生的舒张压为（70.61±1.62）mmHg，收缩压为（121.81±6.50）mmHg；女生的舒张压为（70.71±1.15）mmHg，收缩压为（114.64±6.50）mmHg。高中学段男生的舒张压为（74.38±2.16）mmHg，收缩压为（125.51±12.21）mmHg；女生的舒张压为（74.55±3.53）mmHg，收缩压为（116.57±8.23）mmHg。

表20　2021年苏州市中小学各学段学生血压　　　　　单位：mmHg

学段	舒张压			收缩压		
	男生	女生	总体	男生	女生	总体
小学	69.88±3.96	69.87±3.32	69.88±3.55	108.73±7.46	107.08±7.47	107.90±7.32
初中	70.61±1.62	70.71±1.15	70.66±1.37	121.81±6.50	114.64±6.50	118.22±7.32
高中	74.38±2.16	74.55±3.53	74.46±2.85	125.51±12.21	116.57±8.23	121.04±11.12

从小学学段学生的舒张压均值数据可以看出，男生中吴中区的舒张压均值最高，为75.92 mmHg，张家港市最低，为65.20 mmHg；女生中吴中区的舒张压均值最高，为76.74 mmHg，张家港市最低，为67.02 mmHg。从初中学段学生的舒张压均值数据可以看出，男生中吴江区的舒张压均值最高，为73.84 mmHg，相城区最低，为68.15 mmHg；女生中昆山市的舒张压均值最高，为73.03 mmHg，张家港市最低，为69.52 mmHg。从高中学段学生的舒张压均值数据可以看出，男生中姑苏区的舒张压均值最高，为77.32 mmHg，昆山市最低，为71.30 mmHg；女生中常熟市的舒张压均值最高，为80.29 mmHg，张家港市最低，为69.41 mmHg。相关情况如表21所示。

表21　2021年苏州市各市（区）各学段学生舒张压均值　　　　　单位：mmHg

各市（区）	小学		初中		高中	
	男	女	男	女	男	女
常熟市	66.41	66.45	70.94	70.62	75.34	80.29
姑苏区	75.41	72.10	71.15	71.54	77.32	75.90
昆山市	67.40	67.28	72.13	73.03	71.30	74.15
太仓市	70.11	69.89	70.76	69.71	72.99	72.37
吴江区	74.16	72.40	73.84	71.69	76.87	79.30
吴中区	75.92	76.74	70.07	70.27	71.47	72.08
相城区	66.43	67.55	68.15	69.80	73.38	70.96
高新区	69.76	71.68	70.49	71.30	75.83	74.38
工业园区	68.03	67.61	68.81	69.64	75.87	76.60
张家港市	65.20	67.02	69.78	69.52	73.45	69.41

从小学学段学生的收缩压均值数据可以看出，男生中高新区的收缩压均值最高，为121.56 mmHg，吴中区最低，为97.12 mmHg；女生中高新区的收缩压均值最高，为120.45 mmHg，吴中区最低，为96.29 mmHg。从初中学段学生的收缩压均值数据可以看出，男生中姑苏区的收缩压均值最高，为133.21 mmHg，吴中区最低，为111.71 mmHg；女生中姑苏区的收缩压均值最高，为126.22 mmHg，相城区最低，为106.57 mmHg。从高中学段学生的收缩压均值数据可以看出，男生中姑苏区的收缩压均值最高，为140.90 mmHg，张家港市最低，为104.44 mmHg；女生中姑苏区的收缩压均值最高，为127.51 mmHg，张家港市最低，为98.79 mmHg。相关情况如表22所示。

表22　2021年苏州市各市（区）各学段学生收缩压均值　　单位：mmHg

各市（区）	小学		初中		高中	
	男生	女生	男生	女生	男生	女生
常熟市	102.31	100.84	118.96	113.26	125.47	111.23
姑苏区	103.23	103.78	133.21	126.22	140.90	127.51
昆山市	106.01	102.26	119.82	112.87	123.59	115.32
太仓市	119.53	118.01	126.44	119.99	140.10	124.50
吴江区	108.53	107.49	119.27	111.13	117.94	115.75
吴中区	97.12	96.29	111.71	108.94	117.10	114.87
相城区	111.00	109.56	116.23	106.57	128.59	116.41
高新区	121.56	120.45	129.90	122.56	140.48	125.30
工业园区	109.57	104.23	118.97	108.57	116.46	116.06
张家港市	108.42	107.90	123.59	116.26	104.44	98.79

2. 2021年与2020年中小学生血压的比较

与2020年相比（表23），2021年只有初中学段女生的舒张压有所降低，从（70.90±1.67）mmHg下降至（70.71±1.15）mmHg。从舒张压数据来看，小学学段男生的舒张压从（67.78±3.07）mmHg增长至（69.88±3.96）mmHg，女生的舒张压从（67.66±3.04）mmHg增长至（69.87±3.32）mmHg；初中学段男生的舒张压从（69.25±1.74）mmHg增长至（70.61±1.62）mmHg；高中学段男生的舒张压从（73.16±2.86）mmHg增长至（74.38±2.16）mmHg，女生的舒张压从（72.96±3.71）mmHg增长至（74.55±3.53）mmHg。从收缩压数据来看，小学学段男生的收缩压从（106.45±4.00）mmHg增长至（108.73±7.46）mmHg，女生的收缩压从（104.98±4.18）mmHg增长至（107.08±7.47）mmHg；初中学段男生的收缩压从（118.24±5.38）mmHg增长至（121.81±6.50）mmHg，女生的收缩压从（112.15±4.56）mmHg增长至（114.64±

6.50）mmHg；高中学段男生的收缩压从（123.78±6.19）mmHg 增长至（125.51±12.21）mmHg，女生的收缩压从（115.26±3.38）mmHg 增长至（116.57±8.23）mmHg。根据最新血压标准，苏州市中小学各学段学生的血压均在标准范围之内，但随着学段的增长，学生的血压呈上升趋势。这与学业压力增大、锻炼时间减少有关。

表 23　2020 年苏州市各学段学生血压　　　　　　　　　　单位：mmHg

学段	舒张压			收缩压		
	男生	女生	总体	男生	女生	总体
小学	67.78±3.07	67.66±3.04	67.72±2.98	106.45±4.00	104.98±4.18	105.72±4.05
初中	69.25±1.74	70.90±1.67	70.07±1.86	118.24±5.38	112.15±4.56	115.20±5.77
高中	73.16±2.86	72.96±3.71	73.06±3.22	123.78±6.19	115.26±3.38	119.52±6.53

（三）脉搏

1. 中小学生脉搏的基本情况

2021 年苏州市中小学各学段学生脉搏数据如表 24 所示。小学学段男生为（84.83±4.85）次/min，女生为（86.02±5.55）次/min；初中学段男生为（84.03±4.95）次/min，女生为（86.78±6.86）次/min；高中学段男生为（77.92±4.94）次/min，女生为（81.71±6.98）次/min。

表 24　2021 年苏州市中小学各学段学生脉搏　　　　　　　单位：次/min

学段	男生	女生	总体
小学	84.83±4.85	86.02±5.55	85.42±5.11
初中	84.03±4.95	86.78±6.86	85.41±5.99
高中	77.92±4.94	81.71±6.98	79.82±6.20

从小学学段学生脉搏数据可以看出，男生中太仓市的平均脉搏最高，为 91.16 次/min，吴江区最低，为 78.38 次/min；女生中高新区的平均脉搏最高，为 93.14 次/min，吴江区最低，为 78.93 次/min。从初中学段学生脉搏数据可以看出，男生中高新区的平均脉搏最高，为 90.47 次/min，工业园区最低，为 76.70 次/min；女生中高新区的平均脉搏最高，为 99.85 次/min，工业园区最低，为 76.45 次/min。从高中学段学生脉搏数据可以看出，男生中高新区的平均脉搏最高，为 85.45 次/min，吴中区最低，为 69.44 次/min；女生中高新区的平均脉搏最高，为 90.20 次/min，张家港市最低，为 71.11 次/min。相关数据如表 25 所示。

表 25　2021 年苏州市各市（区）各学段学生脉搏均值　　　　单位：次/min

各市（区）	小学		初中		高中	
	男生	女生	男生	女生	男生	女生
常熟市	78.55	80.20	89.81	90.72	82.66	89.40
姑苏区	83.73	84.35	78.53	84.04	78.81	87.73
昆山市	89.37	91.40	81.12	87.50	83.02	87.16
太仓市	91.16	92.97	86.63	92.29	76.64	84.20
吴江区	78.38	78.93	86.16	82.18	76.44	78.81
吴中区	82.33	81.97	78.39	78.58	69.44	73.12
相城区	86.12	87.22	85.74	87.53	79.19	79.72
高新区	90.32	93.14	90.47	99.85	85.45	90.20
工业园区	80.32	80.37	76.70	76.45	72.95	75.68
张家港市	88.04	89.61	86.75	88.68	74.57	71.11

2. 2021 年与 2020 年中小学生脉搏的比较

与 2020 年相比，2021 年苏州市初中学段学生的脉搏升高，小学和高中学段学生的脉搏降低。（表 26）小学学段男生的脉搏从（87.72±3.15）次/min 下降至（84.83±4.85）次/min；女生的脉搏从（89.70±3.42）次/min 下降至（86.02±5.55）次/min。初中学段男生的脉搏从（83.53±5.23）次/min 增加至（84.03±4.95）次/min；女生的脉搏从（86.04±5.91）次/min 增加至（86.78±6.86）次/min。高中学段男生的脉搏从（80.07±2.12）次/min 下降至（77.92±4.94）次/min，女生的脉搏从（83.55±4.82）次/min 下降至（81.71±6.98）次/min。脉搏反映心率，临床标准是 60～100 次/min，苏州市中小学各学段学生的脉搏均在标准范围之内。随着学段的升高，脉搏呈下降趋势。随着生长发育，学生的身体机能增强，心脏的每搏输出量增加，每分钟脉搏次数下降。体育锻炼可以提高身体机能，增强心脏的每搏输出量，苏州市中小学各学段学生应加强体育锻炼。

表 26　2021 年与 2020 年苏州市中小学各学段学生脉搏对比　　　　单位：次/min

学段	男生		女生		总体	
	2020 年	2021 年	2020 年	2021 年	2020 年	2021 年
小学	87.72±3.15	84.83±4.85	89.70±3.42	86.02±5.55	88.71±3.36	85.42±5.11
初中	83.53±5.23	84.03±4.95	86.04±5.91	86.78±6.86	84.78±5.58	85.41±5.99
高中	80.07±2.12	77.92±4.94	83.55±4.82	81.71±6.98	81.81±4.03	79.82±6.20

四、身体素质

苏州市中小学生身体素质从力量素质、心肺耐力、身体功能等方面得到体现。

（一）力量素质

1. 斜身引体、引体向上（男）、仰卧起坐（女）

（1）中小学生斜身引体、引体向上（男）、仰卧起坐（女）基本情况

2021年苏州市中小学小学学段斜身引体数量，男生为（29.63±8.38）个，女生为（29.65±3.82）个；初中学段男生引体向上数量为（2.46±0.71）个，女生仰卧起坐数量为（32.20±5.03）个；高中学段男生引体向上数量为（3.18±1.18）个，女生仰卧起坐数量为（34.03±3.44）个。相关数据如表27所示。

表27　2021年苏州市中小学各学段学生力量　　　　　　单位：个

学段	男生	女生
小学	29.63±8.38	29.65±3.82
初中	2.46±0.71	32.20±5.03
高中	3.18±1.18	34.03±3.44

注：小学学段为斜身引体，初中、高中学段为引体向上（男）、仰卧起坐（女）。

从小学学段学生力量素质数据可以看出，男生中昆山市的平均力量素质最高，为43.33个，高新区最低，为14.50个；女生中工业园区的平均力量素质最高，为33.59个，昆山市最低，为25.54个。从初中学段学生力量素质数据可以看出，男生中太仓市的平均力量素质最高，为3.80个，工业园区最低，为1.79个；女生中常熟市的平均力量素质最高，为39.09个，吴中区最低，为22.27个。从高中学段学生力量素质数据可以看出，男生中吴中区的平均力量素质最高，为5.84个，工业园区最低，为1.83个；女生中姑苏区的平均力量素质最高，为37.98个，吴中区最低，为27.22个。相关数据如表28所示。

表 28 2021 年苏州市各市（区）各学段学生力量均值　　　　　单位：个

各市（区）	小学		初中		高中	
	男生	女生	男生	女生	男生	女生
常熟市	23.48	30.88	2.29	39.09	3.35	33.18
姑苏区	27.01	32.83	1.82	33.83	2.26	37.98
昆山市	43.33	25.54	2.11	32.98	3.90	35.32
太仓市	—	29.72	3.80	28.12	3.64	33.38
吴江区	34.10	22.28	1.83	28.79	3.69	35.91
吴中区	27.24	27.49	3.59	22.27	5.84	27.22
相城区	26.52	33.32	2.31	32.76	2.53	32.30
高新区	14.50	27.79	2.47	30.40	2.16	30.36
工业园区	34.13	33.59	1.79	38.04	1.83	37.22
张家港市	36.38	33.01	2.55	35.70	2.58	37.46

注：小学学段为斜身引体，初中、高中学段为引体向上（男）、仰卧起坐（女）。

（2）2021 年与 2020 年学生斜身引体、引体向上（男）、仰卧起坐（女）数量的比较

与 2020 年相比，2021 年苏州市中小学各学段学生的上身力量有所减弱。（表 29）小学学段男生的斜身引体数量从（34.31±16.38）个下降至（29.63±8.38）个，女生的斜身引体数量从（28.35±4.61）个上升至（29.65±3.82）个；初中学段男生的引体向上数量从（2.92±1.34）个下降至（2.46±0.71）个，女生的仰卧起坐数量从（34.31±3.54）个下降至（32.20±5.03）个；高中学段男生的引体向上数量从（3.51±1.33）个下降至（3.18±1.18）个，女生的仰卧起坐数量从（36.34±4.30）个下降至（34.03±3.44）个，相关数据如表 29 所示。斜身引体、引体向上（男）、仰卧起坐（女）是衡量人体上身力量的指标，学生的力量减弱可能与学习压力大、久坐而不常锻炼有关。而且受新冠病毒感染疫情防控影响，学生长期居家，活动较少，身体素质下降。

表 29 2021 年与 2020 年苏州市中小学生上身力量对比　　　　　单位：个

学段	男生		女生	
	2020 年	2021 年	2020 年	2021 年
小学	34.31±16.38	29.63±8.38	28.35±4.61	29.65±3.82
初中	2.92±1.34	2.46±0.71	34.31±3.54	32.20±5.03
高中	3.51±1.33	3.18±1.18	36.34±4.30	34.03±3.44

注：小学学段为斜身引体，初中、高中学段为引体向上（男）、仰卧起坐（女）。

2. 握力

（1）中小学生握力的基本情况

2021年苏州市中小学各学段学生握力情况如表30所示，小学学段男生为（17.69±9.11）kg，女生为（14.98±4.11）kg；初中学段男生为（31.43±11.53）kg，女生为（26.78±11.59）kg；高中学段男生为（35.12±10.75）kg，女生为（26.15±4.36）kg。

表30 2021年苏州市中小学各学段学生握力　　　　　　　单位：kg

学段	男生	女生	总体
小学	17.69±9.11	14.98±4.11	16.33±7.02
初中	31.43±11.53	26.78±11.59	29.10±11.50
高中	35.12±10.75	26.15±4.36	30.64±9.22

从小学学段学生握力数据可以看出，男生中张家港市的平均握力最大，为16.92 kg，吴江区最小，为10.80 kg；女生中张家港市的平均握力最大，为16.39 kg，吴江区最小，为10.72 kg。从初中学段学生握力数据可以看出，男生中吴中区的平均握力最大，为32.33 kg，昆山市最低，为16.87 kg；女生中张家港市的平均握力最大，为33.67 kg，太仓市最小，为20.11 kg。从高中学段学生握力数据可以看出，男生中吴中区的平均握力最大，为41.83 kg，昆山市最小，为35.20 kg；女生中昆山市的平均握力最大，为36.22 kg，张家港市最小，为19.62 kg。相关数据如表31所示。

表31 2021年苏州市各市（区）各学段学生握力均值　　　　　单位：kg

各市（区）	小学		初中		高中	
	男生	女生	男生	女生	男生	女生
常熟市	15.24	14.52	29.55	21.91	35.64	27.50
姑苏区	16.60	15.08	28.67	21.82	36.45	24.66
昆山市	13.12	15.78	16.87	27.91	35.20	36.22
太仓市	14.03	12.47	28.86	20.11	37.20	25.06
吴江区	10.80	10.72	30.53	22.29	40.95	25.14
吴中区	15.61	13.77	32.33	23.45	41.83	29.14
相城区	16.13	14.76	30.70	23.17	38.51	26.11
高新区	13.80	12.79	26.37	20.20	35.68	22.82
工业园区	14.62	13.52	28.47	23.25	38.93	25.21
张家港市	16.92	16.39	16.93	33.67	40.86	19.62

（2）2021 年与 2020 年中小学生握力的比较

与 2020 年相比，2021 年只有高中学段男生的握力值有所下降，其余均有所上升。（表 32）小学学段男生的握力从（14.68±1.33）kg 增加至（17.69±9.11）kg；女生的握力从（13.52±1.38）kg 增加至（14.98±4.11）kg。初中学段男生的握力从（29.07±1.62）kg 增加至（31.43±11.53）kg，女生的握力从（21.62±1.12）kg 增加至（26.78±11.59）kg。高中学段男生的握力从（38.38±1.43）kg 下降至（35.12±10.75）kg，女生的握力从（23.95±1.07）kg 增加至（26.15±4.36）kg。相关数据如表 32 所示。握力是衡量人体上肢力量的指标。握力值的增加，一是与身体发育有关，二是与体育锻炼有关。高中学段学生的学业压力大，体育锻炼减少，男生握力有所下降，他们应尽可能多地进行体育锻炼。

表 32　2021 年与 2020 年苏州市中小学生握力对比　　　　　　　　　单位：kg

学段	男生		女生		总体	
	2020 年	2021 年	2020 年	2021 年	2020 年	2021 年
小学	14.68±1.33	17.69±9.11	13.52±1.38	14.98±4.11	14.10±1.45	16.33±7.02
初中	29.07±1.62	31.43±11.53	21.62±1.12	26.78±11.59	25.34±4.06	29.10±11.50
高中	38.38±1.43	35.12±10.75	23.95±1.07	26.15±4.36	31.17±7.52	30.64±9.22

3. 俯卧背起

（1）中小学生俯卧背起的基本情况

2021 年苏州市中小学各学段学生俯卧背起情况如表 33 所示，小学学段男生为（25.56±6.95）cm，女生为（27.60±6.67）cm；初中学段男生为（23.92±4.31）cm，女生为（24.52±5.23）cm；高中学段男生为（26.89±8.66）cm，女生为（25.84±9.07）cm。

表 33　2021 年苏州市中小学各学段学生俯卧背起值　　　　　　　　　单位：cm

学段	男生	女生	总体
小学	25.56±6.95	27.60±6.67	26.63±6.70
初中	23.92±4.31	24.52±5.23	24.22±4.68
高中	26.89±8.66	25.84±9.07	26.34±8.64

从小学学段学生俯卧背起数据可以看出，男生中张家港市的俯卧背起均值最高，为 39.43 cm，昆山市最低，为 18.06 cm；女生中张家港市的俯卧背起均值最高，为 43.07 cm，昆山市最低，为 21.55 cm。从初中学段学生俯卧背起数据可以看出，男生中工业园区的

俯卧背起均值最高，为 32.28 cm，吴江区最低，为 19.88 cm；女生中工业园区的俯卧背起均值最高，为 33.65 cm，昆山市最低，为 18.10 cm。从高中学段学生俯卧背起数据可以看出，男生中吴江区的平均俯卧背起值最高，为 45.64 cm，姑苏区最低，为 19.00 cm；女生中吴江区学生的平均俯卧背起值最高，为 46.71 cm，张家港市最低，为 17.07 cm。相关数据如表 34 所示。

表 34　2021 年苏州市各市（区）各学段学生俯卧背起均值　　　单位：cm

各市（区）	小学		初中		高中	
	男生	女生	男生	女生	男生	女生
常熟市	22.27	25.47	23.02	26.23	25.48	26.62
姑苏区	18.95	22.36	21.27	19.50	19.00	18.03
昆山市	18.06	21.55	21.61	18.10	—	18.62
太仓市	21.03	22.88	20.00	20.84	24.59	21.91
吴江区	28.75	28.14	19.88	20.10	45.64	46.71
吴中区	—	25.20	29.93	32.01	35.72	34.48
相城区	24.36	24.78	21.04	24.61	23.18	22.42
高新区	24.54	27.38	23.44	26.51	20.23	23.90
工业园区	32.64	35.13	32.28	33.65	27.77	28.64
张家港市	39.43	43.07	26.68	23.70	20.43	17.07

（2）2021 年与 2020 年中小学生俯卧背起情况的比较

与 2020 年相比，2021 年苏州市中小学各学段学生俯卧背起的数据波动较小，但部分学段的数值还是有所下降，包括小学学段的男生、高中学段的男生和女生。（表 35）小学学段男生的俯卧背起值从（25.71±2.82）cm 下降为（25.56±6.95）cm，女生的俯卧背起值从（27.33±2.61）cm 增加至（27.60±6.67）cm；初中学段男生的俯卧背起值从（23.77±3.24）cm 增加至（23.92±4.31）cm，女生的俯卧背起值从（23.79±4.65）cm 增加至（24.52±5.23）cm；高中学段男生的俯卧背起值从（27.01±3.06）cm 下降至（26.89±8.66）cm，女生的俯卧背起值从（27.32±2.04）cm 下降至（25.84±9.07）cm。俯卧背起是衡量人体腰腹核心力量的指标，苏州市中小学生的腰腹核心力量减弱，小学学段可能与身体发育规律有关，高中学段可能与学习压力大、久坐而不常锻炼有关。此外，由于受新冠病毒感染疫情影响，学生长期居家，活动较少，导致身体素质下降。

表 35　2021 年与 2020 年苏州市中小学生俯卧背起情况对比　　　单位：cm

学段	男生		女生		总体	
	2020 年	2021 年	2020 年	2021 年	2020 年	2021 年
小学	25.71±2.82	25.56±6.95	27.33±2.61	27.60±6.67	26.52±2.75	26.63±6.70
初中	23.77±3.24	23.92±4.31	23.79±4.65	24.52±5.23	23.78±3.90	24.22±4.68
高中	27.01±3.06	26.89±8.66	27.32±2.04	25.84±9.07	27.17±2.52	26.34±8.64

4. 立定跳远

（1）中小学生立定跳远的基本情况

2021 年苏州市中小学各学段学生立定跳远情况如表 36 所示，小学学段男生为（150.20±6.83）cm，女生为（140.17±6.04）cm；初中学段男生为（193.99±6.73）cm，女生为（159.12±5.55）cm；高中学段男生为（219.01±8.62）cm，女生为（164.65±9.47）cm。

表 36　2021 年苏州市中小学各学段学生立定跳远值　　　单位：cm

学段	男生	女生	总体
小学	150.20±6.83	140.17±6.04	145.19±8.11
初中	193.99±6.73	159.12±5.55	176.56±18.86
高中	219.01±8.62	164.65±9.47	191.83±29.25

从小学学段学生立定跳远数据可以看出，男生中工业园区的立定跳远均值最高，为 159.28 cm，太仓市最低，为 139.84 cm；女生中张家港市的立定跳远均值最高，为 149.70 cm，昆山市最低，为 128.20 cm。从初中学段学生立定跳远数据可以看出，男生中昆山市的立定跳远均值最高，为 202.88 cm，姑苏区最低，为 183.21 cm；女生中张家港市学生的立定跳远均值最高，为 166.16 cm，高新区最低，为 151.70 cm。从高中学段学生立定跳远数据可以看出，男生中太仓市的立定跳远均值最高，为 229.92 cm，姑苏区最低，为 207.01 cm；女生中工业园区的立定跳远均值最高，为 170.06 cm，昆山市最低，为 156.37 cm。相关数据如表 37 所示。

表 37　2021 年苏州市各市（区）各学段学生立定跳远均值　　　单位：cm

各市（区）	小学		初中		高中	
	男生	女生	男生	女生	男生	女生
常熟市	148.80	143.52	200.01	163.90	219.60	160.54
姑苏区	149.31	142.19	183.21	152.54	207.01	163.11

续表

各市（区）	小学		初中		高中	
	男生	女生	男生	女生	男生	女生
昆山市	139.89	128.20	202.88	154.35	217.95	156.37
太仓市	139.84	133.16	199.75	156.84	229.92	169.42
吴江区	151.09	143.28	194.62	164.71	226.95	169.14
吴中区	147.77	137.27	198.17	162.27	227.18	183.75
相城区	159.15	143.29	187.39	163.71	209.80	158.91
高新区	150.96	141.39	188.25	151.70	208.21	148.96
工业园区	159.28	139.68	188.03	155.05	227.15	170.06
张家港市	155.96	149.70	197.55	166.16	216.30	166.21

（2）2021年与2020年中小学生立定跳远情况的比较

与2020年相比，2021年苏州市中小各学段学生的立定跳远成绩都有所提高，只有高中学段男生的成绩有所下降。（表38）小学学段男生的立定跳远成绩从（143.97±6.95）cm增加至（150.20±6.83）cm，女生的立定跳远成绩从（133.81±5.65）cm增加至（140.17±6.04）cm；初中学段男生的立定跳远成绩从（191.46±10.59）cm增加至（193.99±6.73）cm，女生的立定跳远成绩从（154.80±6.92）cm增加至（159.12±5.55）cm；高中学段男生的立定跳远成绩从（220.21±8.44）cm下降至（219.01±8.62）cm，女生的立定跳远成绩从（163.87±7.03）cm增加至（164.65±9.47）cm。立定跳远是衡量人体爆发力的指标。结合其他力量素质来看，2021年苏州市高中学段学生的力量素质较2020年普遍下降。这可能与高中课业压力越来越大、活动时间少、久坐有关。小学和初中实行素质教育、快乐教育，学生的活动时间较多，各项身体素质良好。

表38 2021年与2020年苏州市中小学生立定跳远对比分析　　单位：cm

学段	男生		女生		总体	
	2020年	2021年	2020年	2021年	2020年	2021年
小学	143.97±6.95	150.20±6.83	133.81±5.65	140.17±6.04	138.89±8.07	145.19±8.11
初中	191.46±10.59	193.99±6.73	154.80±6.92	159.12±5.55	173.13±20.73	176.56±18.86
高中	220.21±8.44	219.01±8.62	163.87±7.03	164.65±9.47	192.04±29.95	191.83±29.25

(二) 心肺耐力

1. 无氧耐力——50 米跑

(1) 中小学生无氧耐力——50 米跑的基本情况

2021 年苏州市中小学各学段学生 50 米跑的用时情况如表 39 所示，小学学段男生为（9.84±0.42）s，女生为（10.25±0.34）s；初中学段男生为（8.20±0.27）s，女生为（9.43±0.31）s；高中学段男生为（7.69±0.26）s，女生为（9.31±0.36）s。

表 39　2021 年苏州市中小学各学段学生 50 米跑用时　　　　　单位：s

学段	男生	女生	总体
小学	9.84±0.42	10.25±0.34	10.05±0.43
初中	8.20±0.27	9.43±0.31	8.82±0.69
高中	7.69±0.26	9.31±0.36	8.50±0.89

从小学学段学生 50 米跑数据可以看出，男生中工业园区的用时均值最低，为 9.05 s，昆山市最高，为 10.54 s；女生中工业园区的用时均值最低，为 9.77 s，昆山市最高，为 10.90 s。从初中学段学生 50 米跑数据可以看出，男生中常熟市的用时均值最低，为 7.84 s，姑苏区最高，为 8.62 s；女生中常熟市的用时均值最低，为 9.00 s，相城区最高，为 9.84 s。从高中学段学生 50 米跑数据可以看出，男生中工业园区的用时均值最低，为 7.35 s，姑苏区最高，为 8.11 s；女生中吴中区的用时均值最低，为 8.64 s，高新区最高，为 9.85 s。相关数据如表 40 所示。

表 40　2021 年苏州市各市（区）各学段学生 50 米跑用时均值　　　　　单位：s

各市（区）	小学		初中		高中	
	男生	女生	男生	女生	男生	女生
常熟市	9.86	10.19	7.84	9.00	7.64	9.40
姑苏区	9.66	10.12	8.62	9.72	8.11	9.48
昆山市	10.54	10.90	8.26	9.47	7.64	9.49
太仓市	10.33	10.61	8.10	9.45	7.40	9.17
吴江区	9.91	10.36	8.50	9.64	7.93	9.11
吴中区	9.75	10.09	7.90	9.05	7.58	8.64
相城区	9.51	10.07	8.12	9.84	7.62	9.78
高新区	10.03	10.51	8.52	9.77	8.03	9.85
工业园区	9.05	9.77	8.06	9.17	7.35	9.11
张家港市	9.75	9.90	8.11	9.21	7.60	9.11

(2) 2021 年与 2020 年中小学生无氧耐力——50 米跑的比较

与 2020 年相比，2021 年苏州市中小学各学段学生 50 米跑情况没有太大变化。（表 41）小学学段男生的 50 米跑用时从（9.90±0.36）s 减少至（9.84±0.42）s，女生从（10.26±0.31）s 减少至（10.25±0.34）s；初中学段男生的 50 米跑用时从（8.25±0.21）s 减少至（8.20±0.27）s，女生从（9.29±0.20）s 增加至（9.43±0.31）s；高中学段男生的 50 米跑用时从（7.51±0.16）s 增加至（7.69±0.26）s，女生从（9.10±0.23）s 增加至（9.31±0.36）s。

表 41　2021 年与 2020 年苏州市中小学生 50 米跑用时对比　　单位：s

学段	男生		女生		总体	
	2020 年	2021 年	2020 年	2021 年	2020 年	2021 年
小学	9.90±0.36	9.84±0.42	10.26±0.31	10.25±0.34	10.08±0.37	10.05±0.43
初中	8.25±0.21	8.20±0.27	9.29±0.20	9.43±0.31	8.77±0.57	8.82±0.69
高中	7.51±0.16	7.69±0.26	9.10±0.23	9.31±0.36	8.31±0.84	8.50±0.89

2. 有氧耐力——50 米×8 往返跑、1 000 米（男）、800 米（女）

（1）学生有氧耐力——50 米×8 往返跑、1 000 米（男）、800 米（女）的基本情况

2021 年小学学段 50 米×8 往返跑用时，男生为（126.50±9.07）s，女生为（129.59±8.32）s；初中学段男生 1 000 米用时为（226.01±55.86）s，女生 800 米用时为（202.76±18.23）s；高中学段男生 1 000 米用时为（252.36±14.94）s，女生 800 米用时为（248.12±11.36）s。相关数据如表 42 所示。

表 42　2021 年苏州市中小学各学段学生有氧耐力情况　　单位：s

学段	男生	女生	总体
小学	126.50±9.07	129.59±8.32	128.05±8.62
初中	226.01±55.86	202.76±18.23	214.39±42.16
高中	252.36±14.94	248.12±11.36	250.24±13.10

注：小学学段为 50 米×8 往返跑，初中、高中学段为 1 000 米（男）、800 米（女）。

从小学学段学生有氧耐力数据可以看出，相城区学生的有氧耐力素质最好，男生用时为 116.64 s，女生用时为 122.26 s；工业园区学生的有氧耐力素质最差，男生用时为 146.07 s，女生用时为 146.86 s。从初中学段学生有氧耐力数据可以看出，男生中太仓市的有氧耐力素质最好，用时为 182.75 s，相城区最差，用时为 370.71 s；女生中张家港市的有氧耐力素质最好，用时为 184.64 s，吴中区最差，用时为 251.11 s。从高中学段学生有氧耐力数据可以看出，男生中太仓市的有氧耐力素质最好，用时为 231.18 s，

高新区最差,用时为 278.64 s;女生中张家港市的有氧耐力素质最好,用时为 233.35 s,高新区最差,用时为 269.20 s。相关数据如表 43 所示。

表 43　2021 年苏州市各市（区）各学段学生有氧耐力均值　　　　　　单位:s

各市（区）	小学		初中		高中	
	男生	女生	男生	女生	男生	女生
常熟市	124.30	124.26	207.68	194.42	253.48	255.33
姑苏区	121.02	126.74	227.47	200.50	260.59	248.16
昆山市	130.69	136.29	202.10	201.74	252.09	248.74
太仓市	137.69	138.86	182.75	205.73	231.18	239.02
吴江区	124.34	124.02	209.50	198.65	247.91	238.58
吴中区	121.53	124.65	265.94	251.11	237.18	238.37
相城区	116.64	122.26	370.71	199.99	272.92	261.45
高新区	121.83	129.25	207.49	202.76	278.64	269.20
工业园区	146.07	146.86	194.07	188.10	242.13	249.04
张家港市	120.92	122.70	192.36	184.64	247.47	233.35

注:小学学段为 50 米×8 往返跑,初中、高中学段为 1 000 米（男）、800 米（女）。

（2）2021 年与 2020 年中小学生有氧耐力——50 米×8 往返跑、1 000 米（男）、800 米（女）的比较

与 2020 年相比,2021 年苏州市小学学段男生的有氧耐力跑用时从（124.16±6.32）s 增加至（126.50±9.07）s,女生从（137.74±18.14）s 减少至（129.59±8.32）s;初中学段男生的有氧耐力跑用时从（225.37±28.35）s 增加至（226.01±55.86）s,女生从（202.80±7.03）s 减少至（202.76±18.23）s;高中学段男生的有氧耐力跑用时从（258.32±18.51）s 减少至（252.36±14.94）s,女生从（251.27±16.02）s 减少至（248.12±11.36）s。比较来看,两年间学生的有氧耐力素质整体相差不大,小学学段女生的有氧耐力水平增加幅度较大。相关数据如表 44 所示。

表 44　2021 年与 2020 年苏州市中小学生有氧耐力情况对比分析　　　　单位:s

学段	男生		女生		总体	
	2020 年	2021 年	2020 年	2021 年	2020 年	2021 年
小学	124.16±6.32	126.50±9.07	137.74±18.14	129.59±8.32	130.95±14.94	128.05±8.62
初中	225.37±28.35	226.01±55.86	202.80±7.03	202.76±18.23	214.08±23.2	214.39±42.16
高中	258.32±18.51	252.36±14.94	251.27±16.02	248.12±11.36	254.8±17.18	250.24±13.1

注:小学学段为 50 米×8 往返跑,初中、高中学段为 1 000 米（男）、800 米（女）。

(三) 身体功能

1. 中小学生身体功能的基本情况

2021年苏州市中小学各学段学生坐位体前屈数值如表45所示,小学学段男生为 (7.78±1.28) cm,女生为 (13.28±1.31) cm;初中学段男生为 (7.86±1.77) cm,女生为 (13.61±1.17) cm;高中学段男生为 (10.67±1.59) cm,女生为 (14.61±2.19) cm。

表45　2021年苏州市中小学各学段学生坐位体前屈数值　　　单位:cm

学段	男生	女生	总体
小学	7.78±1.28	13.28±1.31	10.53±3.09
初中	7.86±1.77	13.61±1.17	10.74±3.29
高中	10.67±1.59	14.61±2.19	12.64±2.75

从小学学段学生坐位体前屈数据可以看出,男生中吴江区的坐位体前屈均值最高,为9.73 cm,姑苏区最低,为6.16 cm;女生中吴江区的坐位体前屈均值最高,为15.06 cm,昆山市最低,为11.39 cm。从初中学段学生坐位体前屈数据可以看出,男生中常熟市的坐位体前屈均值最高,为10.54 cm,吴江区最低,为5.29 cm;女生中高新区的坐位体前屈均值最高,为15.56 cm,吴江区最低,为11.64 cm。从高中学段学生坐位体前屈数据可以看出,男生中相城区的坐位体前屈均值最高,为13.07 cm,工业园区最低,为7.38 cm;女生中相城区的坐位体前屈均值最高,为17.31 cm,吴江区最低,为10.77 cm。相关数据如表46所示。

表46　2021年苏州市各市（区）各学段学生坐位体前屈均值　　　单位:cm

各市（区）	小学		初中		高中	
	男生	女生	男生	女生	男生	女生
常熟市	8.17	13.72	10.54	14.76	10.54	15.82
姑苏区	6.16	12.38	6.50	12.64	9.70	16.55
昆山市	6.75	11.39	8.23	13.42	10.58	14.26
太仓市	6.73	12.15	9.19	13.37	12.73	16.51
吴江区	9.73	15.06	5.29	11.64	10.29	10.77
吴中区	9.35	14.13	6.73	13.48	11.29	14.36
相城区	8.52	13.09	8.95	14.98	13.07	17.31
高新区	8.49	14.71	9.84	15.56	10.08	13.81
工业园区	6.24	11.77	5.84	13.13	7.38	11.31
张家港市	7.68	14.43	7.55	13.15	11.03	15.42

（2）2021年与2020年中小学生身体功能的比较

与2020年相比，2021年苏州市小学学段和初中学段学生的坐位体前屈数值升高，而高中学段学生的坐位体前屈数值下降。（表47）小学学段男生的坐位体前屈数值从（7.07±2.05）cm增加至（7.78±1.28）cm，女生从（12.38±2.16）cm增加至（13.28±1.31）cm；初中学段男生的坐位体前屈数值从（7.68±1.83）cm增加至（7.86±1.77）cm，女生从（13.19±1.11）cm增加至（13.61±1.17）cm；高中学段男生的坐位体前屈数值从（10.89±1.72）cm下降至（10.67±1.59）cm，女生从（14.46±1.66）cm增加至（14.61±2.19）cm。坐位体前屈是衡量人的身体功能及柔韧性的指标，苏州市各学段学生的坐位体前屈数值的变化趋势与力量素质类似，都是高中学段有所下降，这可能与学生学习压力大、久坐而不经常活动有关。

表47 2021年与2020年苏州市中小学生坐位体前屈情况对比　　　单位：cm

学段	男生		女生		总体	
	2020年	2021年	2020年	2021年	2020年	2021年
小学	7.07±2.05	7.78±1.28	12.38±2.16	13.28±1.31	9.73±3.41	10.53±3.09
初中	7.68±1.83	7.86±1.77	13.19±1.11	13.61±1.17	10.43±3.18	10.74±3.29
高中	10.89±1.72	10.67±1.59	14.46±1.66	14.61±2.19	12.67±2.47	12.64±2.75

五、情况总结

（一）健康指标

苏州市中小学生健康指标主要通过肥胖率和视力不良率得到反映。

2021年苏州市中小学生肥胖率，男生为13.97%，女生为7.46%，总体肥胖率为10.42%。相较于2020年，2021年苏州市中小学生肥胖率有所下降，总体从10.93%下降至10.42%。其中，男生的肥胖率略微上涨，从13.90%上升至13.97%，而女生的肥胖率从7.95%下降至7.46%。2021年苏州市监测统计的各市（区）中，有5个区的肥胖率在10%以上，为姑苏区、吴江区、张家港市、高新区、相城区。在男女情况对比方面，男生的肥胖率要远高于女生。各市（区）的学生肥胖率差异较大，吴中区、太仓市、工业园区较低，张家港市、吴江区、姑苏区较高，其中男生的肥胖率也是吴中区、太仓市、工业园区较低，张家港市、吴江区、姑苏区较高；女生的肥胖率为吴中区、太仓市、工业园区较低，高新区、吴江区、姑苏区较高。

2021年苏州市中小学生视力不良率，男生为64.59%，女生为68.37%，总体视力不良率为66.50%。相较于2020年，2021年苏州市中小学生视力不良率有所下降，总体从69.29%下降至66.50%，其中男生从66.13%下降至64.59%，女生从72.47%下降至68.37%。虽然苏州市中小学生视力不良率整体有所下降，但在2021年苏州市监测统计的各市（区）中，有些区县的学生视力不良率还是偏高，且随着学段的升高，学生视力不良率也不断增长。在视力不良率方面，工业园区、高新区、太仓市较低，姑苏区、吴江区、张家港市较高，其中男生方面为工业园区、太仓市、吴中区较低，姑苏区、吴江区、张家港市较高；女生方面为高新区、太仓市、吴中区较低，相城区、吴江区、张家港市较高。

（二）身体形态

2021年，苏州市中小学生身体形态发育良好，发育特征符合中小学生正常的生长发育规律，即随着年龄的增长，学生的身高、体重、胸围等指标数值也随之增加。但上述身体形态指标在各市（区）及不同性别中也呈现出一定的差异性。

在身高指标方面，小学学段男生为姑苏区、张家港市、工业园区相对较高，吴江区、吴中区、相城区相对较低；女生为高新区、张家港市、工业园区相对较高，吴江区、吴中区、昆山市相对较低。初中学段男生为吴中区、相城区、太仓市相对较高，高新区、姑苏区、常熟市相对较低；女生为相城区、太仓市、张家港市相对较高，高新区、姑苏区、昆山市相对较低。高中学段男生为相城区、工业园区、吴江区相对较高，高新区、昆山市、吴中区相对较低；女生为工业园区、吴中区、吴江区相对较高，高新区、昆山市、姑苏区相对较低。

在体重指标方面，小学学段男生为姑苏区、张家港市、工业园区相对较高，吴中区、相城区、高新区相对较低；女生为常熟市、张家港市、工业园区相对较高，吴江区、吴中区、太仓市相对较低。初中学段男生为吴江区、相城区、姑苏区相对较高，常熟市、吴中区、昆山市相对较低；女生为相城区、姑苏区、高新区相对较高，常熟市、工业园区、吴中区相对较低。高中学段男生为工业园区、姑苏区、张家港市相对较高，吴中区、太仓市、相城区相对较低；女生为工业园区、昆山市、姑苏区相对较高，相城区、吴江区、常熟市相对较低。

在胸围指标方面，小学学段男生为相城区、张家港市、工业园区相对较高，吴中区、太仓市、高新区相对较低；女生为相城区、张家港市、工业园区相对较高，昆山市、吴中区、太仓市相对较低。初中学段男生为工业园区、吴中区、姑苏区相对较高，太仓市、高新区、吴江区相对较低；女生为相城区、昆山市、高新区相对较高，常熟市、吴江区、吴中区相对较低。高中学段男生为工业园区、昆山市、吴中区相对较高，张家港市、太仓市、高新区相对较低；女生为常熟市、吴中区、相城区相对较高，张家港市、昆山市、工业园区相对较低。

（三）身体机能

身体机能指标反映了学生的身体健康状态和活动能力，监测指标包括肺活量体重指数、血压、脉搏。苏州市中小学生生理机能良好，肺活量体重指数随着年龄的增长，不断增长，血压、脉搏在标准范围之内。

在肺活量体重指数方面，小学学段男生为常熟市、张家港市、工业园区相对较高，昆山市、太仓市、吴江区相对较低；女生为常熟市、张家港市、吴中区相对较高，昆山市、吴江区、太仓市相对较低。初中学段男生为张家港市、吴中区、常熟市相对较高，太仓市、高新区、姑苏区相对较低；女生为工业园区、常熟市、张家港市相对较高，昆山市、高新区、姑苏区相对较低。高中学段男生为工业园区、张家港市、常熟市相对较高，姑苏区、高新区、昆山市相对较低；女生为吴中区、吴江区、常熟市相对较高，高新区、昆山市、姑苏区相对较低。

苏州市中小学生的血压和脉搏指标在标准范围之内，但随着学段的升高，学生血压指数呈上升趋势，可能与学业压力变大、锻炼时间减少有关。随着学段的升高，脉搏指数呈下降趋势，因为随着生长发育，学生的身体机能增强，心脏的每搏输出量增加，每分钟脉搏次数下降。

（四）身体素质

1. 力量素质

在上身力量指标——斜身引体、引体向上（男）、仰卧起坐（女）方面，小学学段男生为昆山市、张家港市、工业园区相对较优，高新区、常熟市、相城区相对较差；女生为相城区、张家港市、工业园区相对较优，昆山市、吴江区、吴中区相对较差。初中学段男生为张家港市、吴中区、太仓市相对较优，工业园区、吴江区、姑苏区相对较差；女生为工业园区、常熟市、张家港市相对较优，吴中区、太仓市、吴江区相对较差。高中学段男生为吴江区、昆山市、吴中区相对较优，姑苏区、高新区、工业园区相对较差；女生为工业园区、张家港市、姑苏区相对较优，高新区、吴中区、相城区相对较差。

在上肢力量指标——握力方面，小学学段男生为相城区、张家港市、工业园区相对较优，高新区、太仓市、昆山市相对较差；女生为姑苏区、张家港市、工业园区相对较优，昆山市、太仓市、高新区相对较差。初中学段男生为相城区、吴中区、张家港市相对较优，高新区、太仓市、姑苏区相对较差；女生为吴江区、相城区、张家港市相对较优，高新区、太仓市、工业园区相对较差。高中学段男生为常熟市、相城区、吴中区相对较优，姑苏区、高新区、昆山市相对较差；女生为常熟市、相城区、吴中区相对较优，高新区、张家港市、昆山市相对较差。

在腰腹核心力量指标——俯卧背起方面，小学学段男生为吴江区、张家港市、工业园区相对较优，姑苏区、太仓市、昆山市相对较差；女生为吴江区、张家港市、工业园区相对较优，昆山市、太仓市、姑苏区相对较差。初中学段男生为工业园区、吴中区、张家港市相对较优，太仓市、吴江区、相城区相对较差；女生为高新区、吴中区、工业园区相对较优，昆山市、姑苏区、吴江区相对较差。高中学段男生为工业园区、吴江区、吴中区相对较优，姑苏区、高新区、张家港市相对较差；女生为工业园区、吴江区、吴中区相对较优，姑苏区、张家港市、昆山市相对较差。

在下肢爆发力指标——立定跳远方面，小学学段男生为相城区、张家港市、工业园区相对较优，吴中区、太仓市、昆山市相对较差；女生为相城区、张家港市、常熟市相对较优，昆山市、太仓市、吴中区相对较差。初中学段男生为太仓市、常熟市、昆山市相对较优，姑苏区、工业园区、相城区相对较差；女生为常熟市、吴江区、张家港市相对较优，昆山市、姑苏区、高新区相对较差。高中学段男生为工业园区、太仓市、吴中区相对较优，姑苏区、高新区、相城区相对较差；女生为工业园区、太仓市、吴中区相对较优，高新区、相城区、昆山市相对较差。

2. 心肺耐力

在无氧耐力——50米跑方面，小学学段男生为相城区、姑苏区、工业园区相对较优，高新区、太仓市、昆山市相对较差；女生为相城区、张家港市、工业园区相对较优，高新区、太仓市、昆山市相对较差。初中学段男生为吴中区、常熟市、工业园区相对较优，姑苏区、吴江区、高新区相对较差；女生为吴中区、常熟市、工业园区相对较优，相城区、姑苏区、高新区相对较差。高中学段男生为工业园区、太仓市、吴中区相对较优，姑苏区、高新区、吴江区相对较差；女生为吴江区、张家港市、吴中区相对较优，高新区、相城区、昆山市相对较差。

在有氧耐力——50 米×8 往返跑、1 000 米（男）、800 米（女）方面，小学学段男生为相城区、姑苏区、张家港市相对较优，工业园区、太仓市、昆山市相对较差；女生为相城区、张家港市、吴江区相对较优，昆山市、太仓市、工业园区相对较差。初中学段男生为太仓市、张家港市、工业园区相对较优，姑苏区、吴中区、相城区相对较差；女生为张家港市、常熟市、工业园区相对较优，太仓市、吴中区、高新区相对较差。高中学段男生为工业园区、太仓市、吴中区相对较优，姑苏区、高新区、相城区相对较差；女生为吴江区、张家港市、吴中区相对较优，常熟市、相城区、高新区相对较差。

3. 身体功能

坐位体前屈是衡量人的身体功能及柔韧性的指标。小学学段男生为相城区、吴中区、吴江区相对较优，工业园区、太仓市、姑苏区相对较差；女生为高新区、张家港市、吴江区相对较优，昆山市、太仓市、工业园区相对较差。初中学段男生为太仓市、高新区、常熟市相对较优，姑苏区、吴江区、工业园区相对较差；女生为相城区、常熟市、高新区相对较优，吴江区、姑苏区、工业园区相对较差。高中学段男生为相城区、太仓市、吴中区相对较优，工业园区、姑苏区、高新区相对较差；女生为太仓市、姑苏区、相城区相对较优，吴江区、工业园区、高新区相对较差。

六、主要问题及成因分析与运动干预建议

（一）主要问题及成因分析

苏州市中小学生体质健康主要存在以下几个方面的问题：

第一，2021 年苏州市中小学生肥胖率较 2020 年有所下降，总体从 10.93% 下降至 10.42%，但男生的肥胖率上升，女生的肥胖率下降。苏州市中小学生的肥胖率总体还是较高，这可能与学生营养失衡和体育锻炼不足有关。

第二，与 2020 年相比，苏州市中小学生视力不良率有所下降，总体从 69.29% 下降至 66.50%，男生、女生的视力不良率均下降。虽然整体有所下降，但有些市（区）学生的视力不良率还是偏高，且随着学段的升高，视力不良率也在不断增长。其中，工业园区的学生的视力不良率最低，吴江区和张家港市的学生的视力不良率都在 70% 以上；小学生的视力不良率最低，高中生的视力不良率普遍都在 80% 以上，甚至高达 90%。学生的视力不良率增长明显与上网课密切相关，也与学生用眼习惯不良和家长无法对学生

使用电子产品进行有效监管有关。

第三，随着学段的升高，学生的血压指数呈上升趋势，这可能与学生学业压力大、久坐、体育锻炼减少有关。

第四，学生的身体力量和身体功能素质随着学段的升高而有所下降，尤其是高中学段的学生，这也与学习压力大、久坐、体育锻炼减少有关。

（二）运动干预指导建议

1. 综合建议

首先，针对学生营养失衡和体育锻炼不足问题，苏州市中小学应加强科学饮食指导，进行相关知识普及宣教，推进营养与运动综合干预计划。此外，还应不断提高师资水平，完善课程设置，利用好大课间体育活动和体育课，积极促进学生进行体育锻炼，提升学生体质，促进学生身体发育。

其次，针对上网课较多、锻炼时间减少问题，苏州市中小学可采用"线上"与"线下"相结合模式，鼓励学生居家锻炼，并设置一定要求，与家庭合作做好监督。家长应严格控制学生的电子产品使用时间，使学生做到劳逸结合"有度"。

再次，针对视力不良问题，苏州市中小学应高度重视，加大用眼卫生的宣传，监督眼保健操的执行质量，提高教学效率，尽可能为学生"减负"。保证学生的室外活动时间，控制学生的"屏幕时间"。此外，改进学校教学条件中不利于保护视力之处，如教室灯光伤眼问题，把学生视力保护与学校相关管理制度相结合，使学生的视力不良率得到有效控制。

最后，学生应形成科学锻炼理念和终身体育观念。科学锻炼应为身体力量、心肺耐力、身体功能等全面发展。学校应设置体育技能选修课程，提高学生的运动技能，培养学生的运动兴趣，使学生树立终身体育观念。

2. 中小学生体力活动指南

世界卫生组织在关于身体活动有益健康的全球建议中提出，中小学生每天要保证进行 60 min 的中等强度到高强度的体力活动，以及每周至少进行 3 次强壮肌肉的体力活动及强壮骨骼的体力活动，并指出 60 min 只是健康获益的基本推荐量，运动 60 min 以上可获得更多的健康效益。可根据心率确定运动强度，如最大强度（心率 185 次/min 以上）、次最大强度（心率 170~185 次/min）、大强度（心率 150~169 次/min）、中等强度（心率 129~149 次/min）。也可根据主观感受评定运动强度，如中等强度（显著增加呼吸次数、排汗量和心率）、较高强度（急剧增加呼吸次数、排汗量和心率）。

3. 中小学生体质提升运动处方

一个完整、科学的运动处方必须遵循 FITT 原则，即 F（Frequency，频率）、I（Intensity，强度）、T（Time，时间）、T（Type，类型）。

（1）有氧运动

① 运动频率：每天。

② 运动强度：中等到较大强度，至少 3 天包括较大强度运动。

③ 运动时间：每天至少 60 min。

④ 运动类型：有趣、与发育相适应的有氧活动，如跑步、健步走、游泳、跳舞和骑自行车。

（2）肌力训练

肌力训练包括肌肉力量训练、肌肉耐力训练及肌肉爆发力训练。抗阻训练为肌力训练最常见的一种方式，不同的训练次数可以发展不同的能力。一般来说，3~5 次较多发展学生的肌肉爆发力，8~12 次较多发展学生的肌肉力量，15 次以上较多发展学生的肌肉耐力。对于中小学生来说，可采用发展肌肉力量及肌肉耐力的训练。在设计中小学生的抗阻训练项目时，应考虑热身和放松、运动顺序、训练强度和运动量、训练的休息间隔、重复速度、训练频率、运动项目变化等 7 个方面。抗阻训练指南如下：

① 提供合格的指导和监督。

② 确保运动环境安全，没有危险因素。

③ 开始每个训练之前，进行 5~10 min 的动态热身。

④ 从相对轻松的负荷开始，专注于正确的练习技巧。

⑤ 进行上肢和下肢力量训练，每次 1~3 组，每组 6~15 次。

⑥ 进行增强腹部和下背部区域肌肉力量的锻炼。

⑦ 关注肌肉的对称发展及关节周围的肌肉平衡。

⑧ 进行各种各样的上肢和下肢爆发力训练，每次 1~3 组，每组 3~6 次。

⑨ 根据需要、目标和能力，合理地改进训练计划。

⑩ 随着力量的增强，逐渐增加阻力（增加 5%~10%）。

⑪ 用强度较低的体操动作或静态拉伸进行放松。

⑫ 在每个训练环节倾听运动处方对象的需求。

⑬ 每周进行 2~3 次抗阻力训练。

⑭ 使用个性化的锻炼日志来检测进程。

⑮ 通过系统地改变训练计划来保持运动项目的新鲜性和挑战性。

⑯ 用营养餐、适当的水分及充足的睡眠来优化表现和进行恢复。

⑰ 教练和家长的支持与鼓励有助于保持训练兴趣。

（3）灵敏性训练

短跑的起跑、球场上的灵活快速反应等都属于灵敏性训练。灵敏性训练一般在耐力练习前面进行效果较好。各种游戏、各种起跑、疾跑、听信号变向跑、急起急停、三点横跨、各种跑的专门练习和辅助练习，以及全面的身体训练都能促进灵敏素质的发展。

（4）柔韧性训练

柔韧性的提高有助于降低运动损伤发生的可能性。年龄越小，越容易通过训练提高柔韧性。柔韧性训练有压腿、踢腿、摆腿、压踝、提踝、挺髋、送髋、转髋、转腰、弯腰、转肩、压肩、压腕、点头、摆头等方法，可根据不同的训练目的有选择地加以运用。

（5）运动负荷大小的判断

可通过测量学生的心率和观察学生运动后的主观感受来判断运动负荷的大小。适合小学生的负荷大小为平均心率110～120次/min，初中生的心率应在130次/min左右。学生可每天测量心率来检查运动负荷是否合适。具体方法是每天早晨醒来后，安静地躺在床上，测量心率。如果心率比前一天高出12次/min，说明运动负荷过大，需要适当降低运动强度；如果心率变化不大，说明负荷量正常，可以维持同样的运动强度；如果心率逐渐降低，说明仍然具有一定的潜力，可以适当增加负荷量，但负荷量的增加要循序渐进。心率测量与运动心率范围计算方式如下：

① 最大心率 = 220 - 年龄（次/min）。若年龄为15岁，则最大心率 = 220 - 15 = 205（次/min）。

② 运动心率范围：

最大心率×0.50 = 103（次/min）（下限值）；最大心率×0.90 = 185（次/min）（上限值）。

运动心率可分为三级：心率<120次/min为1级（负荷过小）；120次/min≤心率≤200次/min为2级（负荷适宜）；心率>200次/min为3级（负荷过大）。

也可用心率公式进行计算：靶心率 =（220-年龄-安静心率）×（60%～80%）+ 安静心率。

如果运动后第二天出现了下列现象中的1～2项，也表明运动负荷过大：

① 感觉肢体酸弱无力，精神不振。

② 不想参加原本非常喜爱的运动项目。

③ 头痛、胸痛、头晕。

④ 失眠。

⑤ 食欲减退，容易口渴。

⑥ 运动时排汗量增加异常，而且出现夜间出汗现象。

（6）制定中小学生运动处方的注意事项

① 可以安全地实施有指导和监督的抗阻训练。一般成年人耐力训练的指导方针也适用于中小学生。每个动作应重复 8~15 次。只有达到中度疲劳，且保质保量地完成预定的重复次数时，才可以增加阻力或负荷。

② 中小学生体温调节系统发育不成熟，应在适宜的温度和湿度环境下运动。

③ 超重或身体不灵活的学生可能无法保证每天运动 60 min，因此需要通过增加体力活动的频率和时间来达到目标。

④ 对于患有疾病或有生理缺陷的学生，如容易气喘、患有糖尿病等，应根据其身体状态、症状及能力制定运动处方。

⑤ 应促使中小学生减少静坐少动（如看电视、上网、玩视频游戏等），多做有益于健康和增强体质的活动（如散步、骑自行车等）。

附件

苏州市各区域不同年龄学生的各项指标监测情况

附表1 苏州市各市（区）各年龄学生的肥胖率（男生）

年龄/岁	张家港市	常熟市	太仓市	昆山市	吴江区	吴中区	相城区	姑苏区	工业园区	高新区	均值
7	6.25%	8.89%	6.82%	15.91%	13.21%	8.89%	16.67%	19.32%	2.27%	8.33%	10.66%
8	17.24%	17.02%	15.56%	13.33%	38.30%	8.89%	15.91%	22.35%	11.11%	16.00%	17.57%
9	11.11%	32.56%	14.29%	9.52%	28.00%	2.27%	17.39%	12.86%	21.28%	18.75%	16.80%
10	15.91%	22.22%	27.91%	18.18%	19.15%	15.56%	13.33%	22.52%	2.27%	12.50%	16.96%
11	21.57%	11.11%	18.75%	24.44%	22.00%	8.89%	9.30%	25.27%	17.07%	23.91%	18.23%
12	20.48%	6.98%	4.44%	8.89%	34.78%	13.79%	27.27%	11.36%	17.39%	20.45%	16.58%
13	20.83%	6.52%	9.09%	4.55%	8.16%	11.63%	15.56%	27.91%	13.33%	8.89%	12.65%
14	8.89%	2.27%	13.33%	4.44%	8.33%	0.00%	8.89%	22.73%	10.26%	15.56%	9.47%
15	11.32%	5.71%	2.38%	15.91%	11.11%	4.88%	11.11%	11.36%	10.42%	12.50%	9.67%
16	18.75%	7.89%	0.00%	4.55%	10.53%	22.22%	4.35%	17.78%	9.76%	17.31%	11.31%
17	11.11%	10.53%	6.82%	15.91%	6.98%	2.38%	11.36%	16.13%	6.67%	13.64%	10.15%
18	16.67%	8.33%	—	—	0.00%	0.00%	—	7.69%	—	—	6.54%

附表2 苏州市各市（区）各年龄学生的肥胖率（女生）

年龄/岁	张家港市	常熟市	太仓市	昆山市	吴江区	吴中区	相城区	姑苏区	工业园区	高新区	均值
7	12.50%	17.78%	11.11%	6.82%	8.00%	12.50%	19.05%	15.38%	10.87%	4.26%	11.83%
8	0.00%	10.87%	12.20%	9.09%	17.65%	2.22%	4.26%	15.38%	4.17%	8.16%	8.40%
9	20.00%	9.09%	4.35%	11.63%	16.00%	2.17%	9.09%	15.71%	6.98%	14.89%	10.99%
10	26.09%	20.00%	11.36%	11.11%	20.75%	6.67%	17.78%	11.82%	6.38%	6.00%	13.80%
11	5.45%	4.44%	4.44%	11.11%	8.51%	6.67%	4.55%	6.98%	0.00%	4.08%	5.62%
12	7.14%	2.56%	0.00%	4.44%	12.00%	3.13%	14.58%	8.89%	2.13%	15.56%	7.04%
13	4.17%	6.00%	0.00%	8.89%	9.26%	4.44%	2.33%	25.58%	8.89%	13.33%	8.29%

续表

年龄/岁	张家港市	常熟市	太仓市	昆山市	吴江区	吴中区	相城区	姑苏区	工业园区	高新区	均值
14	4.65%	0.00%	4.44%	2.22%	3.77%	0.00%	4.17%	2.22%	2.63%	4.44%	2.86%
15	5.66%	5.41%	2.27%	4.55%	2.86%	2.94%	0.00%	4.44%	2.13%	8.57%	3.88%
16	7.14%	2.00%	0.00%	2.27%	4.26%	2.08%	2.33%	6.67%	8.51%	8.77%	4.40%
17	6.52%	2.13%	0.00%	2.44%	3.85%	0.00%	2.13%	0.00%	0.00%	10.87%	2.79%
18	0.00%	—	—	—	0.00%	0.00%	—	6.67%	—	—	1.67%

附表3 苏州市各市（区）各年龄学生的视力不良率（男生）

年龄/岁	张家港市	常熟市	太仓市	昆山市	吴江区	吴中区	相城区	姑苏区	工业园区	高新区	均值
7	—	17.78%	15.91%	18.18%	16.00%	15.56%	24.49%	20.45%	6.52%	37.50%	19.15%
8	6.67%	42.55%	20.00%	31.11%	32.00%	31.82%	29.55%	68.24%	18.60%	28.00%	30.85%
9	26.67%	32.56%	40.48%	42.86%	52.00%	27.27%	50.00%	40.91%	19.15%	41.67%	37.36%
10	25.00%	60.00%	46.51%	63.64%	60.42%	46.67%	57.78%	68.82%	13.64%	52.08%	49.46%
11	33.33%	57.78%	62.50%	53.33%	73.47%	60.00%	59.09%	57.14%	21.95%	52.17%	53.08%
12	49.40%	59.52%	68.89%	82.22%	58.70%	55.17%	72.73%	75.00%	45.65%	63.64%	63.09%
13	72.92%	70.21%	61.36%	81.82%	73.47%	48.65%	80.00%	79.07%	62.22%	73.33%	70.31%
14	68.89%	79.55%	73.33%	82.22%	79.17%	60.32%	80.00%	75.00%	46.15%	68.89%	71.35%
15	84.91%	88.57%	78.57%	84.09%	80.56%	70.73%	72.73%	88.64%	72.92%	81.25%	80.30%
16	89.58%	91.89%	86.36%	88.64%	85.96%	55.56%	73.91%	82.22%	85.37%	84.62%	82.41%
17	86.67%	84.48%	88.64%	100.00%	95.35%	88.10%	90.91%	81.82%	91.11%	86.36%	89.34%
18	100.00%	83.33%	—	—	94.74%	33.33%	—	—	—	—	77.85%

附表4 苏州市各市（区）各年龄学生的视力不良率（女生）

年龄/岁	张家港市	常熟市	太仓市	昆山市	吴江区	吴中区	相城区	姑苏区	工业园区	高新区	均值
7	—	17.78%	4.44%	6.82%	29.41%	12.50%	23.91%	23.08%	17.02%	25.53%	17.83%
8	4.26%	34.78%	34.15%	36.36%	40.00%	24.44%	28.89%	42.39%	25.53%	36.73%	30.75%
9	11.11%	50.00%	41.30%	37.21%	56.00%	21.74%	57.78%	46.34%	41.86%	38.30%	40.16%
10	19.57%	57.78%	50.00%	66.67%	69.23%	51.11%	71.11%	42.27%	40.43%	42.00%	51.02%
11	29.09%	51.11%	75.56%	62.22%	75.51%	51.11%	72.73%	61.63%	29.55%	53.06%	56.16%

续表

年龄/岁	张家港市	常熟市	太仓市	昆山市	吴江区	吴中区	相城区	姑苏区	工业园区	高新区	均值
12	58.57%	58.97%	71.11%	80.00%	80.00%	75.00%	72.92%	66.67%	59.57%	77.78%	70.06%
13	68.75%	58.00%	76.74%	91.11%	57.41%	64.44%	80.00%	86.05%	60.00%	80.00%	72.25%
14	72.09%	86.96%	88.89%	80.00%	86.79%	76.79%	86.96%	80.00%	54.05%	86.67%	79.92%
15	89.13%	86.84%	95.45%	86.36%	88.57%	84.85%	83.33%	80.00%	75.00%	80.00%	84.95%
16	95.24%	97.96%	95.12%	100.00%	85.11%	87.50%	88.37%	93.33%	89.36%	85.96%	91.80%
17	94.34%	89.36%	97.50%	87.80%	90.38%	91.11%	95.74%	60.00%	76.60%	89.13%	87.20%
18	77.78%	92.31%	—	—	91.67%	100.00%	—	—	—	—	90.44%

附表5 苏州市各市（区）各年龄学生的身高（男生）   单位：cm

年龄/岁	张家港市	常熟市	太仓市	昆山市	吴江区	吴中区	相城区	姑苏区	工业园区	高新区	均值
7	—	128.82	127.63	127.69	128.66	129.66	130.04	130.58	129.03	129.46	129.06±1.00
8	131.53	135.26	135.02	136.09	134.13	134.10	134.05	135.56	134.78	138.65	134.91±1.81
9	136.17	141.46	140.78	140.01	138.08	139.82	138.30	142.89	140.29	140.08	139.79±1.89
10	142.03	146.79	148.44	145.63	143.05	143.95	147.00	145.15	147.60	146.79	145.64±2.08
11	147.30	154.70	154.56	154.06	151.83	151.30	152.85	154.65	154.51	153.64	152.94±2.32
12	159.02	163.62	164.64	163.07	162.59	163.38	164.20	161.84	164.36	161.51	162.82±1.69
13	166.98	168.00	172.12	170.50	169.55	167.38	170.08	167.58	169.92	168.32	169.04±1.65
14	172.40	170.14	172.34	172.25	172.26	172.46	173.52	172.22	169.50	170.45	171.75±1.27
15	174.06	173.20	174.95	172.09	177.47	173.40	174.62	173.34	176.23	172.03	174.14±1.73
16	175.46	173.37	175.73	175.32	178.56	175.81	179.02	173.94	177.77	172.60	175.76±2.15
17	177.06	176.11	174.85	175.29	178.22	174.36	175.37	175.78	177.71	173.62	175.84±1.47
18	173.42	177.44	—	—	180.89	174.67	—	—	—	—	176.6±3.31

附表6 苏州市各市（区）各年龄学生的身高（女生）　　　　　单位：cm

年龄/岁	张家港市	常熟市	太仓市	昆山市	吴江区	吴中区	相城区	姑苏区	工业园区	高新区	均值
7	—	128.43	127.66	128.85	126.44	126.72	126.50	127.77	129.78	127.77	127.77±1.13
8	129.07	133.24	133.43	133.00	130.79	134.08	131.82	135.72	133.69	136.28	133.11±2.15
9	136.69	140.02	141.34	140.32	136.84	138.70	140.23	140.67	140.23	140.15	139.52±1.59
10	142.37	147.75	147.16	145.43	144.99	146.72	149.51	146.52	148.25	148.23	146.69±2.04
11	151.21	155.48	155.69	153.61	151.04	152.38	152.42	154.59	155.05	152.91	153.44±1.71
12	158.49	158.25	160.05	157.06	159.30	158.24	159.98	157.64	158.85	158.28	158.61±0.96
13	161.48	160.16	163.13	159.23	158.02	—	161.70	160.45	161.62	157.46	160.36±1.86
14	164.65	161.07	161.47	162.63	162.35	162.16	162.24	160.67	163.26	158.90	161.94±1.55
15	165.28	161.78	163.58	159.89	166.19	162.65	164.18	161.73	165.67	161.63	163.26±2.06
16	162.96	161.85	165.23	163.09	166.19	167.12	161.55	161.72	163.69	159.25	163.27±2.38
17	162.79	164.22	164.42	161.03	164.89	164.53	164.16	163.37	164.49	160.61	163.45±1.52
18	163.67	165.32	—	—	165.46	164.80	—	—	—	—	164.81±0.81

附表7 苏州市各市（区）各年龄学生的体重（男生）　　　　　单位：kg

年龄/岁	张家港市	常熟市	太仓市	昆山市	吴江区	吴中区	相城区	姑苏区	工业园区	高新区	均值
7	—	27.03	26.55	27.31	28.08	27.69	28.92	29.85	26.91	28.25	27.84±1.06
8	30.11	31.91	31.61	32.54	34.53	29.28	31.64	34.18	30.66	33.30	31.98±1.71
9	32.35	39.12	35.60	35.40	37.35	32.85	35.98	37.41	36.01	35.84	35.79±2.02

续表

年龄/岁	张家港市	常熟市	太仓市	昆山市	吴江区	吴中区	相城区	姑苏区	工业园区	高新区	均值
10	38.29	40.91	43.91	40.78	39.54	38.46	41.63	41.50	36.80	39.91	40.17±2.03
11	44.30	47.35	48.10	49.26	47.96	43.17	44.12	49.59	47.50	46.78	46.81±2.22
12	52.77	52.75	52.63	51.62	59.73	52.14	57.24	51.24	57.34	55.47	54.29±2.93
13	58.95	54.25	59.86	61.06	59.86	55.65	59.34	62.62	60.37	59.24	59.12±2.46
14	59.51	58.20	62.06	60.00	63.01	56.94	61.95	69.62	60.70	62.86	61.48±3.48
15	65.18	64.91	62.54	66.97	66.89	62.42	64.95	67.38	66.39	63.52	65.12±1.82
16	73.12	65.71	63.16	66.63	68.98	66.51	66.50	70.31	72.15	68.79	68.18±3.07
17	71.66	67.07	68.90	72.94	62.29	62.13	67.23	71.99	69.70	71.06	68.5±3.84
18	69.65	69.51	—	—	66.67	64.33	—	—	—	—	67.54±2.54

附表8 苏州市各市（区）各年龄学生的体重（女生）　　　单位：kg

年龄/岁	张家港市	常熟市	太仓市	昆山市	吴江区	吴中区	相城区	姑苏区	工业园区	高新区	均值
7	—	27.05	25.94	26.85	25.78	25.47	27.14	27.39	26.17	26.05	26.43±0.69
8	27.36	29.85	28.86	29.70	29.95	27.85	28.87	31.48	28.97	30.50	29.34±1.22
9	32.34	33.27	32.99	34.16	33.53	30.98	34.07	34.68	32.78	33.50	33.23±1.05
10	37.51	41.78	37.73	38.89	40.21	37.85	41.07	38.94	38.08	39.58	39.16±1.47
11	42.19	44.33	44.28	46.11	42.45	40.80	42.57	43.62	43.09	41.80	43.12±1.52
12	48.66	45.83	46.56	47.09	50.01	47.29	51.29	48.97	45.52	52.80	48.4±2.40

续表

年龄/岁	张家港市	常熟市	太仓市	昆山市	吴江区	吴中区	相城区	姑苏区	工业园区	高新区	均值
13	48.83	50.12	50.32	51.53	50.44	—	49.78	55.35	51.87	52.82	51.23±1.95
14	52.86	50.04	52.64	54.06	53.34	50.64	53.34	54.11	51.17	53.30	52.55±1.43
15	55.62	55.86	53.24	55.73	53.54	51.51	53.88	55.68	57.33	56.46	54.88±1.77
16	54.40	55.11	56.20	56.00	56.59	58.09	52.34	56.36	58.67	54.57	55.83±1.84
17	55.61	54.16	55.97	59.01	54.83	56.52	53.08	57.44	55.49	57.62	55.97±1.75
18	52.22	55.39	—	—	52.46	53.80	—	—	—	—	53.47±1.46

附表9 苏州市各市（区）各年龄学生的胸围（男生） 单位：cm

年龄/岁	张家港市	常熟市	太仓市	昆山市	吴江区	吴中区	相城区	姑苏区	工业园区	高新区	均值
7	—	60.02	56.57	63.98	64.02	63.53	66.19	64.50	62.57	59.91	62.37±2.98
8	61.68	64.15	60.87	69.02	68.19	62.80	68.02	66.60	65.49	62.63	64.94±2.94
9	65.59	70.50	62.26	68.68	70.12	65.59	72.46	69.62	68.94	64.85	67.86±3.14
10	74.20	70.58	69.38	70.57	71.76	66.40	75.98	72.20	68.48	78.75	71.83±3.66
11	74.47	74.74	70.61	76.23	75.59	73.64	77.02	72.44	76.73	71.51	74.3±2.22
12	76.46	76.81	72.76	75.81	76.06	77.21	77.81	75.27	80.26	76.07	76.45±1.91
13	81.83	78.34	76.18	82.36	77.08	78.07	80.23	82.23	81.98	77.28	79.56±2.42
14	81.20	81.43	79.76	82.13	81.56	87.75	80.96	85.20	84.46	79.45	82.39±2.62
15	80.25	84.13	78.24	86.41	82.81	88.43	88.02	84.43	84.55	80.85	83.81±3.34

续表

年龄/岁	张家港市	常熟市	太仓市	昆山市	吴江区	吴中区	相城区	姑苏区	工业园区	高新区	均值
16	82.19	84.08	82.52	86.75	85.11	87.11	83.35	85.68	93.92	84.88	85.56±3.37
17	81.89	87.31	82.76	90.11	87.66	85.34	87.61	87.57	93.30	85.88	86.94±3.31
18	81.67	89.21	—	—	93.23	83.00	—	—	—	—	86.78±5.42

附表10 苏州市各市（区）各年龄学生的胸围（女生） 单位：cm

年龄/岁	张家港市	常熟市	太仓市	昆山市	吴江区	吴中区	相城区	姑苏区	工业园区	高新区	均值
7	—	59.63	60.66	57.88	60.82	61.10	64.57	61.23	62.35	60.74	61±1.82
8	58.80	61.84	61.24	71.05	63.82	59.16	66.53	64.06	63.66	64.03	63.42±3.59
9	65.65	65.65	65.09	62.36	67.58	63.52	68.47	67.35	65.14	65.71	65.65±1.84
10	77.86	74.00	69.14	66.00	72.11	67.38	76.16	70.75	70.66	70.06	71.41±3.73
11	74.95	76.71	73.98	70.97	73.68	71.27	75.09	70.71	75.23	72.95	73.55±2.05
12	78.57	76.45	76.36	71.94	72.00	80.07	78.36	77.69	75.57	80.14	76.71±2.92
13	79.08	79.20	78.86	75.37	72.64	—	83.86	81.58	81.64	80.35	79.18±3.40
14	81.16	79.85	81.27	112.03	75.15	75.38	86.42	79.46	81.76	81.56	83.4±10.57
15	78.13	84.11	80.59	80.19	80.40	81.17	85.55	81.86	82.83	81.71	81.65±2.11
16	76.05	83.99	83.71	79.92	80.94	88.98	89.05	83.15	78.69	81.99	82.65±4.14
17	76.58	84.23	83.25	82.70	86.88	82.11	85.38	82.66	82.29	83.36	82.94±2.69
18	74.00	85.89	—	—	91.08	78.60	—	—	—	—	82.39±7.59

附表 11　苏州市各市（区）各年龄学生的肺活量体重指数（男生）　单位：mL/kg

年龄/岁	张家港市	常熟市	太仓市	昆山市	吴江区	吴中区	相城区	姑苏区	工业园区	高新区	均值
7	—	65.50	40.53	33.67	39.81	54.61	51.52	53.80	54.92	47.11	49.05±9.77
8	70.18	59.80	40.99	35.38	—	50.96	48.38	50.96	55.96	45.29	50.88±10.33
9	68.61	58.50	46.54	41.00	41.34	60.09	54.14	68.78	56.40	46.53	54.19±10.19
10	66.49	59.77	43.59	39.66	42.15	58.24	50.61	59.31	61.78	49.33	53.09±9.28
11	61.44	58.52	42.91	39.07	40.61	61.11	55.24	50.56	50.97	44.18	50.46±8.47
12	61.04	67.54	52.09	50.27	51.76	59.72	54.73	47.30	57.30	47.71	54.95±6.46
13	66.51	74.81	51.66	51.10	64.36	60.05	57.99	49.00	60.95	50.71	58.71±8.33
14	71.16	71.29	51.55	55.94	60.49	65.71	75.65	47.65	67.99	51.56	61.9±9.83
15	66.24	72.89	57.79	51.51	57.74	60.84	59.22	52.93	66.72	54.75	60.06±6.76
16	63.72	68.06	58.73	57.99	62.12	59.09	62.01	51.03	60.98	51.52	59.53±5.21
17	66.18	70.33	53.21	49.28	64.97	60.42	61.16	51.65	64.17	50.18	59.16±7.52
18	65.46	74.96	—	—	64.98	60.23	—	—	—	—	66.41±6.17

附表 12　苏州市各市（区）各年龄学生的肺活量体重指数（女生）　单位：mL/kg

年龄/岁	张家港市	常熟市	太仓市	昆山市	吴江区	吴中区	相城区	姑苏区	工业园区	高新区	均值
7	—	58.55	44.45	35.12	34.62	55.21	46.43	54.15	54.38	43.81	47.41±8.78
8	71.28	58.15	41.02	34.31	54.96	58.36	48.84	52.15	50.05	45.89	51.5±10.23

续表

年龄/岁	张家港市	常熟市	太仓市	昆山市	吴江区	吴中区	相城区	姑苏区	工业园区	高新区	均值
9	64.12	61.51	43.78	38.09	41.75	58.01	46.35	61.14	51.24	46.75	51.27±9.30
10	62.53	57.75	45.07	38.67	41.53	53.71	49.01	56.92	54.08	47.58	50.68±7.62
11	60.77	55.63	45.33	40.46	48.32	61.90	46.94	57.84	50.95	47.83	51.6±7.12
12	57.22	65.32	46.15	38.65	54.79	54.55	45.15	47.59	53.98	43.15	50.66±7.90
13	65.74	52.30	46.27	42.60	54.43	—	53.63	41.62	57.02	44.83	50.94±7.85
14	63.48	55.43	45.75	40.91	52.90	54.48	46.88	43.59	56.84	44.80	50.51±7.17
15	62.45	57.24	49.64	45.57	53.16	53.06	63.65	46.67	57.02	43.08	53.15±7.01
16	55.60	60.38	48.13	46.35	50.09	59.94	48.73	45.74	54.50	43.44	51.29±5.97
17	56.58	63.26	48.78	37.87	51.76	53.63	48.34	44.28	52.83	41.33	49.87±7.47
18	59.12	65.12	—	—	57.50	64.89	—	—	—	—	61.66±3.92

附表 13 苏州市各市（区）各年龄学生的血压（男生）

单位：mmHg

年龄/岁	张家港市 舒张压	张家港市 收缩压	常熟市 舒张压	常熟市 收缩压	太仓市 舒张压	太仓市 收缩压	昆山市 舒张压	昆山市 收缩压	吴江区 舒张压	吴江区 收缩压	吴中区 舒张压	吴中区 收缩压	相城区 舒张压	相城区 收缩压	姑苏区 舒张压	姑苏区 收缩压	工业园区 舒张压	工业园区 收缩压	高新区 舒张压	高新区 收缩压	均值 舒张压	均值 收缩压
7	—	—	62.36	97.31	71.02	114.77	66.00	101.30	72.58	104.85	67.82	100.96	65.60	107.96	81.68	86.55	66.48	101.86	68.33	118.75	69.1±5.60	103.81±9.49
8	61.47	98.13	66.85	100.02	69.36	115.91	67.20	103.00	75.06	108.40	76.32	103.61	66.07	106.50	69.92	107.69	67.87	101.51	69.98	121.50	69.01±4.30	106.63±7.27
9	62.33	105.76	67.07	104.88	70.40	118.40	63.71	100.76	73.50	109.02	70.27	108.09	66.76	111.11	67.83	109.52	66.04	100.85	70.71	122.04	67.86±3.42	109.04±6.88
10	65.68	105.14	67.51	102.40	71.74	122.65	68.07	108.05	74.79	109.94	102.07	67.38	66.75	112.18	68.85	111.25	69.55	104.61	68.96	119.45	72.4±10.74	106.3±15.09
11	63.51	108.06	68.29	107.16	68.27	125.48	71.76	116.56	75.06	110.76	63.02	105.82	66.48	117.19	82.19	109.35	67.73	110.76	70.85	126.20	69.71±5.69	113.73±7.36
12	70.05	121.61	65.17	110.55	69.71	124.04	70.24	115.04	74.02	118.15	66.79	105.00	69.98	117.88	70.64	129.57	67.35	119.02	68.84	128.32	69.28±2.44	118.26±7.95
13	68.29	120.08	75.49	122.85	71.84	128.28	71.16	120.36	73.63	117.88	65.17	106.88	67.84	114.09	71.40	132.19	70.82	119.84	70.78	128.22	70.64±2.95	121.13±7.47
14	70.32	126.28	71.61	122.05	71.53	133.82	74.98	124.07	73.85	121.48	73.78	116.87	66.96	123.33	71.41	137.86	68.56	119.41	71.80	133.13	71.48±2.44	125.83±6.88
15	72.65	115.45	72.19	121.29	71.31	136.55	72.00	125.00	75.19	117.89	72.59	117.27	73.93	125.91	74.48	136.82	77.06	113.75	72.77	137.50	73.42±1.75	124.74±9.26
16	73.92	103.83	75.79	125.26	72.93	139.52	70.59	122.18	79.11	117.23	70.11	116.89	74.04	130.17	78.33	141.11	80.27	118.41	76.40	141.23	75.15±3.46	125.58±12.40
17	74.02	105.31	76.76	128.29	74.66	144.07	74.25	125.89	75.60	117.65	71.88	116.95	72.11	129.66	79.11	144.77	70.60	117.56	78.48	142.84	74.75±2.81	127.3±13.40
18	73.83	108.50	74.50	125.14	—	—	—	—	76.94	121.44	69.00	119.67	—	—	—	—	—	—	—	—	73.57±3.33	118.69±7.17

附表 14 苏州市各市（区）各年龄学生的血压（女生）

单位：mmHg

年龄/岁	张家港市 舒张压	张家港市 收缩压	常熟市 舒张压	常熟市 收缩压	太仓市 舒张压	太仓市 收缩压	昆山市 舒张压	昆山市 收缩压	吴江区 舒张压	吴江区 收缩压	吴中区 舒张压	吴中区 收缩压	相城区 舒张压	相城区 收缩压	姑苏区 舒张压	姑苏区 收缩压	工业园区 舒张压	工业园区 收缩压	高新区 舒张压	高新区 收缩压	均值 舒张压	均值 收缩压
7	—	—	63.00	96.22	71.49	114.87	70.36	101.68	70.46	101.38	71.85	102.52	65.93	106.36	66.43	99.66	68.04	99.41	69.04	116.11	68.51±2.94	104.25±6.93
8	63.62	97.51	66.28	97.98	69.63	117.29	63.20	95.48	74.20	103.65	73.96	104.53	67.89	103.94	69.05	106.00	65.26	99.98	71.49	120.29	68.46±3.95	104.66±8.23
9	64.80	103.47	66.50	99.82	69.00	115.78	66.56	101.49	71.42	104.80	73.37	107.50	67.07	110.44	69.06	106.92	64.72	100.86	71.70	117.26	68.42±3.00	106.83±6.06
10	68.00	105.17	67.33	103.91	70.98	122.93	66.93	102.56	72.04	107.04	73.94	100.38	62.24	104.22	68.40	114.09	69.06	108.00	67.91	104.38	72.18±10.10	105.66±17.32
11	65.51	109.18	69.13	106.31	68.36	119.08	69.91	109.91	73.94	121.38	69.58	107.49	68.25	111.93	67.66	111.57	66.45	104.43	72.04	122.04	69.69±4.33	112.03±6.70
12	71.31	120.67	62.40	108.08	70.44	118.67	69.91	110.73	69.52	111.32	—	—	68.28	104.79	70.02	123.36	69.04	104.11	73.86	122.04	69.17±2.55	113.45±7.85
13	68.56	113.00	75.51	110.94	66.63	119.52	73.51	112.09	71.03	112.14	—	—	69.91	106.93	71.70	129.09	69.07	109.22	71.22	125.24	70.82±2.67	114.83±6.95
14	71.28	120.74	72.57	120.24	71.93	122.13	75.67	115.80	74.74	110.64	70.55	109.77	71.23	108.58	72.91	126.33	70.84	112.74	71.44	121.49	72.29±1.71	116.85±6.16
15	70.74	106.33	87.94	104.11	69.52	117.75	73.72	116.14	77.91	118.83	68.54	109.41	70.32	112.45	75.82	125.80	79.00	114.36	72.71	124.71	74.62±5.87	114.99±7.20
16	68.90	97.67	78.20	109.75	72.71	126.34	74.75	115.45	81.21	115.63	71.47	117.12	70.79	116.43	76.80	129.40	80.57	123.62	74.61	123.67	75.00±4.16	117.49±9.18
17	69.53	99.32	76.62	116.34	75.15	130.03	73.95	114.34	78.00	115.63	75.05	115.29	71.74	120.07	75.09	127.33	70.23	110.19	75.37	127.78	74.07±2.74	117.63±9.24
18	69.33	98.33	81.14	117.29	—	—	—	—	74.33	117.50	71.80	110.80	—	—	—	—	—	—	—	—	74.15±5.09	110.98±8.99

附表 15 苏州市各市（区）各年龄学生的心率（男生）　　　　单位：次/min

年龄/岁	张家港市	常熟市	太仓市	昆山市	吴江区	吴中区	相城区	姑苏区	工业园区	高新区	均值
7	—	80.58	95.59	92.57	78.11	88.80	87.50	84.41	84.48	96.04	87.56±6.33
8	92.84	79.74	91.89	92.18	76.30	80.36	86.20	82.95	82.04	91.78	85.63±6.16
9	88.09	75.91	87.90	87.19	78.94	78.14	81.30	78.37	80.60	86.29	82.27±4.64
10	87.45	79.33	90.02	83.84	79.91	87.93	88.98	83.21	84.18	88.56	85.34±3.81
11	88.18	77.00	90.27	90.89	78.64	76.04	86.83	83.10	80.93	88.80	84.07±5.64
12	86.40	87.98	89.98	84.69	82.00	80.25	87.88	83.09	75.57	90.52	84.84±4.70
13	85.98	90.77	83.20	79.34	88.14	80.17	82.64	80.70	76.51	89.76	83.72±4.77
14	82.31	90.55	85.24	79.29	87.75	76.97	86.67	71.84	78.28	91.13	83.00±6.34
15	81.42	85.03	75.67	88.05	75.03	69.05	78.29	77.30	72.83	80.31	78.3±5.66
16	75.08	81.59	79.43	78.11	78.00	67.78	71.00	80.53	74.15	85.71	77.14±5.27
17	74.91	83.59	74.77	81.07	76.19	70.69	88.68	78.57	71.98	90.75	79.12±6.82
18	74.67	77.57	—	—	73.72	70.33	—	—	—	—	74.07±2.98

附表 16 苏州市各市（区）各年龄学生的心率（女生）　　　　单位：次/min

年龄/岁	张家港市	常熟市	太仓市	昆山市	吴江区	吴中区	相城区	姑苏区	工业园区	高新区	均值
7	—	84.24	97.91	98.86	77.18	85.90	86.69	83.59	86.13	93.83	88.26±7.16
8	91.87	79.85	90.20	92.34	75.06	83.82	85.60	80.52	79.64	91.14	85±6.16

续表

年龄/岁	张家港市	常熟市	太仓市	昆山市	吴江区	吴中区	相城区	姑苏区	工业园区	高新区	均值
9	90.27	76.25	87.43	89.40	79.82	75.33	85.58	82.27	79.56	94.53	84.04±6.40
10	86.41	82.11	97.34	88.82	82.51	87.29	87.40	84.39	85.38	93.20	87.49±4.72
11	91.67	78.49	91.96	87.67	80.00	77.16	90.86	85.56	82.89	93.06	85.93±6.00
12	87.51	87.75	99.04	86.44	78.26	80.04	89.10	85.62	77.36	111.64	88.28±10.33
13	87.67	97.94	84.84	89.76	84.07	—	87.60	85.19	74.24	93.29	87.18±6.58
14	88.28	85.62	92.64	86.31	84.02	78.11	85.58	81.36	77.00	94.62	85.35±5.66
15	76.87	91.91	77.93	89.84	80.29	72.03	80.66	88.49	72.49	88.97	81.95±7.36
16	70.98	88.31	88.51	84.07	78.38	71.87	76.14	87.36	78.15	90.09	81.39±7.17
17	71.06	88.07	86.68	87.59	77.35	75.30	81.83	87.36	76.40	91.28	82.29±6.84
18	70.44	91.36	—	—	77.42	73.80	—	—	—	—	78.25±9.19

附表17 苏州市各市（区）各年龄学生的斜身引体或引体向上指标（男生）

单位：个

年龄/岁	张家港市	常熟市	太仓市	昆山市	吴江区	吴中区	相城区	姑苏区	工业园区	高新区	均值
7	—	23.36	10.00	44.32	46.66	19.38	24.21	19.94	51.75	15.83	28.38±15.10
8	22.80	24.13	8.27	62.80	36.13	24.95	25.36	26.61	49.82	13.76	29.46±16.28
9	38.71	20.09	11.52	89.79	43.24	40.39	23.91	26.12	52.00	15.42	36.12±22.97
10	38.32	27.49	6.91	115.98	41.32	25.71	26.09	29.14	56.91	12.94	38.08±30.78

续表

年龄/岁	张家港市	常熟市	太仓市	昆山市	吴江区	吴中区	相城区	姑苏区	工业园区	高新区	均值
11	46.00	22.18	7.83	59.75	30.12	26.04	32.98	29.20	58.10	14.63	32.68±17.23
12	31.93	28.90	13.96	84.87	26.59	36.00	32.84	14.41	60.00	15.86	34.54±22.27
13	4.32	3.74	2.34	2.20	2.29	3.40	2.33	1.19	3.87	1.22	2.69±1.09
14	2.49	3.09	1.31	2.58	2.48	3.62	2.78	1.14	1.77	2.87	2.41±0.79
15	1.81	3.10	3.02	3.77	3.47	3.02	2.60	2.95	1.98	2.58	2.83±0.61
16	2.04	3.28	3.43	3.52	3.74	2.44	2.54	2.73	2.56	2.35	2.86±0.58
17	3.31	3.74	4.77	3.30	2.65	4.83	3.75	3.34	3.73	3.00	3.64±0.70
18	4.08	4.36	—	—	3.44	3.33	—	—	—	—	3.80±0.49

附表18 苏州市各市（区）各年龄学生的斜身引体或仰卧起坐指标（女生）

单位：个

年龄/岁	张家港市	常熟市	太仓市	昆山市	吴江区	吴中区	相城区	姑苏区	工业园区	高新区	均值
7	—	21.27	22.04	17.66	15.70	19.52	22.76	24.42	22.65	20.72	20.75±2.73
8	25.85	25.22	23.56	19.91	23.98	27.62	32.15	28.77	25.02	25.43	25.75±3.28
9	29.67	31.45	34.67	28.33	21.76	30.85	34.84	34.75	31.40	30.38	30.81±3.90
10	34.28	35.82	34.30	32.13	23.09	27.04	36.16	35.56	35.70	31.28	32.54±4.35
11	38.55	40.80	33.49	29.51	26.24	32.04	39.32	41.93	38.16	30.90	35.09±5.35
12	36.39	43.46	29.69	34.20	26.32	28.76	33.96	36.36	39.15	29.71	33.8±5.27

续表

年龄/岁	张家港市	常熟市	太仓市	昆山市	吴江区	吴中区	相城区	姑苏区	工业园区	高新区	均值
13	39.27	38.37	26.33	34.58	30.06	31.06	34.47	33.05	39.91	29.09	33.62±4.58
14	33.84	40.76	28.27	32.22	30.11	20.77	30.65	32.04	37.61	32.40	31.87±5.34
15	39.07	32.63	30.70	33.95	31.71	28.69	31.30	38.58	36.02	29.86	33.25±3.59
16	37.93	33.90	35.22	41.57	36.19	21.42	29.81	41.11	35.19	31.44	34.38±5.89
17	40.57	34.63	35.88	32.93	41.98	32.60	36.72	38.02	42.79	31.98	36.81±3.94
18	34.22	34.71	—	—	44.33	40.20	—	—	—	—	38.37±4.81

附表19 苏州市各市（区）各年龄学生的握力（男生）　　　单位：kg

年龄/岁	张家港市	常熟市	太仓市	昆山市	吴江区	吴中区	相城区	姑苏区	工业园区	高新区	均值
7	—	12.46	11.08	9.21	12.32	11.20	12.15	11.12	10.73	9.96	11.14±1.09
8	11.94	12.14	11.94	12.22	13.05	13.14	13.85	13.31	13.19	12.64	12.74±0.66
9	14.05	14.36	14.30	14.26	15.36	17.00	15.76	15.00	13.80	13.46	14.74±1.06
10	16.34	16.59	15.12	16.56	17.04	17.06	21.68	18.95	16.15	15.20	17.07±1.94
11	19.00	19.94	17.49	17.92	20.63	19.82	24.48	22.81	19.56	17.93	19.96±2.22
12	38.47	26.73	24.50	25.83	26.23	25.55	31.78	25.26	27.24	22.78	27.44±4.52
13	38.27	29.44	31.17	31.79	31.82	29.06	30.94	28.72	29.79	25.39	30.64±3.29
14	35.73	32.47	30.97	31.57	33.42	36.73	32.54	32.03	33.73	30.85	33.00±1.95
15	43.91	35.44	36.52	33.99	37.72	40.50	42.85	33.25	37.19	33.79	37.52±3.77

续表

年龄/岁	张家港市	常熟市	太仓市	昆山市	吴江区	吴中区	相城区	姑苏区	工业园区	高新区	均值
16	41.67	39.48	37.77	39.69	40.82	46.41	47.76	36.26	39.05	34.95	40.39±4.07
17	41.67	45.08	37.28	37.50	43.27	40.95	39.73	38.83	40.66	38.61	40.36±2.51
18	37.75	42.14	—	—	43.14	45.23	—	—	—	—	42.06±3.15

附表20 苏州市各市（区）各年龄学生的握力（女生）　　单位：kg

年龄/岁	张家港市	常熟市	太仓市	昆山市	吴江区	吴中区	相城区	姑苏区	工业园区	高新区	均值
7	—	11.20	10.11	8.79	10.21	9.18	10.29	9.96	9.79	9.36	9.88±0.71
8	11.17	10.49	11.19	9.71	12.44	12.68	11.38	11.87	10.50	11.53	11.30±0.91
9	13.53	15.05	11.58	12.98	13.60	11.82	13.68	13.71	12.92	12.46	13.13±1.02
10	15.60	16.01	14.02	14.92	19.34	16.27	19.02	17.50	17.17	14.54	16.44±1.81
11	19.61	19.96	15.41	17.95	19.06	19.31	19.09	22.28	17.40	15.87	18.60±2.03
12	39.25	20.90	19.62	20.34	21.07	20.85	27.40	21.08	19.21	19.97	22.97±6.17
13	58.13	22.73	19.93	22.52	25.67	—	23.37	21.62	22.00	20.28	26.25±12.07
14	55.67	21.90	20.78	22.73	23.31	24.09	23.39	22.72	23.87	20.35	25.88±10.54
15	31.89	23.35	23.99	23.12	25.29	23.20	28.90	24.72	26.35	22.42	25.32±3.00
16	19.17	24.04	23.76	24.03	25.86	32.44	26.31	23.24	24.22	22.76	24.58±3.37
17	19.68	29.14	27.57	22.63	24.63	28.44	26.32	25.78	25.06	23.19	25.24±2.88
18	18.67	26.92	—	—	24.20	26.44	—	—	—	—	24.06±3.78

附表21 苏州市各市（区）各年龄学生的立定跳远距离（男生）　　　　单位：cm

年龄/岁	张家港市	常熟市	太仓市	昆山市	吴江区	吴中区	相城区	姑苏区	工业园区	高新区	均值
7	—	136.36	120.07	118.73	132.85	130.00	141.46	132.70	132.64	134.96	131.08±7.36
8	137.96	136.40	130.67	131.98	138.36	147.50	151.64	135.62	136.64	140.98	138.77±6.49
9	147.78	144.12	148.64	140.26	151.46	142.30	157.20	151.35	135.62	150.27	146.9±6.34
10	158.45	160.20	147.35	152.61	166.45	158.67	164.16	152.10	155.80	157.79	157.36±5.70
11	162.69	167.29	152.13	155.69	167.58	160.76	181.57	169.77	155.85	171.87	164.52±8.90
12	178.05	201.62	192.27	198.27	176.26	184.79	177.05	177.43	178.89	175.07	183.97±9.86
13	194.21	196.53	207.41	198.50	201.98	184.24	192.76	182.30	185.89	189.07	193.29±8.09
14	207.64	202.93	201.93	211.78	206.40	210.43	192.34	189.89	197.67	200.31	202.13±7.30
15	212.83	212.29	224.29	205.36	222.44	225.17	211.13	211.32	223.58	206.10	215.45±7.67
16	211.44	219.15	239.84	230.55	226.68	226.56	213.24	201.18	225.85	203.06	219.75±12.42
17	217.22	220.40	225.39	212.00	231.09	228.12	204.84	208.66	232.13	216.59	219.64±9.46
18	230.00	228.57	—	—	224.44	230.00	—	—	—	—	228.25±2.63

附表22 苏州市各市（区）各年龄学生的立定跳远距离（女生）　　　　单位：cm

年龄/岁	张家港市	常熟市	太仓市	昆山市	吴江区	吴中区	相城区	姑苏区	工业园区	高新区	均值
7	—	126.53	116.20	111.11	122.19	121.15	124.67	125.31	126.22	128.46	122.43±5.58
8	133.11	136.83	123.41	113.39	137.73	136.42	134.49	133.72	125.74	135.10	130.99±7.78
9	143.82	143.16	134.63	132.88	137.69	133.17	139.72	144.58	124.05	139.28	137.3±6.32

续表

年龄/岁	张家港市	常熟市	太仓市	昆山市	吴江区	吴中区	相城区	姑苏区	工业园区	高新区	均值
10	152.83	149.00	146.61	140.78	167.51	145.96	157.40	145.21	137.77	148.68	149.17±8.50
11	158.62	162.24	144.36	142.36	149.47	148.31	157.02	161.69	138.89	154.39	151.73±8.28
12	163.36	176.73	161.33	156.51	157.96	159.60	147.95	154.47	154.47	153.36	158.57±7.74
13	169.67	162.53	156.91	159.27	168.44	—	153.93	154.44	153.24	150.40	158.76±6.83
14	161.53	154.20	152.29	147.27	167.36	163.97	188.59	148.80	157.71	151.36	159.31±12.23
15	165.96	152.11	166.68	154.64	168.20	168.18	161.98	173.89	174.96	149.54	163.61±8.85
16	169.64	161.92	173.78	166.41	168.06	194.09	156.74	159.38	160.09	146.37	165.65±12.62
17	164.36	163.04	167.98	147.46	169.48	178.81	158.22	156.07	175.15	151.72	163.23±10.03
18	159.78	168.21	—	—	171.00	184.40	—	—	—	—	170.85±10.22

附表23 苏州市各市（区）各年龄学生的无氧耐力——50米跑用时（男生）

单位：s

年龄/岁	张家港市	常熟市	太仓市	昆山市	吴江区	吴中区	相城区	姑苏区	工业园区	高新区	均值
7	—	10.56	11.28	12.14	10.61	10.44	10.28	10.36	10.21	10.89	10.75±0.62
8	10.81	10.18	10.68	10.76	10.67	9.72	9.96	10.11	9.84	10.37	10.31±0.40
9	10.06	9.98	9.93	10.18	9.86	10.21	9.35	9.67	10.09	9.92	9.93±0.26
10	9.77	9.40	10.13	10.00	9.29	9.25	9.29	9.34	9.18	9.69	9.53±0.34
11	9.33	9.16	9.65	9.64	9.08	9.10	8.66	9.09	8.73	9.26	9.17±0.33

续表

年龄/岁	张家港市	常熟市	太仓市	昆山市	吴江区	吴中区	相城区	姑苏区	工业园区	高新区	均值
12	8.65	7.90	8.28	8.38	9.13	8.68	8.60	8.76	8.43	9.02	8.58±0.36
13	8.21	7.89	7.93	8.29	8.21	8.34	8.06	8.68	8.10	8.44	8.22±0.24
14	7.81	7.75	8.00	8.10	8.13	7.39	7.73	8.43	7.59	8.09	7.90±0.31
15	7.66	7.74	7.48	7.80	7.43	7.33	7.64	8.00	7.32	8.08	7.65±0.26
16	7.65	7.67	7.27	7.47	7.38	7.34	7.39	8.07	7.39	7.98	7.56±0.28
17	7.65	7.60	7.46	7.90	9.44	7.83	7.84	8.27	7.33	8.05	7.94±0.59
18	7.52	7.44	—	—	7.26	7.33	—	—	—	—	7.39±0.11

附表 24　苏州市各市（区）各年龄学生的无氧耐力——50 米跑用时（女生）

单位：s

年龄/岁	张家港市	常熟市	太仓市	昆山市	吴江区	吴中区	相城区	姑苏区	工业园区	高新区	均值
7	—	11.03	11.52	11.98	11.67	10.68	11.00	10.87	10.62	11.21	11.18±0.46
8	10.89	10.50	10.90	11.46	10.48	10.30	10.51	10.83	10.65	10.89	10.74±0.33
9	10.25	10.18	10.51	10.69	10.26	10.41	10.01	10.22	10.20	10.42	10.31±0.19
10	9.97	9.87	10.11	10.16	9.63	9.78	9.58	9.57	10.01	10.03	9.87±0.22
11	9.31	9.36	10.03	10.24	9.82	9.41	9.44	9.50	9.26	10.04	9.64±0.36
12	9.10	8.72	9.23	9.39	10.07	9.24	9.22	9.73	9.53	9.85	9.41±0.40
13	9.04	9.02	9.61	9.21	9.39	—	9.40	9.70	8.96	9.83	9.35±0.32

续表

年龄/岁	张家港市	常熟市	太仓市	昆山市	吴江区	吴中区	相城区	姑苏区	工业园区	高新区	均值
14	9.38	9.22	9.52	9.81	9.46	8.94	10.84	9.72	8.86	9.64	9.54±0.55
15	9.03	9.63	9.13	9.50	9.10	8.83	9.74	9.35	9.00	9.79	9.31±0.34
16	8.88	9.20	9.08	9.13	9.24	8.39	9.90	9.34	9.37	9.86	9.24±0.44
17	9.37	9.53	9.32	9.87	8.98	8.84	9.72	9.74	8.94	9.89	9.42±0.39
18	9.64	9.09	—	—	8.95	8.94	—	—	—	—	9.15±0.33

附表25　苏州市各市（区）各年龄学生的有氧耐力项目用时（男生）　　单位：s

年龄/岁	张家港市	常熟市	太仓市	昆山市	吴江区	吴中区	相城区	姑苏区	工业园区	高新区	均值
7	—	126.00	147.07	144.30	132.91	129.33	122.06	128.70	122.18	134.65	131.91±8.91
8	136.82	129.38	139.42	141.13	128.89	119.50	120.91	126.46	129.04	127.68	129.92±7.25
9	122.40	133.12	142.43	125.33	120.94	127.55	117.00	120.46	122.57	118.52	125.03±7.69
10	129.36	117.16	137.14	118.52	132.81	118.96	116.86	118.95	108.02	111.94	120.97±9.23
11	112.76	116.00	123.81	123.84	106.40	112.31	105.55	112.10	111.41	115.87	114.01±6.19
12	103.43	93.45	96.69	96.69	110.04	282.54	98.39	109.36	99.59	109.84	120.00±57.43
13	194.46	254.72	270.77	256.50	261.80	275.86	292.47	293.74	243.62	268.78	261.27±28.34
14	243.00	263.73	261.89	254.31	251.52	255.87	243.84	280.80	242.64	241.69	253.93±12.42
15	244.81	254.68	221.40	258.09	256.25	238.41	264.62	258.98	237.94	269.00	250.42±14.55
16	249.31	253.37	232.93	246.09	246.30	231.00	267.46	254.91	248.34	280.52	251.02±14.7

续表

年龄/岁	张家港市	常熟市	太仓市	昆山市	吴江区	吴中区	相城区	姑苏区	工业园区	高新区	均值
17	248.91	257.58	238.77	256.09	246.30	236.45	286.86	268.02	240.96	286.93	256.69±18.56
18	239.92	236.21	—	—	244.78	246.33	—	—	—	—	241.81±4.62

附表26 苏州市各市（区）各年龄学生的有氧耐力项目用时（女生） 单位：s

年龄/岁	张家港市	常熟市	太仓市	昆山市	吴江区	吴中区	相城区	姑苏区	工业园区	高新区	均值
7	—	133.33	149.04	142.00	140.56	132.65	129.48	135.95	135.11	130.09	136.47±6.34
8	206.77	130.22	149.27	152.73	132.08	126.18	132.85	135.83	133.06	141.71	144.07±23.59
9	202.76	124.41	145.67	127.12	120.82	127.96	121.05	125.15	123.56	127.79	134.63±24.95
10	210.09	119.24	123.11	126.44	116.11	126.73	116.62	123.84	116.23	122.58	130.10±28.39
11	223.04	113.96	127.64	133.38	114.36	114.49	115.00	115.77	115.02	124.20	129.69±33.5
12	222.60	104.18	112.82	112.11	126.34	262.67	124.56	110.69	111.49	122.18	140.96±54.85
13	212.46	226.22	256.21	240.29	237.57	—	256.12	247.02	238.64	248.80	240.37±14.16
14	212.40	239.02	250.40	252.82	227.89	246.10	225.19	245.84	217.39	237.29	235.43±14.07
15	211.76	267.57	228.05	244.64	242.00	236.59	259.43	241.22	233.38	255.60	242.02±16.20
16	215.38	262.59	243.05	234.80	238.83	241.96	258.62	242.78	260.68	265.63	246.43±15.58
17	213.87	240.04	246.98	268.12	238.65	235.21	263.93	260.49	253.04	283.96	250.43±19.87
18	223.89	249.57	—	—	239.17	226.00	—	—	—	—	234.66±12.02

附表27 苏州市各市（区）各年龄学生的坐位体前屈距离（男生）　　单位：cm

年龄/岁	张家港市	常熟市	太仓市	昆山市	吴江区	吴中区	相城区	姑苏区	工业园区	高新区	均值
7	—	10.80	8.85	8.87	9.11	10.91	8.86	7.33	8.93	10.68	9.37±1.19
8	9.30	8.02	8.28	6.64	11.05	11.12	7.68	6.86	7.18	7.64	8.38±1.61
9	7.01	6.35	7.08	7.50	9.11	6.70	8.22	4.73	7.13	8.30	7.21±1.21
10	7.89	7.71	4.99	5.10	10.84	8.00	8.52	6.45	4.81	8.72	7.30±1.95
11	8.50	7.88	4.60	5.70	8.54	10.16	9.50	4.13	4.20	7.10	7.03±2.24
12	5.94	10.71	7.80	7.66	4.05	4.69	7.71	7.55	6.47	10.14	7.27±2.11
13	8.32	9.02	10.61	8.53	5.83	5.12	10.44	5.32	6.76	8.57	7.85±2.00
14	8.12	11.97	9.37	8.50	5.95	8.50	8.64	6.60	3.96	10.81	8.24±2.32
15	7.78	12.29	11.66	9.83	6.61	9.43	12.59	10.42	7.40	9.45	9.75±2.06
16	12.23	10.22	13.45	11.33	10.98	10.44	13.20	8.88	7.61	10.36	10.87±1.81
17	11.69	9.80	13.03	8.51	12.86	12.86	13.42	9.82	7.16	10.43	10.96±2.15
18	12.00	10.68	—	—	9.67	9.50	—	—	—	—	10.46±1.15

附表28 苏州市各市（区）各年龄学生的坐位体前屈距离（女生）　　单位：cm

年龄/岁	张家港市	常熟市	太仓市	昆山市	吴江区	吴中区	相城区	姑苏区	工业园区	高新区	均值
7	—	13.16	13.16	11.51	12.55	13.89	12.47	10.91	12.42	15.44	12.83±1.32
8	14.66	13.04	12.70	10.53	14.84	15.72	11.13	10.19	13.81	13.98	13.06±1.91

续表

年龄/岁	张家港市	常熟市	太仓市	昆山市	吴江区	吴中区	相城区	姑苏区	工业园区	高新区	均值
9	12.84	12.77	10.21	12.68	14.30	12.00	13.33	10.52	10.60	13.76	12.30±1.43
10	15.17	13.67	11.56	10.88	20.54	11.23	16.75	13.05	8.67	15.21	13.67±3.41
11	14.25	15.97	13.21	11.38	12.45	17.45	11.85	14.34	9.26	15.16	13.53±2.41
12	14.10	14.88	14.14	13.33	8.59	11.70	13.27	13.37	13.23	16.68	13.33±2.11
13	14.55	14.62	12.09	13.43	13.71	—	13.51	13.58	14.27	14.38	13.79±0.79
14	11.12	14.80	13.81	13.49	12.51	14.75	17.54	11.01	11.58	15.62	13.62±2.12
15	15.49	14.23	15.78	14.18	9.81	12.59	16.75	16.80	12.58	13.89	14.21±2.16
16	15.66	16.22	18.00	17.25	11.29	13.33	18.14	17.40	9.51	14.19	15.10±2.96
17	15.29	17.21	15.79	11.22	12.19	16.13	17.69	15.44	11.84	13.29	14.61±2.31
18	15.01	13.62	—	—	10.88	16.30	—	—	—	—	13.95±2.32

2021年苏州市义务教育学业质量监测公告

为深入贯彻落实中共中央、国务院印发的《深化新时代教育评价改革总体方案》和苏州市教育局《关于加强教育质量监测工作的意见》的相关要求，受苏州市教育局和苏州市人民政府教育督导室委托，苏州市教育质量监测中心于2021年9月组织实施了全市第七次义务教育学业质量监测，旨在深入了解苏州市各初中学校的办学质量，充分把握各初中学校学生的学业水平，建立体现素质教育要求、以学生发展为核心、科学多元的义务教育质量评估监测体系，引导学校全面实施素质教育、规范办学行为、减轻学生的学业负担，促进苏州市义务教育质量全面提升。

一、监测对象与内容

（一）监测对象

监测对象为苏州市辖10个市（区）2020—2021学年度所有初中学生和主要学科初中教师，共计参测学校285所，学生306 917名。

学科测试共剔除1 285份无效试卷，有效参测人数共计305 632人，有效参测比例为99.6%。其中，初一年级110 704人参测，剔除123份无效试卷，有效参测比例约为99.9%；初二年级102 245人参测，剔除528份无效试卷，有效参测比例为99.5%；初三年级93 968人参测，剔除634份无效试卷，有效参测比例为99.3%。

学生相关因素问卷调查共剔除2 933份无效问卷，有效参测人数共计303 984人，有效参测比例为99.0%。

通过对初一年级学生倒追至小学的方式，共追踪到苏州市2021届小学毕业生106 814名，涉及小学501所。小学教师未参测。

在参测教师方面，苏州市各区域排除了新教师、上学年外出交流不在本校的教师，初中学校的语文、数学、英语、物理、生物、地理、体育、音乐、美术、劳技学科教师全员参测，参测教师总人数为21 369人，剔除372份无效问卷，有效参测人数共计

20 997 人，有效参测比例为 98.3%。

参测对象基本信息如表 1 所示。

表 1　2021 年苏州市义务教育学业质量监测对象基本信息

区域	参测学校数/所	年级	实测学生数/人	有效参测数/人	有效参测比例	参测教师数/人
苏州市	285	初一	110 704	110 581	99.89%	20 997
	278	初二	102 245	101 717	99.48%	
	271	初三	93 968	93 334	99.33%	
张家港市	35	初一	13 084	13 068	99.88%	2 377
	34	初二	12 562	12 499	99.50%	
	33	初三	11 760	11 711	99.58%	
常熟市	40	初一	11 529	11 513	99.86%	2 529
	39	初二	10 607	10 540	99.37%	
	39	初三	10 070	10 002	99.32%	
太仓市	17	初一	6 970	6 964	99.91%	1 302
	16	初二	6 237	6 201	99.42%	
	16	初三	5 686	5 638	99.16%	
昆山市	39	初一	19 745	19 729	99.92%	2 850
	37	初二	18 055	17 980	99.58%	
	37	初三	15 902	15 777	99.21%	
吴江区	40	初一	13 091	13 074	99.87%	2 613
	40	初二	12 015	11 944	99.41%	
	39	初三	11 505	11 411	99.18%	
吴中区	29	初一	10 678	10 657	99.80%	2 018
	29	初二	9 812	9 690	98.76%	
	29	初三	9 007	8 879	98.58%	
相城区	18	初一	6 816	6 811	99.93%	1 468
	18	初二	6 003	5 990	99.78%	
	16	初三	5 437	5 414	99.58%	
工业园区	24	初一	10 882	10 872	99.91%	2 240
	24	初二	10 076	10 042	99.66%	
	24	初三	8 607	8 592	99.83%	

续表

区域	参测学校数/所	年级	实测学生数/人	有效参测数/人	有效参测比例	参测教师数/人
高新区	18	初一	8 233	8 225	99.90%	1 455
	16	初二	7 605	7 573	99.58%	
	14	初三	7 042	6 979	99.11%	
市直属	21	初一	9 040	9 032	99.91%	2 009
	21	初二	8 599	8 585	99.84%	
	20	初三	8 325	8 305	99.76%	

注：2021年参测学校是285所，其中10个市（区）的参测初中学校是281所，4所代管学校也参测。表中只呈现了10个市（区）的参测对象基本信息，不包含代管学校。

（二）监测内容

监测内容包括学科测试和问卷调查两个部分。学科测试内容为义务教育阶段语文、数学、英语、科学四个科目的学业质量。问卷调查包括学生问卷和教师问卷。学生问卷重点关注学生的成长背景、一般学习行为、身心健康、学习品质、学业负担、学业支持等相关影响因素。教师问卷主要调查教师的个人信息、管理工作、教学工作、职业状态、学校满意度等相关影响因素。监测的测评框架如图1所示。

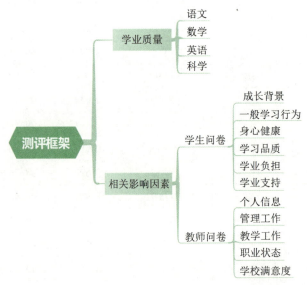

图1 测评框架

二、学业表现状况

本次监测采用量尺分数来呈现学生的总体学业水平。量尺分数是根据学生的作答情况，采用项目反应理论模型得到学生能力分数后再转换成的测验标准分数。量尺分数具有不受测试题目差异和题目难度影响的特点，从而使得在同一年度及不同年度间完成不同测试卷的学生的分数具有可比性。本次监测将各年度各学科的量尺分数调整为采取苏州大市量尺分数为 500 分、标准差为 100 分的呈现形式。

区域间学业质量的均衡性仍显不足。监测结果显示，苏州市 10 个区域之间的学业成绩仍存在一定差异。得分最高的区域与得分最低的区域在四门学科上均存在差值，尤其是英语学科学生的学业成绩的区域间差异较大，最大差异达到 85 分。相关情况如表 2 所示。

表 2 2021 年苏州市各区域各学科学生学业成绩比较　　　　单位：量尺分

区域	语文			数学			英语			科学	
	初一	初二	初三	初一	初二	初三	初一	初二	初三	初一	初三
A	482	491	491	482	491	486	469	482	486	496	497
C	495	496	503	511	498	501	490	495	490	496	495
D	492	487	483	504	483	474	501	483	485	493	476
E	502	499	500	500	507	510	507	512	515	502	504
F	485	495	489	483	491	493	481	484	480	493	496
G	482	478	478	474	467	465	466	460	464	465	456
H	492	496	501	485	492	493	492	492	498	479	482
K	525	530	533	519	535	536	540	543	548	525	542
P	532	514	510	537	515	519	551	529	527	521	512
Q	525	519	515	520	516	516	520	513	509	533	528
最大值	532	530	533	537	535	536	551	543	548	533	542
最小值	482	478	478	474	467	465	466	460	464	465	456
差　值	50	52	54	63	68	72	85	83	84	68	85

三、学生学业发展相关因素状况

（一）心理健康

学生心理健康状况整体较好，人际关系、学习习惯、体育习惯与爱好等对心理健康均具有正向影响。

1. 学生心理健康状况整体较好，主观幸福感较强，学习倦怠程度较轻

本次监测的"心理健康"维度包括"主观幸福感""学习倦怠"两个指标。

主观幸福感是指学生对自身生活满意程度的认知评价，包括生活满意度和情感体验两个基本成分，量表以0—6分赋分，中间值为3分。分数越高，表明主观幸福感越强。

学习倦怠是指学生缺乏学习兴趣与学习动力时，迫于多方面的压力而被动学习导致的身心俱疲、消极面对学习的现象，量表以1—4分赋分，中间值为2.5分。分数越高，表明学习倦怠程度越轻。

监测数据显示，学生整体心理健康状况较好。2021年苏州市小学六年级、初一年级和初二年级学生的主观幸福感得分和学习倦怠得分均超过量表中间值，学生的主观幸福感整体较强，学习倦怠程度整体较低，如图2所示。

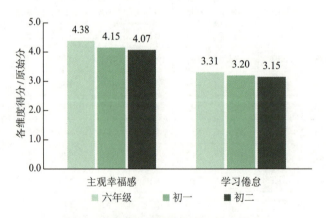

图2　学生主观幸福感和学习倦怠得分

2. 人际关系、学习习惯、体育锻炼习惯与爱好、学业成绩等对主观幸福感和学习倦怠均具有正向影响

本次监测采用线性回归分析方法，探究人际关系、学习习惯、体育锻炼习惯与爱好、学业成绩对学生的主观幸福感和学习倦怠的影响。本报告中的"人际关系"包括亲子关系、同伴关系和师生关系。分析结果显示，学习习惯每提高1个单位，主观幸福感得分提升56.6%，学习倦怠得分提升42.5%；同伴关系每提高1个单位，主观幸福感得分提升34.7%，学习倦怠得分提升16.5%；体育锻炼习惯与爱好每提高1个单位，主观幸福感得分提升31.4%，学习倦怠得分提升32.1%；亲子关系每提高1个单位，主观幸福感得分提升26.5%，学习倦怠得分提升26.3%；师生关系每提高1个单位，主观幸福感得分提升27.7%，学习倦怠得分提升29.4%；学业成绩每提高1个单位，主观幸福感得分提升5.4%，学习倦怠得分提升17.3%。以上说明这些变量对主观幸福感和学习倦怠均具有正向影响，其中学业成绩对主观幸福感的正向影响相对较弱。相关情况如图3所示。

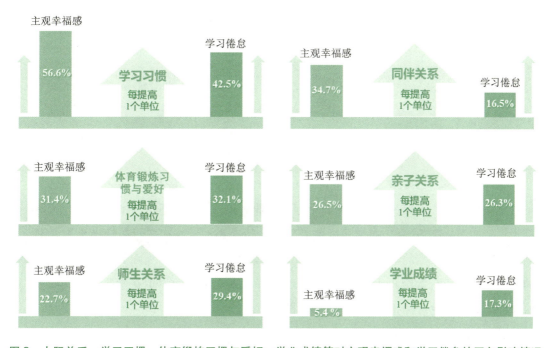

图3 人际关系、学习习惯、体育锻炼习惯与爱好、学业成绩等对主观幸福感和学习倦怠的正向影响情况

（二）人际关系

人际关系水平高的学生在学习品质、学业成绩等方面表现得更好；从小学到初中，师生关系对学业成绩的影响增大，同伴关系的影响减小。

1. 人际关系水平高的学生在学习品质、课堂学习状况和心理健康方面有明显优势

对2021年苏州市小学六年级、初一年级和初二年级学生的人际关系得分从高到低进行排序后,将排名位于前 27% 的学生标记为高水平组,将排名位于中间 46% 的学生标记为中水平组,将排名位于后 27% 的学生标记为低水平组。

人际关系水平高的学生在学习品质、课堂学习状况和心理健康各指标上的得分均高于中、低水平学生,其中差值最大的三个指标依次为主观幸福感、积极思考和学习习惯。这表明人际关系较好的学生具有更优秀的学习品质、更好的课堂学习表现、更健康的心理状况。相关情况如图 4 所示。

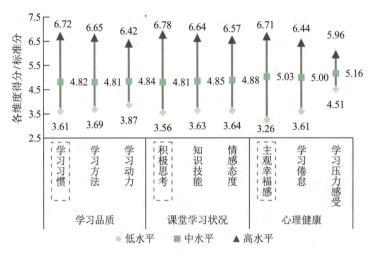

图 4　人际关系各水平学生相关因素得分情况

2. 人际关系水平高的学生的学业成绩和学业增值情况均更好

监测数据显示,人际关系水平高的学生的学业成绩(量尺分数)为 528 分,比人际关系水平低的学生高 56 分。在学业增值表现上,情况类似,以初二年级学生语文学科为例,人际关系水平高的学生的学业增值(百分等级)为 +4.41,人际关系水平低的学生的学业增值(百分等级)为 -6.34。这表明人际关系水平高的学生在学业成绩和学业增值方面均表现得更好。相关情况如图 5、图 6 所示。

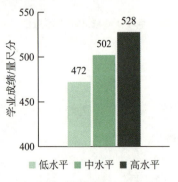

图 5　人际关系与学业成绩的关系

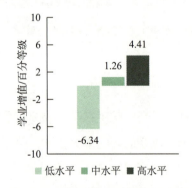

图 6　人际关系与学业增值的关系

3. 从小学到初中，师生关系对学生学业成绩的影响增大，同伴关系对学生学业成绩的影响减小

监测数据显示，从小学六年级到初二年级，亲子关系水平高和水平低的学生，其学业成绩（量尺分数）差值由48分增加至50分，增幅不大，基本稳定；师生关系水平高和水平低的学生，其学业成绩（量尺分数）差值由49分增加至57分，上升趋势明显；同伴关系水平高和水平低的学生，其学业成绩（量尺分数）差值由45分下降至30分，下降趋势明显。这表明，从小学到初中，亲子关系对学生学业成绩的影响基本稳定，师生关系对学生学业成绩的影响逐渐增大，同伴关系对学生学业成绩的影响逐渐减小。相关情况如图7所示。

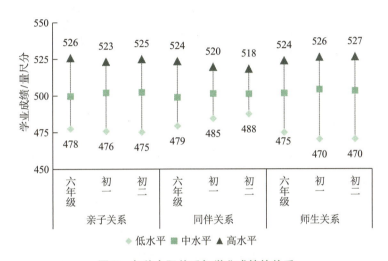

图7 各种人际关系与学业成绩的关系

（三）作业负担

学生校内作业时间仍超标，但情况有所改善；作业负担感受①轻的学生，其学业成绩更好，主观幸福感更强；校内作业时间对学业成绩影响不大；校外作业时间②与学业成绩基本成负向关系。

1. 学生校内作业时间仍超标，但情况有所改善

2021年4月，教育部办公厅印发《关于加强义务教育学校作业管理的通知》，明确规定"学校要确保小学一、二年级不布置书面家庭作业，可在校内安排适当巩固练习；小学其他年级每天书面作业完成时间平均不超过60 min；初中每天书面作业完成时间平

---

① 作业负担感受是指学生主观上对作业负担轻重的感受。
② 校外作业时间是指学生平均每天完成家长、校外辅导班和补习班、家教等布置的作业的时间。

均不超过 90 min"。监测数据显示，2021 年苏州市小学六年级和初中年级学生的周一至周五的平均每天校内书面作业时间均超过国家规定的警戒线，但较 2020 年有所减少，其中小学六年级学生的校内作业时间较 2020 年减少了 0.2 h，初一和初二年级学生的校内作业时间较 2020 年分别减少了 0.18 h 和 0.13 h。这说明"五项管理"（作业、睡眠、手机、读物、体质五个方面的管理）政策初见成效。相关情况如图 8 所示。

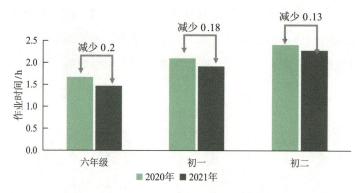

图 8　周一至周五学生平均每天校内作业时间

2. 作业负担感受轻的学生，其学业成绩更好，主观幸福感更强

分别对 2021 年苏州市小学六年级、初一年级和初二年级学生的作业负担感受得分由低到高进行排序后，将学生划分为四个水平（人数各占 25%），得分最低的 25% 为水平 I，得分最高的 25% 为水平 IV。得分越高，表明学生作业负担感受越轻。

以初二年级学生为例，作业负担感受水平 I 的学生的学业成绩为 472 分，作业负担感受水平 IV 的学生的学业成绩为 531 分，二者相差 59 分。作业负担感受水平 I 的学生的主观幸福感得分为 3.82 分，作业负担感受水平 IV 的学生的主观幸福感得分是 6.38 分，两者相差 2.56 分。小学六年级、初一年级和初二年级的监测结果是一致的。这说明作业负担感受轻的学生的学业成绩更好、主观幸福感更强。相关情况如图 9 所示。

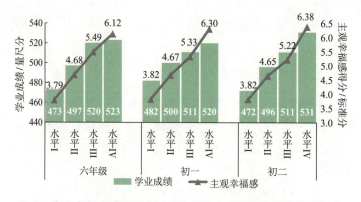

图 9　作业负担感受不同水平学生的学业成绩和主观幸福感得分

3. 校内作业时间对学业成绩影响不大，仅学业起点水平低学生的作业时间投入越多，其学业成绩较高

以 2020 年初一年级学生的学业成绩（标准分）为学业起点成绩，将处于水平Ⅰ、水平Ⅱ、水平Ⅲ、水平Ⅳ中的同一水平学生定义为"学业起点同水平学生"。本报告对 2021 年初二年级和 2020 年初一年级的同一学生的同一学科的监测成绩进行匹配[①]，探究学业起点同水平学生的校内作业时间与学业成绩的关系。

监测数据显示，无论是周一至周五还是周末，处于学业起点同水平的水平Ⅳ、水平Ⅲ和水平Ⅱ学生的平均每天校内作业时间不同，而 2021 年他们的学业成绩差距均微弱，这说明这些学生的校内作业时间对学业成绩影响不大。

对于水平Ⅰ学生，当周一至周五的校内作业时间在 1 h 以内时，其 2021 年的学业成绩为 363 分，当周一至周五的校内作业时间为 2.5~2.99 h 时，其 2021 年的学业成绩为 404 分，两者相差 41 分。在周末校内作业时间方面，同样的两个数据相差 55 分。相关情况如图 10、图 11 所示。这说明对于学业起点水平低的学生，校内作业时间越长，其学业成绩越好。

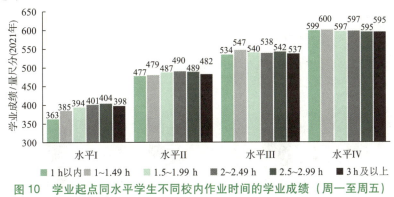

图 10 学业起点同水平学生不同校内作业时间的学业成绩（周一至周五）

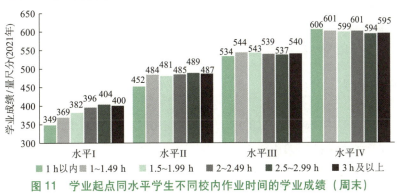

图 11 学业起点同水平学生不同校内作业时间的学业成绩（周末）

---

① 共追踪到 16 604 名学生的相关数据。

4. 校外作业时间与学业成绩基本成负向关系

监测数据显示,在周一至周五,当小学六年级和初二年级学生的校外作业时间在 0.5 h 以内时,其学业成绩得分最高,分别是 516 分和 511 分;当初一年级学生的校外作业时间为 0.5~0.99 h 时,学生的学业成绩得分最高,为 512 分。在周末,当小学六年级、初一年级和初二年级学生的校外作业时间为 0.5~0.99 h 时,其学业成绩得分最高,分别是 515 分、517 分和 517 分。由此可见,当小学六年级、初一年级和初二年级学生的校外作业时间在 1 h 以内时,其学业成绩相对较好,而校外作业时间过长对学生的学业成绩有负向影响。相关情况如图 12、图 13 所示。

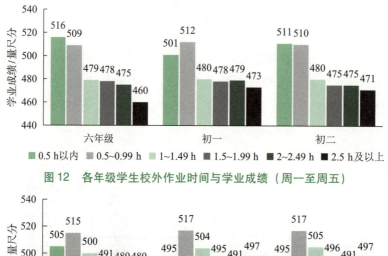

图 12　各年级学生校外作业时间与学业成绩(周一至周五)

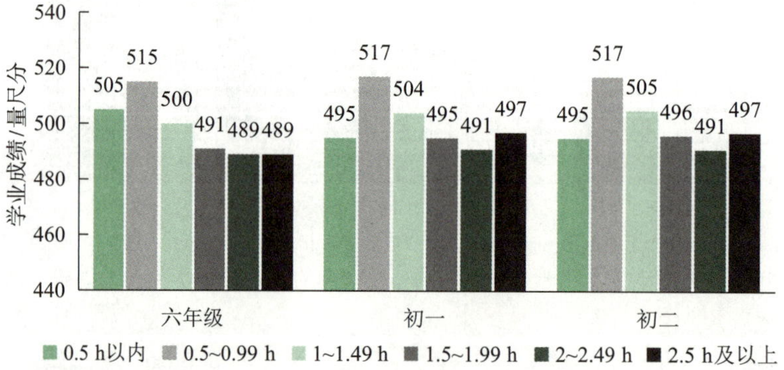

图 13　各年级学生校外作业时间与学业成绩(周末)

(四) 一般学习行为

学生的阅读兴趣整体较高;学生的电子设备①使用时间有所减少;阅读兴趣高、电子设备使用时间短的学生的学业成绩更好。

---

① 电子设备包括智能手机和其他电子设备,其他电子设备是指电脑(台式或笔记本电脑)、平板电脑(如 iPad)等。

1. 学生的阅读兴趣整体较高

在本报告中，阅读兴趣指的是学生在纸质书和电子书方面的阅读兴趣。阅读兴趣量表以 1—4 分进行赋分，中间值为 2.5 分，分数越高表明阅读兴趣越高。监测数据显示，2021 年苏州市小学六年级、初一年级和初二年级学生的阅读兴趣得分均在 3 分左右，高于量表中间值 2.5 分。这说明学生的阅读兴趣整体较高。同时，监测数据显示，升入初中后，学生的阅读兴趣有所降低。相关情况如图 14 所示。

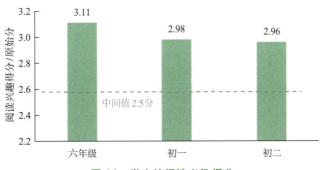

图 14　学生的阅读兴趣得分

2. 学生的电子设备使用时间有所减少

在本报告中，电子设备使用时间指的是学生在周一至周五的课余时间及在双休日或假期，平均每天使用电子设备的时间。监测数据显示，2021 年苏州市小学六年级、初一年级和初二年级学生周一至周五电子设备使用时间相较 2020 年整体减少。其中，2021 年小学六年级学生的电子设备使用时间较 2020 年的减少 0.07 h，2021 年初二年级学生的电子设备使用时间较 2020 年减少 0.17 h。这说明学生的电子设备使用时间有所减少。同时，监测数据显示，随着年级的升高，学生的电子设备使用时间呈现增长趋势。相关情况如图 15 所示。

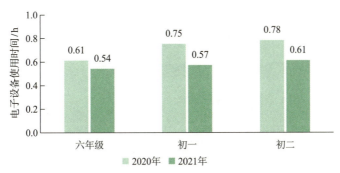

图 15　学生周一至周五电子设备使用时间

3. 阅读兴趣高、电子设备使用时间短的学生的学业成绩更好

对阅读兴趣、电子设备使用时间得分由低到高进行排序后，将学生划分为四个水平

（人数各占25%），得分最低的25%为水平Ⅰ，得分最高的25%为水平Ⅳ，得分越高表明状况越好。监测数据显示，阅读兴趣、电子设备使用时间水平Ⅳ的学生的学业成绩明显好于水平Ⅰ的学生。以阅读兴趣为例，阅读兴趣水平Ⅳ的学生的学业成绩为526分，阅读兴趣水平Ⅰ的学生的学业成绩为473分，两者相差53分。这说明阅读兴趣高的学生的学业成绩更好，电子设备使用时间短的学生的学业成绩更好。相关情况如图16所示。

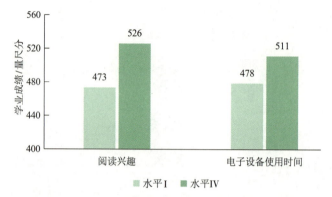

图16　阅读兴趣、电子设备使用时间不同水平学生的学业成绩

（五）体育锻炼①

节假日学生参加体育锻炼的时间偏少；近三成家长经常与孩子一起参加体育锻炼；参加亲子体育锻炼频率高的学生的心理健康状况和学习品质更好。

1. 节假日学生参加体育锻炼的时间偏少

以初一年级学生为例，在周末或假期，有79.7%的学生的平均每日运动时间不足1 h（图17）。这说明节假日学生参加体育锻炼的时间偏少。

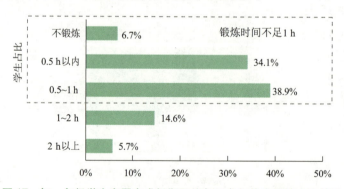

图17　初一年级学生在周末或假期平均每日参加体育锻炼占比情况

---

① 此部分数据来源于2021年苏州市义务教育学业质量监测项目与2021年苏州市义务教育阶段学生家庭教育调查项目。

2. 近三成家长经常与孩子一起参加体育锻炼

以初一年级学生为例，有 26.3% 的家长表示"经常"和"总是"与孩子一起参加体育锻炼（图18）。

图 18　家长与孩子一起参加体育锻炼的频率

3. 参加亲子体育锻炼频率高的学生的心理健康状况和学习品质更好

以初一年级学生为例，"经常"或"总是"与家长一起参加体育锻炼的学生在心理健康和学习品质方面的得分均超过 5 分（图19）。这表明参加亲子体育锻炼频率高的学生的心理健康状况和学习品质更好。

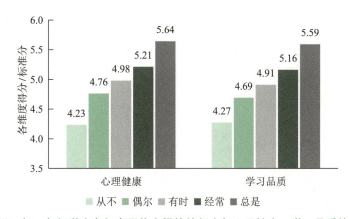

图 19　初一年级学生参加亲子体育锻炼的频率与心理健康、学习品质的关系

(六)家庭教育[①]

家长教育心态好、情感陪伴程度高、采用权威型和宽容型教养方式的学生的心理健康、学习品质与人际关系状况均更好。

1. 家长教育心态好的学生的心理健康、学习品质和人际关系状况均更好

在本报告中,家长教育心态包括教育焦虑、教育攀比、教育效能感和情绪控制能力四个方面。教育焦虑是指由于受社会环境、教育资源、家庭关系、家长自身能力等因素影响,家长因对于子女的教育过度担心而产生的一种烦躁、紧张和不安的情绪。教育攀比是指家长不顾孩子的具体情况和条件,盲目与高标准相比。教育效能感是指家长对自己教育和积极影响孩子的能力的自我信念、判断与感受。情绪控制能力是指家长在教育孩子的过程中的情绪管理和调节能力。

分别对家长在教育焦虑、教育攀比、教育效能感和情绪控制能力方面的得分由低到高进行排序后,将学生划分为四个水平(人数各占25%),得分最低的25%为水平Ⅰ,得分最高的25%为水平Ⅳ,得分越高表明状况越好,如教育焦虑得分越高,表明家长越少感受到教育焦虑情绪;教育攀比得分越高,表明家长越少进行教育攀比。

监测数据显示,家长教育焦虑、教育攀比、教育效能感和情绪控制能力得分水平Ⅳ的学生在相关因素各指标上的得分均比水平Ⅰ的学生高,家长教育效能感和情绪控制能力水平Ⅳ和水平Ⅰ的学生在客观学业负担上的差异不明显。相关情况如图20—图23所示。

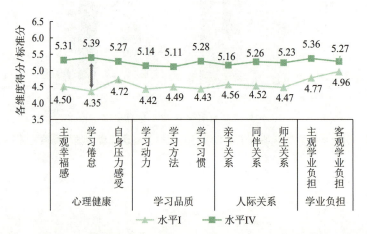

图20 家长教育焦虑程度不同的初一年级学生的相关因素各指标上的得分

[①] 此部分数据来源于2021年苏州市义务教育学业质量监测项目与2021年苏州市义务教育阶段学生家庭教育调查项目。

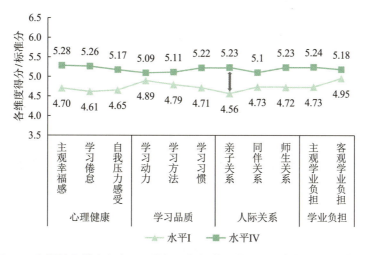

图 21　家长教育攀比程度不同的初一年级学生的相关因素各指标上的得分

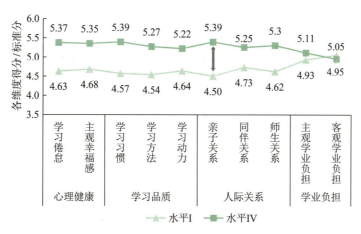

图 22　家长教育效能感不同的初一年级学生的相关因素各指标上的得分

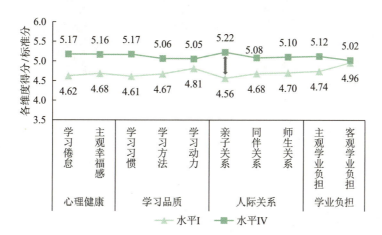

图 23　家长情绪控制能力不同的初一年级学生的相关因素各指标上的得分

2. 家长情感陪伴程度较高的孩子的心理健康、学习品质和学业成绩状况均更好

家长陪伴可以分为学习陪伴、生活陪伴和情感陪伴三类。学习陪伴是指家长在子女学习方面给予的支持、监管和辅导；生活陪伴是指家长对子女生活上的照顾或亲子共同活动；情感陪伴是指家长与子女之间进行的积极的情感交流和沟通。

分别对家长的学习陪伴、生活陪伴和情感陪伴程度的得分从低到高进行排序后，将学生划分为四个水平（人数各占25%），得分最低的25%为水平Ⅰ，得分最高的25%为水平Ⅳ，得分越高表明状况越好。监测数据显示，家长情感陪伴程度高的学生的心理健康、学习品质和学业成绩状况均更好，而且家长的情感陪伴对学生的心理和学业的影响程度大于学习陪伴与生活陪伴。相关情况如图24—图26所示。

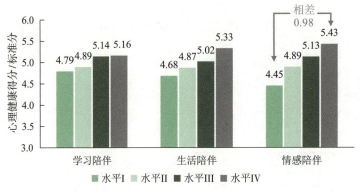

图24　家长陪伴程度与学生心理健康的关系

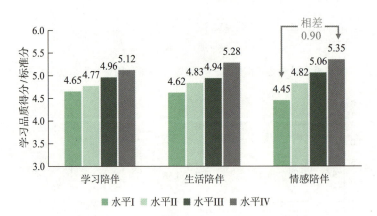

图25　家长陪伴程度与学生学习品质的关系

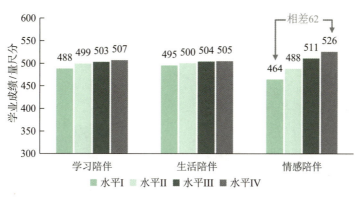

图 26　家长陪伴程度与学生学业成绩的关系

3. 家长采用权威型和宽容型教养方式的学生的心理健康、学习品质状况更好

根据父母"支持"（通过交流沟通、关心、陪伴支持满足孩子特定的需要）和"要求"（通过行为规范、活动监督等方式对孩子进行管教）两个维度上的得分，通过聚类分析将父母教养方式分为四种，分别是权威型（高支持、高要求）、专制型（低支持、高要求）、宽容型（高支持、低要求）、放任型（低支持、低要求）。

学生家庭教育调查数据显示，在初一年级学生家长采用的教养方式中，权威型占35.4%，宽容型占28.9%，专制型占14.5%，放任型占21.2%（图27）。这说明多数家长能够平等、耐心地与孩子交流，给予孩子充分的爱与支持，促进孩子情感、人格、智力等方面的发展。

图 27　家长教养方式分类

分析不同教养方式对应的学生心理健康和学习品质得分可知，家长采用权威型教养方式的学生的心理健康、学习品质状况更好，其次是宽容型教养方式，而采用专制型和放任型教养方式的学生的心理健康和学习品质状况均较差。相关情况如图28所示。

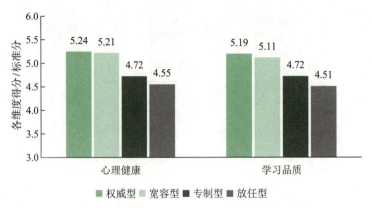

图28　家长采用不同教养方式与学生心理健康、学习品质的关系

（七）性别差异

男生和女生在学习品质、人际关系、心理健康、学业负担四个方面的表现均存在差异。

1. 女生在学习动机、学习坚持性与计划性、师生关系等维度得分更高，男生在学业负担、同伴关系、主观幸福感等维度得分更高

以小学六年级学生为例，相较于男生，女生的内外部学习动机更强烈、学习坚持性与计划性更强、师生关系更融洽、学习倦怠程度更轻；相较于女生，男生的同伴关系与亲子关系更融洽、主客观学业负担更轻。在学习主动性维度上，男生和女生的表现相差不大。相关情况如图29所示。

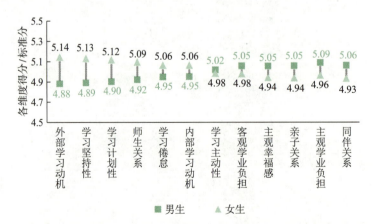

图29　小学六年级学生在学习品质、心理健康、人际关系、学业负担维度上的得分

初二年级的男生、女生在内外部学习动机、学习坚持性、学习计划性等各维度的表现与小学六年级学生的情况相似，但存在两点明显差别：第一，在亲子关系维度上，小学六年级女生的得分低于男生，而初二年级女生的得分高于男生。这说明升入初中后，女生在亲子关系方面由不如男生转为优于男生。第二，初二年级的男生、女生的客观学业负担差值比小学六年级学生更大。这说明升入初中后，女生投入学习的时间比男生多出更多。相关情况如图30所示。

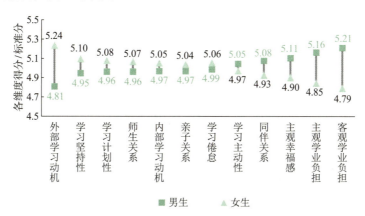

图30　初二年级学生在学习品质、心理健康、人际关系、学业负担维度上的得分

2. 女生在文科类学科上的学习兴趣、学习策略与方法表现优于男生，在理科类学科上的学习兴趣、学习策略与方法表现不如男生

在语文与英语学科上，小学六年级、初二年级的女生在学习兴趣、学习策略与方法两个维度上的得分比男生高；在数学与科学学科上，小学六年级、初二年级的女生在学习兴趣、学习策略与方法两个维度上的得分比男生低（图31、图32）。这说明女生在文科类学科上的学习兴趣、学习策略与方法表现优于男生，在理科类学科上的学习兴趣、学习策略与方法表现不如男生。

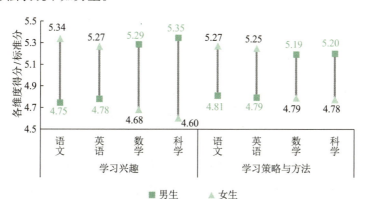

图31　小学六年级学生在各科学习兴趣、学习策略与方法维度上的得分

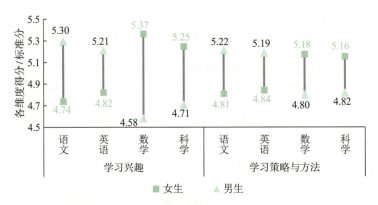

图 32 初二年级学生在各科学习兴趣、学习策略与方法维度上的得分

相较于小学六年级,除了在数学学科的学习兴趣上,初二年级的男生相对于女生的优势继续扩大外,在其他各学科的学习兴趣、学习策略与方法维度上,初二年级的男生、女生的差距均比小学六年级小。这说明升入初中后,男生、女生在语文、英语、科学三门学科上的学习兴趣,在语文、数学、英语、科学四门学科上的学习策略与方法差距在缩小,在数学学科上的学习兴趣差距在增大。

三、对策与建议

学业质量监测的意义在于让苏州教育回归本真,遵循学生成长规律,依照教育发展规律,走"科学提质"之路。监测数据的深度挖掘可以帮助各级政府、教育部门和社会各界树立全面、科学的教育观,进而改进教育行为,共同推动区域教育质量提升。以下七点是基于本次监测结果所得到的启示和建议。

(一) 引导交往、共处,帮助学生构建良好的人际关系

学生的交往对象主要存在于家庭内和家庭外两大系统,亲子关系、同伴关系和师生关系是学生主要的社会关系,对其发展起着至关重要的作用。根据监测数据,良好人际关系的建立,可以促使学生形成优秀的学习品质和健康的心理状态,同时对其学业发展也能产生正向影响。因此,父母和教师应该给予学生充足的尊重、理解和支持,并帮助其构建和谐的人际关系网络。作为父母,除了履行养育责任外,还应成为孩子最信任的陪伴者与支持者。父母应当认识到,孩子是成长发展中的个体,难免犯错,因此在养育过程中要给予他们足够的耐心和关爱。作为教师,应该主动与学生建立良好的师生关

系，提高自身对学生的亲子关系的敏感度，引导学生与父母保持良好沟通，同时也要促使学生与同伴友爱互助、共同成长。

（二）着力减负增效，减轻学生过重的作业负担

2021年7月，中共中央办公厅、国务院办公厅印发《关于进一步减轻义务教育阶段学生作业负担和校外培训负担的意见》，明确提出要有效减轻义务教育阶段学生过重的作业负担。监测数据显示，作业负担感受轻的学生，其学业成绩更好、主观幸福感更强；校内作业时间对学业成绩影响不大；校外作业时间与学业成绩基本成负向关系。因此，对于家长而言，要认识到过重的作业负担不仅对孩子的学业发展作用不大，还可能影响孩子的身心健康，要避免额外增加孩子的作业负担，尽可能保证孩子有充足的睡眠和规律的作息，同时要帮助孩子提高学习效率。对于学校而言，一是要全力推进"双减"政策落地落实，严控书面作业总量，不断提升作业质量，同时要提高教学效率，特别是学生课堂学习效率；二是要加强对家长和学生的引导，形成家校教育合力，切实减轻违背教育教学规律、有损学生身心健康的过重作业负担。

（三）做好监督管理，指导学生合理使用电子设备

监测数据显示，电子设备使用时间短的学生的学业成绩更好。学生的注意力是有限的，如果把太多注意力放在使用电子设备上，可能会干扰自身的正常学习生活，进而影响学业表现。作为学校，一是要加强对学生价值观的引导，帮助其树立发展目标，通过理想、目标来激发其学习动机，增强其对外界诱惑的抵抗能力和自控能力；二是要通过开展丰富的课外活动、社团活动、心理健康辅导等吸引学生的注意力，在活动中促进学生的内心体验与心理成长，减少学生对手机的依赖。作为父母，要扮演好规范者的角色，指导孩子正确使用电子产品，控制其使用时间，同时做好监督管理工作。

（四）激发阅读兴趣，培养孩子良好的阅读习惯

监测数据显示，阅读兴趣高的学生的学业成绩更好。阅读不仅可以使学生开阔视野、增长知识，易于形成良好的自学能力和阅读能力，还能帮助学生将课内外知识融会贯通起来，形成牢固的知识体系，促进学业更好地发展。因此，家长要注意激发孩子的阅读兴趣，培养他们良好的阅读习惯。一是要定期开展亲子共读活动，为孩子创造阅读的环境。父母要为孩子树立良好的阅读榜样，言传身教、潜移默化，激发孩子读书的愿望。二是在精选阅读图书的基础上，父母要尽量遵从孩子的愿望，让他们自主选择阅读

内容，不要用大人的意志主宰孩子。尤其是在以培养孩子读书兴趣为目的的阅读初期，要让孩子选择自己感兴趣的阅读内容。三是平时要多带孩子去书店或图书馆，让他们有机会接触各类图书，并且要对孩子的读书行为多加鼓励与肯定。

（五）增强体育锻炼，确保孩子有充足的运动时间

体育锻炼不仅可以强身健体，而且能够促进心理健康发展。监测数据显示，参加亲子体育锻炼频率高的学生的心理健康和学习品质状况更好；体育锻炼习惯与爱好对学生心理健康具有正向影响。因此，作为家长，一是要做好榜样示范，加强亲子锻炼。家长是孩子最重要的学习榜样，要想让孩子养成体育锻炼的习惯，家长要扮演好带领角色，自己平时要多运动。同时，父母应当多带孩子开展亲子锻炼，比如可以利用晚饭前二三十分钟时间，引导孩子进行一些趣味性强的运动项目，或者周末陪孩子爬山、骑车、划船等。这不仅能使孩子增强体能，还能促进亲子之间的情感交流。二是要鼓励孩子参加自己喜欢的运动。家长应当先帮孩子找出他们感兴趣的运动项目，然后给孩子提供运动条件与资源，帮助他们进行规划安排。在孩子参加运动项目的过程中，家长应当给予充分的鼓励与支持，以增强他们的自信心。

（六）加强情感陪伴，营造良好的家庭教育氛围

家长是家庭教育的主要责任人与实施者，家长的教育理念和教育方法直接决定着家庭教育的质量。家长需要进一步承担起自身在家庭教育中的主体责任，积极参与孩子的成长，当好孩子的第一任教师。因此，家长应当做到：一是要避免角色缺位，加强情感陪伴，在陪伴孩子的过程中给予更多的鼓励、支持和帮助，多配合学校和教师，减少责备、发火、急躁等消极情绪；二是要提升自身的家庭教育能力，学习科学的教育理念和方法，不断提高自身素质，并做好孩子的示范和榜样，通过自身的言行举止来强化对孩子的要求，让孩子感受到父母的言行举止和对自己的要求内容是一致的，从而帮助孩子形成良好的行为规范。此外，父母要关注孩子的行为和情感反应，并及时给予反馈和关注，帮助孩子获得心理上的成长。

（七）关注性别差异，细化因材施教的推进策略

监测数据显示，男生、女生在与学业发展密切相关因素各指标上的得分存在差异。女生在学习动机、学习坚持性与计划性、师生关系等维度得分更高，男生在学业负担、同伴关系、主观幸福感等维度得分更高；女生在文科类学科上的学习兴趣、学习策略与

方法表现优于男生，在理科类学科上的学习兴趣、学习策略与方法表现不如男生。因此，家长和教师要正视男生、女生成长过程中的客观差异，在具体的教育教学中，遵循学生性别差异形成的心理发展规律，注重因时施教、因材施教、因性别施教。在教育过程中，要注重对男生在文科类学科的学习策略与方法、学习兴趣、学习动机、学习投入等方面的引导，加强对女生在理科类学科的学习策略与方法、学习兴趣等方面的培养。此外，学校要经常开展学习互助活动，引导男生、女生互相学习、取长补短，进一步发挥各自优势，改进各自薄弱学科的学习策略与方法，共同提升学习兴趣。

（本文由苏州市教育质量监测中心提供，撰稿人：罗强、于飞飞）

调查报告

"院士之乡钟灵毓秀　科学巨匠闪耀苍穹——苏州院士人物线上特展"研究报告

苏州是一座具有深厚文化底蕴的城市，自古以来崇文重教、人才辈出，自春秋"泰伯逊天下，季札辞一国，德之所化者远矣"。"姑苏文盛出状元"，从唐代设立科举到清代，苏州曾出过 51 名状元，仅清代就先后从苏州走出 26 名状元，苏州成为名副其实的"状元之乡"。及至当代，苏州涌现出 100 多位两院院士，形成独具一格的"院士群"现象。

院士是人民楷模、国之重器，是青少年学子的榜样。为喜迎党的二十大胜利召开，又值苏州教育博物馆开馆五周年之际，苏州教育博物馆特举办"院士之乡钟灵毓秀　科学巨匠闪耀苍穹——苏州院士人物线上特展"来致敬苏州院士。以两院院士为标杆，通过学习"院士精神"，引领青少年成为有理想、有本领、有担当的社会主义建设者和接班人，这也是当代教育的使命。

一、苏州两院院士概述

（一）中国院士制度

1. 中国院士制度的由来

中国最早的院士产生于 1948 年，即中央研究院院士。中国著名经济学家、人口学家，曾就读于东吴大学（现苏州大学）的马寅初先生于 1948 年当选为中央研究院第一届院士。

1955 年，中国科学院选聘学部委员（1994 年改称院士）233 人，王大珩、顾诵芬、周干峙、张光斗、张青莲、钱伟长等 24 位苏州籍科学家进入中华人民共和国第一批院士（学部委员）行列，苏州籍院士占比达 10% 以上。

1994 年，中国工程院开始选聘工程院院士，王大珩、顾诵芬、周干峙、张光斗等 4 人被选聘为中国工程院院士，成为首批"双院士"，同期另有 12 名苏州籍科学家被选聘为第一批工程院院士。

截至2021年年底,根据中国科学院与中国工程院官网数据统计,中国科学院院士共1 657位,健在970余人;中国工程院院士共1 396位,健在1 100余人(中国科学院院士数据含外籍院士,中国工程院院士含香港、澳门、台湾地区及外籍院士)。其中,有一些人身兼两院院士。

2. 两院院士的界定

两院是指中国科学院和中国工程院。中国科学院是中国自然科学最高学术机构、科学技术最高咨询机构、自然科学与高技术综合研究发展中心;中国工程院是中国工程科学技术界最高荣誉性、咨询性学术机构。

两院院士是我国在科学和工程技术方面设立的最高学术称号,具有崇高的荣誉和学术上的权威性,代表我国科学技术的发展水平。中国科学院院士,是中华人民共和国设立的科学技术方面的最高学术称号;中国工程院院士,是中华人民共和国设立的工程技术方面的最高学术称号。两者都为终身荣誉。两院院士是中国科学院院士和中国工程院院士及两院授予的外籍院士的统称。

(二) 苏州两院院士

苏州深厚的历史文化底蕴、崇文重教的教育传统,造就了苏州人崇尚读书、专注学业的风尚。我们这里说的"苏州两院院士"包含四大类:一是苏州籍院士;二是祖籍为苏州的外籍院士;三是非苏州籍但曾在苏州读书求学的院士;四是非苏州籍但曾在苏州工作和现在在苏州工作的院士。① 苏州两院院士呈现出以下特点:

一是人数众多,在全国大中城市中名列前茅。自1955年诞生首批院士(学部委员)以来,苏州两院院士占了205席,这在全国大中城市中首屈一指,苏州当之无愧地赢得"院士之乡"的美誉。

二是研究领域广、贡献大、国际影响力大。在当代苏州籍院士中,有诺贝尔物理学奖获得者李政道,被称为"中国核武器研制奠基人"的王淦昌,"与昆虫解下不解之缘"的陆宝麟,"为了更强中国'芯'"的邹世昌,被尊称为"军垦细毛羊之父"的刘守仁,和机器相伴一生的陆汝钤、屈梁生,中国骨髓移植和造血干细胞奠基人陆道培……

三是崇文重教的文化传统、学校教育及浓郁的家学渊源都是孕育院士的摇篮。正如

---

① 下文提到的苏州两院院士,均包含四大类。

古人所说:"仓廪实而知礼节,衣食足而知荣辱。"在一个科学家的成长过程中,当地的文化、学校教育及家庭教育对他的影响很大。譬如,苏州箓葭巷谢家里谢氏"一门三杰",谢毓元院士一生为国研制新药,谢毓元的二哥谢毓晋是我国杰出的微生物免疫学家,三哥谢毓寿则是我国著名地震学家、工程地震的奠基人。此外,许多院士都在苏州的大学、中学求学过。例如,陆志韦、顾翼东、时钧等34位院士都曾在苏州大学就读;李竞雄、陆宝麟、李政道等58人曾在苏州中学就读。还出现了兄弟院士,如王守觉、王守武,冯康、冯端;夫妻院士,如何泽慧、钱三强;叔侄院士,如时钧、时铭显。

二、基于苏州两院院士特展的数据分析

苏州两院院士,虽然身处的年代不同、研究的领域不同,但是有着中国科学家共同的精神品质:深邃的科学思想、坚韧不拔的毅力、默默无闻的奉献精神……

(一)苏州两院院士数据分析总述

本次调研梳理出与苏州有关的两院院士205位,包括苏州籍院士112位(54.63%)、祖籍为苏州的外籍院士6位(2.93%)、非苏州籍但曾在苏州读书求学的院士62位(30.24%),以及非苏州籍但曾在苏州工作和现在在苏州工作的院士25位(12.20%)。相关详细情况如图1所示。其中,149位院士(占比为72.68%)都曾在苏州读书求学,这充分表明了苏州教育对人才培养所做出的重大贡献。

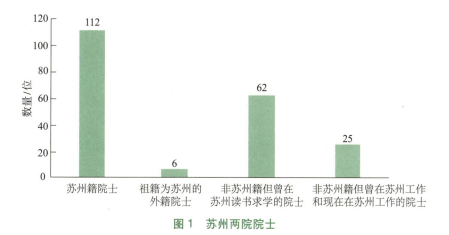

图1 苏州两院院士

苏州籍院士共有 112 位，包含 4 位双院士（3.57%）、73 位中国科学院院士（65.18%）、35 位中国工程院院士（31.25%），见图 2。

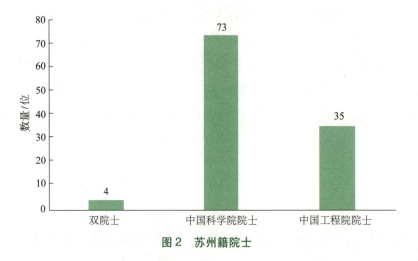

图 2　苏州籍院士

非苏州籍但曾在苏州读书求学的院士 62 位，其中 1 位双院士（1.61%）、42 位中国科学院院士（67.74%）、17 位中国工程院院士（27.42%）、2 位中国科学院外籍院士（3.23%），见图 3。

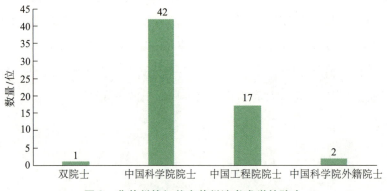

图 3　非苏州籍但曾在苏州读书求学的院士

非苏州籍但曾在苏州工作和现在在苏州工作的院士 25 位，其中 19 位中国科学院院士（76%）、4 位中国工程院院士（16%）、2 位中国工程院外籍院士（8%），见图 4。

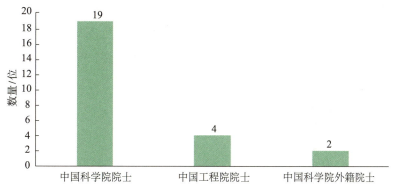

图 4　非苏州籍但曾在苏州工作和现在在苏州工作的院士

（二）地域关系分析

调研报告从院士的出生地、就读学校为主要切入点，对院士的地域关系进行区域分析，以探寻院士在地域分布方面的规律和特征。

1. 出生地和祖籍分析

丰厚的文化源于雄厚的经济。苏州历来是江南富庶之地，经济繁荣、社会安定，这为学子们创造了一个能安心学习的良好环境，也吸引了大量名贤寓居苏州。

苏州籍院士和祖籍为苏州的外籍院士共118名（图5）。其中，苏州城区（含姑苏区、相城区、高新区、工业园区、吴中区）有69名，占比为58.47%。院士数量众多，与苏州富庶的经济和安定的社会环境密切相关。

图 5　院士的出生地和祖籍

2. 就读学校分析

近代，苏州兴教办学更盛，各类大中小学如雨后春笋般相继兴起。曾在苏州各类大中小学校求学的院士共有232位（含重复统计①），如果剔除重复人数，从苏州各类学

---

① 重复统计，是指对同一个院士就读过的小学、中学（初中、高中）、大学都进行了统计。

校走出的院士为 149 名，著名的东吴大学、苏州中学共走出 80 多位院士。

曾在苏州高校求学的院士共有 42 位（含重复统计），其中苏州大学 34 位、苏州农业职业技术学院 1 位、苏州市职业大学 7 位（图 6）。

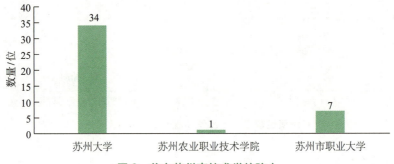

图 6　曾在苏州高校求学的院士

曾在苏州市直属学校求学的院士共有 115 位（含重复统计），其中中学 112 位、小学 3 位（图 7）。

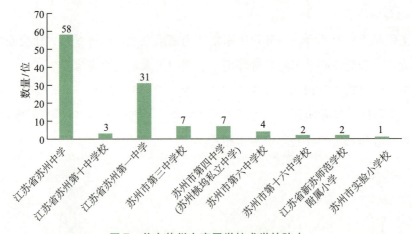

图 7　曾在苏州市直属学校求学的院士

曾在张家港市各类中小学求学的院士共 8 位（含重复统计），均为中学（图 8）。

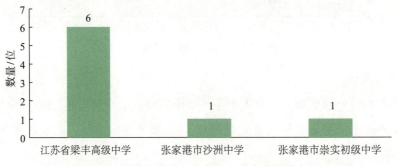

图 8　曾在张家港市各类中小学求学的院士

曾在常熟市各类中小学求学的院士共 27 位（含重复统计），均为中小学，其中中学 22 位、小学 5 位（图 9）。

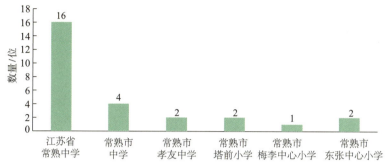

图 9　曾在常熟市各类中小学求学的院士

曾在太仓市各类学校就读的院士共 8 位（含重复统计），分别为太仓市第一中学 1 位、太仓市浮桥中学 1 位、太仓市城厢镇第一小学 4 位、太仓市沙溪镇第一小学 1 位、太仓市浮桥镇九曲小学 1 位。除太仓市第一中学位于太仓市区外，其余学校均为农村中小学。

曾在昆山市各类学校就读的院士共 4 位（含重复统计），分别为昆山市第一中学 1 位、锦溪初级中学 1 位、昆山市玉山镇第一中心小学 1 位、昆山市淀山湖中心小学校 1 位。

6 位院士（含重复统计）曾在吴江区的学校就读，其中江苏省震泽中学 3 位、吴江黎里中学 1 位、吴江中学 1 位、苏州市吴江区程开甲小学 1 位。

3 位院士（含重复统计）曾在吴中区的学校就读，其中江苏省木渎高级中学 1 位、苏州叶圣陶实验小学 2 位。

18 位院士（含重复统计）曾在姑苏区的学校就读，均为小学（图 10）。

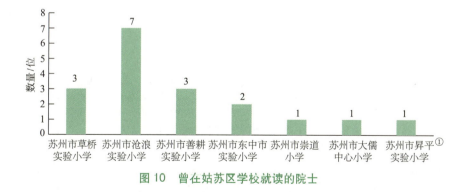

图 10　曾在姑苏区学校就读的院士

---

① 苏州市昇平实验小学为原苏州市东大街小学。

曾在高新区就读的院士 1 位,学校是高新区浒墅关初级中学(现吴县中学)。

在相城区各类学校就读过的院士共 2 位(含重复统计),分别为相城区蠡口镇西公田小学(此校现已撤并)1 位和蠡口中学 1 位。

院士就读过的学校大多位于经济发达、教育资源丰富的苏州古城区,其中苏州高校、市直属学校、姑苏区的学校所处地理位置优越。

在苏州就读过的院士学校区域分布如图 11 所示。

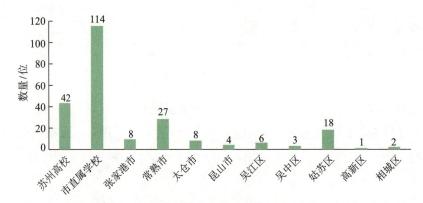

图 11　在苏州就读过的院士学校学校区域分布

(三) 获得院士称号时不同年龄段的人数分布

通过对 205 位(在 205 位两院院士中,有 4 位双院士不在统计范围内①)苏州两院院士出生年份、获得院士称号的年份进行梳理,整理出获得院士称号时不同年龄段的人数分布情况,做出如下统计,如图 12 所示。

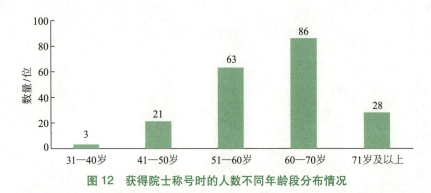

图 12　获得院士称号时的人数不同年龄段分布情况

---

① 王大珩于 1955 年(40 岁)获评中国科学院士,1994 年(79 岁)获评中国工程院士;顾诵芬于 1991 年(61 岁)获评中国科学院士,1994 年(64 岁)获评中国工程院士;周干峙于 1991 年(61 岁)获评中国科学院士,1994 年(64 岁)获评中国工程院士;张光斗于 1955 年(43 岁)获评中国科学院士,1994 年(82 岁)获评中国工程院士。

三、研究亮点

两院院士是国家的宝贵财富。梳理苏州两院院士的史料，有助于讲好苏州院士故事，弘扬科学家精神；有助于培养青少年的爱国情怀、敢于创新的科学精神。本研究的亮点有以下三个。

（一）对苏州两院院士的概念进行了界定

一般来说，苏州院士是指祖籍在苏州和出生在苏州的院士，还包含少量在苏求学和工作的院士。本研究对苏州两院院士做了新的界定，分为四大类：一是苏州籍院士；二是祖籍为苏州的外籍院士；三是非苏州籍但曾在苏州读书求学的院士；四是非苏州籍但曾在苏州工作和现在在苏州工作的院士。本研究对苏州院士做了清晰的界定，并进行了分类整理。

（二）对苏州两院院士的就读学校进行了溯源

苏州自古崇文重教，前贤名人在此办校兴学、教书育人，形成了众多办学时间长达百年的知名老校。这些百年老校或发端于府学，或起源于书院、私塾，它们经历了社会变迁和文化洗礼，形成了严谨的治学风格和丰厚的人文精神，凝聚着千百年来的优秀教育传统，奠定了苏州教育最牢固的基础。

这些老校历经百年风雨，焕发时代精神，始终坚守教育初心，立本致远。据苏州百年老校协会初步统计，截至2021年年底，苏州全市百年老校有187所。全国两院院士中有100多位院士曾在苏州的百年老校和名校中读书成长，这是苏州教育的荣耀和骄傲！

（三）对在苏州工作的院士进行了厘清

苏州走出了118名苏州籍院士和祖籍为苏州的外籍院士，还有62名非苏州籍但曾在苏州求学的院士，这得益于苏州深厚的文化底蕴和崇文重教的传统。但如何吸引并留住院士，让院士落户苏州、扎根苏州，是急需解决的问题。苏州的院士从何而来？一是培养，二是引进。截至2021年年底，非苏州籍但曾在苏州工作和现在在苏州工作的院士共有25名，他们在各自的研究领域做出了杰出的贡献。

四、研究中遇到的问题

虽然目前对苏州两院院士的数据、资料的梳理有了阶段性的成果,但是也存在一些比较突出的问题。

(一) 数据来源具有局限性

苏州两院院士研究资料的获取主要是通过查询中国科学院、中国工程院的官网,苏州市科学技术协会出版的《苏州院士》,再辅以苏州百年老校协会研究成果、相关学校官网及其他网络渠道。

以"苏州院士""苏州两院院士"为关键词,在中国知网进行检索,分别出现18条、11条检索信息,且大多为政策性报道,缺乏系统的苏州院士名录整理文献。

(二) 院士就读过的中小学溯源困难

梳理苏州两院院士资料面临的最大困难是较难对院士就读过的中小学进行溯源。在中国科学院、中国工程院的官网上,院士简介通常包含院士的大学学习经历,基本上不会对其中小学教育经历进行描述。

从上文的数据分析也可以看出,能查询到院士就读信息的大学和高中近30所,寻找到199名院士的信息(含重复);初中、小学为10余所,寻找到不足40名院士的信息(含重复)。这主要是因为近百年学校有所变迁,如异地办学、学校合并或撤销、学校更名等。

五、结束语

"两院院士是国家的财富、人民的骄傲、民族的光荣。"习近平总书记在中国科学院第十九次院士大会、中国工程院第十四次院士大会的讲话中提到:"中国科学院、中国工程院是国家科学技术界和工程科技界的最高学术机构,是科技大师荟萃之地。"

"院士之乡钟灵毓秀　科学巨匠闪耀苍穹——苏州院士人物线上特展"更多地体现了学校元素，凡在苏州学校就读过的院士我们都尽可能进行了溯源，通过梳理研究，以区域板块为单元将收录的两百多名苏州两院院士的史料事迹布设展陈，通过介绍院士在苏州或生活或学习或工作的情况，展现了每位院士的风采，对于弘扬科学家精神、启迪青少年、激发有志者，具有重大的教育和社会意义。

附件

附件1 苏州籍的院士名录（112位）

张光斗	郑国锠	杨嘉墀	李依依	王家骐	冯 端
王大珩	冯新德	李德生	章 申	程耿东	孙 钧
顾诵芬	姚 鑫	徐国钧	秦国刚	王志珍	宋鸿钊
周干峙	陆宝麟	谢毓元	潘承洞	洪家兴	吴中伟
顾翼东	程民德	王守觉	丁大钊	顾逸东	顾懋祥
夏坚白	沈善炯	徐晓白	陆汝钤	郑兰荪	殷 震
李 强	吴仲华	童秉纲	姚 熹	迟力峰	李庆忠
戴松恩	刘建康	陆熙炎	汪集旸	田 禾	赵 铠
王淦昌	钱人元	曹楚南	汪品先	施剑林	李正名
周同庆	李敏华	姚开泰	薛永祺	陈志明	屈梁生
张青莲	吴传钧	邹世昌	苏肇冰	朱 敏	顾健人
黄文熙	程开甲	唐孝威	夏建白	徐义刚	唐孝炎
李竞雄	王守武	黄胜年	吴培亨	樊春海	时铭显
时 钧	汪闻韶	陆 埈	吕达仁	何泽慧	陆佑楣
陈华癸	殷之文	吴建屏	何鸣元	谈镐生	黄崇祺
蔡吉人	宋湛谦	龚知本	陈祥宝	范滇元	刘守仁
殷瑞钰	沈倍奋	钱 易	沈政昌	翁宇庆	张祖勋
周邦新	张志愿	钱七虎	陆 军	张钟华	潘镜芙
杨胜利	于文虎	朱能鸿	陈太一		

附件2 祖籍苏州的外籍院士名录（6位）

吴健雄	施 敏	李政道	贝聿铭	朱棣文	杨培东

附件3 非苏州籍但曾在苏州求学的院士名录（62位）

马寅初	杨澄中	王礼恒	芮筱亭	庄小威	曾德超
胡经甫	吴浩青	钱钟韩	龚祖同	钱逸泰	张新时
陆志韦	钱保功	刘元方	张大煜	王德滋	周锡元
谢少文	胡 宁	张效祥	钱伟长	陆道培	叶可明
钱俊瑞	钱令希	杨立铭	朱洪元	程庆国	黄宏嘉
高尚荫	陈鉴远	陶诗言	黄培云	刘彤华	戴元本
谈家桢	冯元桢	汤定元	董申保	沙庆林	王 元
苏元复	戴念慈	盛金章	周维善	朱森元	宁津生
汪菊渊	冯 康	尹文英	郁铭芳	钱鸣高	茆 智
钦俊德	程天民	吴良镛	宋大祥	邹 竞	韦 钰
詹启敏	姚建铨				

附件4　非苏州籍但曾在苏州工作和现在在苏州工作的院士名录（25位）

叶桔泉	陈子元	李述汤	李永舫	蒋华良
刘敦桢	乔登江	崔占峰	王志新	迟力峰
承淡安	潘君骅	顾　宁	邹志刚	阮长耿
刘承钊	薛鸣球	马光辉	吉多·克罗默	柴之芳
吕叔湘	沈之荃	唐叔贤	刘忠范	周成虎

附件5　曾在苏州读书求学的院士名录（149位）

夏坚白	范滇元	李敏华	蔡吉人	郁铭芳	钱逸泰
张青莲	周邦新	刘建康	徐国钧	宋大祥	王德滋
顾翼东	龚知本	施剑林	薛永祺	詹启敏	陆道培
王淦昌	沈政昌	邹世昌	汪闻韶	芮筱亭	王礼恒
时　钧	陆　军	唐孝炎	丁大钊	龚祖同	钱钟韩
沈善炯	徐义刚	杨胜利	谢毓元	张大煜	刘元方
李竞雄	陆　埮	黄胜年	潘镜芙	钱伟长	张效祥
胡　绳	钱人元	杨嘉墀	李政道	杨澄中	杨立铭
吴传钧	郑国锠	陆熙炎	吴健雄	吴浩青	陶诗言
陆宝麟	陈祥宝	樊春海	施　敏	钱保功	汤定元
冯　端	李　强	王守武	杨培东	胡　宁	盛金章
宋鸿钊	戴松恩	陆汝钤	马寅初	钱令希	尹文英
程民德	冯新德	王家骐	胡经甫	陈鉴远	吴良镛
谈镐生	曹楚南	吴培亨	陆志韦	冯元桢	黄宏嘉
王守觉	章　申	姚　鑫	谢少文	戴念慈	戴元本
吴中伟	王志珍	吕达仁	钱俊瑞	冯　康	王　元
殷　震	钱七虎	屈梁生	高尚荫	程天民	宁津生
姚　熹	秦国刚	李庆忠	谈家桢	程庆国	茆　智
童秉纲	周同庆	程开甲	苏元复	刘彤华	韦　钰
汪集旸	殷之文	钱　易	汪菊渊	沙庆林	叶可明
潘承洞	张光斗	何泽慧	钦俊德	朱森元	曾德超
李正名	殷瑞钰	张钟华	朱洪元	钱鸣高	张新时
时铭显	程耿东	何鸣元	黄培云	邹　竞	周锡元
赵　铠	陈志明	顾健人	董申保	姚建铨	陈太一
苏肇冰	张祖勋	黄崇祺	周维善	庄小威	

在苏外籍教师统计与现状调研报告

一、概述

为丰富苏州市各级各类学校的办学内涵，推进多元化办学模式，加大国际理解教育推广力度，提升学生的多元文化理解能力和全球胜任力，加快推进苏州市高层次国际化人才培养，长久以来，苏州以其丰富多元的国际化教育资源，吸引了大批外籍教师来苏任教。作为国际化教育的主要承担者，外籍教师的聘用和管理工作对于国际化人才培养质量的提高尤为重要，如何更为科学地管理外籍教师并提高其聘用效益已成为地方教育行政部门高度关注的问题。为加强全市外籍教师管理工作，充分发挥外籍教师这一特殊群体对本土教育教学水平提升的积极作用，苏州市教育局国际合作与交流处基于对全市各级各类院校在聘用和管理外籍教师方面的现状的分析，形成调研报告，旨在动态把握2021—2022年度外籍教师群体的现状及发展趋势，通过对相关信息与数据的分析，为教育行政部门制定决策提供支撑。

二、2021年在苏外籍教师基本情况总统计

统计区域覆盖苏州大市的10个市（区）学校、市教育局直属（代管）学校，以及其他教育机构。统计对象涵盖所有在苏幼儿园、中小学和高校的外籍教师，包括但不限于教学人员、科研人员、行政办公人员等。统计时间段为2021年。统计结果显示，在苏外籍教师人数中男性占比大于女性，男性占比为56.5%，女性占比为43.5%。外籍教师的年龄段在30岁及以下、31—40岁、41—50岁的占比分别为25.8%、38.5%、21.5%。

（一）按国别统计

2021年，苏州市外籍教师来自87个国家。按苏州市外籍教师人员国别分布情况，人数排名位于前五位的为美国、南非、英国、加拿大、澳大利亚，如图1所示。

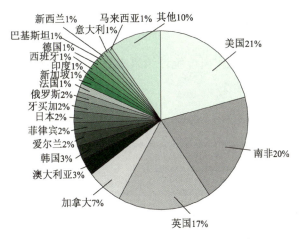

图1 2021年苏州市外籍教师国别分布情况

(二)按工作年限情况统计

从外籍教师工作年限的统计结果看,2年及以下的外籍教师人数居多,其次为3—5年(930人),工作年限为6—10年(631人)、10年以上(642人)的外籍教师人数较少且持平。其中,工业园区、高新区、昆山市的外籍教师人数占比较高。相关情况如表1所示。

表1 2021年苏州市外籍教师工作年限统计表　　　　　　　　单位:人

学校归属	2年及以下	3—5年	6—10年	10年以上
张家港市	135	53	26	18
常熟市	63	67	39	57
太仓市	31	7	5	2
昆山市	432	181	81	95
吴江区	110	104	50	62
吴中区	76	23	14	28
相城区	31	43	17	17
姑苏区	69	38	23	35
工业园区	309	292	309	280
高新区	275	106	42	27
市直属	4	3	8	6
市代管	24	13	17	15
总计	1 559	930	631	642

（三）按工作岗位情况统计

从 2021 年苏州市外籍教师工作岗位统计结果来看，教学人员占比最高，其次是行政办公人员，科研人员较少（图 2）。

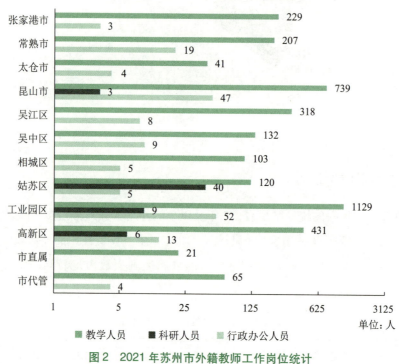

图 2　2021 年苏州市外籍教师工作岗位统计

三、2021—2022 年度在苏外籍教师现状调研报告

本次调研覆盖苏州大市的 10 个市（区）及直属（代管）范围内的公办学校、民办学校、外籍人员子女学校、中外合作办学机构及全日制国际课程培训机构、高等院校。

（一）调研对象

调研对象为从基础教育（幼儿园、小学、初中、高中）到高等教育的外籍教学人员、科研人员和行政办公人员。

（二）调研内容

一是各市（区）外籍教师的基本背景信息，包括学历、证书资质、负责教学阶段、教学学科、工作许可等。

二是各市（区）学校对外籍教师的管理情况，包括住宿支持、各项服务支持、定期培训、组织文化活动等。

三是各市（区）学校外籍教师的在苏生活满意度、遇到的困难、对苏州国际教育的建议等。

（三）调研方法

使用问卷法，对各个学校进行问卷发放和回收，问卷问题包括单选题、多选题和开放式问题。

（四）调研数据分析

使用 Excel 表对收集的数据进行整理编码，使用 SPSS 软件对单选题和多选题进行分析，使用 NVivo 软件对开放式问题进行编码和主题归类分析。

（五）问卷的基本内容

调查问卷问题共有 4 个维度 21 道题，包括 7 道多选题及 2 道开放性填空题。具体题目如下（未列选项）：

① 您所在的区域是：

② 您所在的学校/机构是：

③ 您所教授/管理的学段为（多选题）：

④ 您持有的签证类型是：

⑤ 您所在学校/机构的职位类别为：

⑥ 您目前在教授哪个科目（多选题）：

⑦ 您的学历是：

⑧ 您所拥有的教学资质是（多选题）：

⑨ 到目前为止，您在苏州有多少年的授课经验：

⑩ 您的工作时制①为：
⑪ 学校/机构为您提供了哪些支持？（多选题）
⑫ 学校/机构提供的住宿安排是：
⑬ 学校/机构是否组织外籍教师进行本地文化活动（如过春节、体验中国文化）？
⑭ 学校/机构是否组织教研培训（非新冠病毒感染疫情防控期间）？
⑮ 您对在苏州的生活满意吗？
⑯ 您计划在苏州继续工作多久？
⑰ 您选择在苏州工作的原因是（多选题）：
⑱ 您最感兴趣的本地传统文化有哪些？（多选题）
⑲ 新冠肺炎疫情对您的生活造成了哪些影响？（多选题）
⑳ 您在当前的工作中遇到了什么困难吗？（填空题）
㉑ 您对苏州教育对外开放有什么建议吗？（填空题）

（六）问卷数据统计情况

1. 问卷填写情况与分析基础

本次调研共投放了 932 份问卷，其中回收 763 份有效问卷。从所属区域来看，工业园区和昆山市所占比例较大，两者都超过了 20%。从教育类型来看，学前和小学阶段各占 20% 左右，高中占 35.1%，初中和大学所占比例较低，各占 10% 左右。从签证类型来看，大多数都是 B 类（外国专业人才）签证，占比为 77%。从工作岗位来看，绝大多数都是担任教师职务，占比为 92.9%。从任教学科来看，担任 K12 社会科学类和语言文化类学科教学工作的比例很大，两者相加接近 60%。从教育程度来看，本科和硕士研究生所占比例相加接近 90%。从工作类型来看，主要是全职（8 小时）工作方式，占比为 79.8%，其余则为弹性工作方式。相关情况如表 2 所示。

表 2　2021—2022 年度苏州市外籍教师（调研参与人员）情况基本信息汇总

类别		人数/人	占比/%
区域及归属	张家港市	79	10.3
	常熟市	27	3.5
	太仓市	15	2
	昆山市	157	20.5

---

① 工作时制（work schedule）是指工作时间的安排制度［如全职（8 小时）、兼职……］。

续表

类别		人数/人	占比/%
区域及归属	吴江区	51	6.7
	吴中区	32	4.2
	相城区	34	4.5
	姑苏区	8	1
	工业园区	186	24.3
	高新区	65	8.5
	教育局直属	28	3.7
	高校	81	10.6
教育类型	学前	146	19.1
	小学	164	21.5
	初中	85	11.1
	高中	268	35.1
	大学	93	12.2
	培训机构	7	0.9
签证类型	A类：外国高端人才	87	11.4
	B类：外国专业人才	588	77.1
	C类：短期工作签证	13	1.7
	其他	75	9.8
工作岗位	教师	710	93.1
	行政人员	53	6.9
学科	K12社会科学类	289	37.8
	K12数学与自然科学类	61	8
	K12美术体育类	109	14.3
	K12语言文化类	167	21.9
	大学课程	64	8.4
	其他课程	73	9.6
教育程度	专科或更低	5	0.7
	本科	421	55.1
	硕士研究生	255	33.4
	博士研究生或更高	82	10.7
工作类型	全职（8小时）	610	79.9
	弹性工作时间	153	20.1
总计		763	100

本次参与调研的学校与机构共有 68 所,其中聘任外籍教师的人数在 20 人及以下的有 56 所,超过 20 人的有 12 所(其中超过 40 人的仅有 2 所)。按所属区域及归属划分,张家港市有 7 所,常熟市有 3 所,太仓市有 2 所,昆山市有 5 所,吴江区有 7 所,吴中区有 4 所,相城区有 5 所,姑苏区有 1 所,工业园区有 13 所,高新区有 6 所,教育局直属有 9 所,高校有 5 所。

从在苏工作时长来看,在苏工作时长为 3—5 年的外籍教师占 54%,工作时长为 1—2 年的占 25%,工作时长为 6—10 年的占 16%,工作时长为 11—15 年的占 4%。在苏工作 16 年及以上的外籍教师仅占 1%(图 3)。

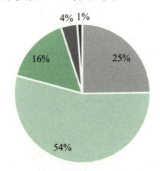

图 3　2021—2022 年度苏州市外籍教师调研参与人员工作时长信息汇总

从职业证书获取情况来看,超过 50% 的外籍教师至少具有 ESL、EFL、TESOL 中的一个证书。超过 35% 的外籍教师持有来源国的教师资格证。20.3% 的外籍教师持有 IB 课程的相关资格证书。持有 A-Level、AP 证书的外籍教师合计近 20%。值得关注的是,44% 的外籍教师同时持有 2 个及以上的相关资格证书。相关情况如图 4 所示。

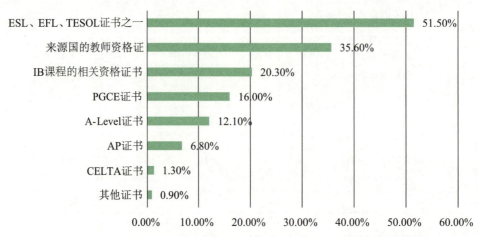

图 4　2021—2022 年度苏州市外籍教师(调研参与人员)职业证书信息汇总

2. 学校对外籍教师的管理情况分析

从参与本次调研的外籍教师的反馈总体情况来看,学校给外籍教师提供住宿支持的主要方式是提供住房补贴,占比为65.3%;近20%的外籍教师获得学校提供的宿舍支持(包括校内宿舍14.5%和校外宿舍3.7%);提供校外公寓的约占13.1%。(图5)其中,张家港市采取提供宿舍和住房补贴并重的做法;昆山市、工业园区、高新区则主要采用住房补贴方式;其他区域没有明显偏重的住宿支持方式。(表3)

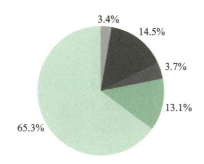

■校内宿舍 ■校外宿舍 ■校外公寓 ■住房补贴 ■其他

图5 2021—2022年度苏州市外籍教师(调研参与人员)住宿支持情况汇总

表3 2021—2022年度苏州市外籍教师(调研参与人员)住宿支持情况汇总 单位:人

区域及归属	校内宿舍	校外宿舍	校外公寓	住房补贴	其他	总计
张家港市	27	0	5	29	4	65
常熟市	14	2	5	5	1	27
太仓市	0	0	4	11	0	15
昆山市	7	15	26	106	3	157
吴江区	12	1	4	33	1	51
吴中区	23	0	0	9	0	32
相城区	1	1	9	23	0	34
姑苏区	0	0	2	5	1	8
工业园区	8	0	17	159	2	186
高新区	3	2	6	64	4	79
教育局直属	2	2	5	15	4	28
高校	14	5	17	39	6	81
总计	111	28	100	498	26	763

从参与本次调查的外籍教师关于校方提供的支持服务情况的反馈来看,总体有超过90%的外籍教师认为得到校方提供的行政支持,认为提供了生活服务及工作支持的人数

占比为65%~70%，没有得到支持的人非常少。但从具体的区域来看，还是有些许差异，如太仓市6.7%的外籍教师没有得到支持，相比其他区域占比偏高。在工作支持方面，工业园区、常熟市、吴中区提供的工作支持较为充分，占比为80%左右。太仓市、高校的外籍教师在得到工作支持方面的占比低于50%，教育局直属学校、相城区的外籍教师在得到生活服务支持方面的占比均低于50%，这些区域的学校对外籍教师的生活服务与工作支持力度还有待加强。相关情况如表4所示。

表4 2021—2022年度苏州市外籍教师（调研参与人员）提供支持服务情况汇总

区域及归属		行政支持	生活服务支持	工作支持	没有支持	总计
张家港市	人数/人	59	43	40	0	65
	百分比	90.80%	66.20%	61.50%	0.00%	—
常熟市	人数/人	25	22	20	0	27
	百分比	92.60%	81.50%	74.10%	0.00%	—
太仓市	人数/人	13	8	6	1	15
	百分比	86.70%	53.30%	40.00%	6.70%	—
昆山市	人数/人	145	100	121	0	157
	百分比	92.40%	63.70%	77.10%	0.00%	—
吴江区	人数/人	48	28	34	0	51
	百分比	94.10%	54.90%	66.70%	0.00%	—
吴中区	人数/人	31	27	25	0	32
	百分比	96.90%	84.40%	78.10%	0.00%	—
相城区	人数/人	30	13	17	1	34
	百分比	88.20%	38.20%	50.00%	2.90%	—
姑苏区	人数/人	7	7	5	0	8
	百分比	87.50%	87.50%	62.50%	0.00%	—
工业园区	人数/人	177	141	156	2	186
	百分比	95.20%	75.80%	83.90%	1.10%	—
高新区	人数/人	68	53	50	1	79
	百分比	86.10%	67.10%	63.30%	1.30%	—
教育局直属	人数/人	25	11	19	0	28
	百分比	89.30%	39.30%	67.90%	0.00%	—
高校	人数/人	67	39	38	1	81
	百分比	82.70%	48.10%	46.90%	1.20%	—
总计	人数/人	695	492	531	6	763

从参与本次调查的外籍教师对于校方提供的专业培训的反馈的总体情况（图6）来看，半年提供一次专业培训的学校占比最多，为34%。每月能得到一次培训的人数和每年得到一次培训的人数趋近，占比为20%左右。每两周能得到一次培训的人比较少，占比为9%。19%的人没有得到专业培训。从区域及归属情况来看，张家港市和常熟市对外籍教师进行专业培训较为频繁，每周一次、每月一次、半年一次的占比总和都接近80%；吴中区和工业园区也超过70%。某些学校从每周一次、每月一次、半年一次的总和来看，太仓市、相城区、教育局直属的学校占比都低于50%。相关情况如表5所示。

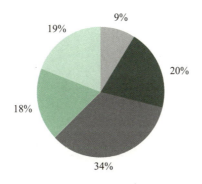

■两周一次 ■一月一次 ■半年一次 ■一年一次 ■没有

图6 2021—2022年度苏州市外籍教师（调研参与人员）专业培训频率占比汇总

表5 2021—2022年度苏州市外籍教师（调研参与人员）专业培训情况汇总

区域及归属		两周一次	一月一次	半年一次	一年一次	没有活动
张家港市	人数/人	9	15	29	6	6
	百分比	13.80%	23.10%	44.60%	9.20%	9.20%
常熟市	人数/人	1	8	12	3	3
	百分比	3.70%	29.60%	44.40%	11.10%	11.10%
太仓市	人数/人	2	2	1	3	7
	百分比	13.30%	13.30%	6.70%	20.00%	46.70%
昆山市	人数/人	8	19	66	37	27
	百分比	5.10%	12.10%	42.00%	23.60%	17.20%
吴江区	人数/人	2	7	17	8	17
	百分比	3.90%	13.70%	33.30%	15.70%	33.30%
吴中区	人数/人	3	10	10	4	5
	百分比	9.40%	31.30%	31.30%	12.50%	15.60%

续表

归属		两周一次	一月一次	半年一次	一年一次	没有活动
相城区	人数/人	3	5	9	7	10
	百分比	8.80%	14.70%	26.50%	20.60%	29.40%
姑苏区	人数/人	1	1	3	2	1
	百分比	12.50%	12.50%	37.50%	25.00%	12.50%
工业园区	人数/人	20	48	70	36	12
	百分比	10.80%	25.80%	37.60%	19.40%	6.50%
高新区	人数/人	1	17	21	16	24
	百分比	1.30%	21.50%	26.60%	20.30%	30.40%
教育局直属	人数/人	0	3	8	3	14
	百分比	0.00%	10.70%	28.60%	10.70%	50.00%
高校	人数/人	21	16	15	12	17
	百分比	25.90%	19.80%	18.50%	14.80%	21.00%
总计	人数/人	71	151	261	137	143
	百分比	9.30%	19.80%	34.20%	18.00%	18.70%

从参与本次调查的外籍教师对于校方举办文化活动的反馈的总体情况（图7）来看，有41%的外籍教师每半年能参与一次文化活动；有30%的人每年能参与一次文化活动；每两周能参与一次文化活动的外籍教师人数占比仅为2%；10%的外籍教师没有文化活动可以参与。从表6反馈的情况来看，常熟市和吴中区举办文化活动的频率较多，每周一次、每月一次、半年一次的人数总和都超过了80%；张家港市和工业园区超过70%。也有一些学校在鼓励外籍教师参与文化活动方面的表现较弱，从每周一次、每月一次、半年一次的总和来看，昆山市、教育局直属学校人数总和占比低于50%。

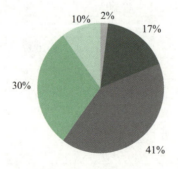

图7 2021—2022年度苏州市外籍教师（调研参与人员）文化活动频率占比汇总

表6 2021—2022年度苏州市外籍教师（调研参与人员）文化活动情况汇总

区域及归属		两周一次	一月一次	半年一次	一年一次	没有活动
张家港市	人数/人	4	19	25	14	3
	百分比	6.20%	29.20%	38.50%	21.50%	4.60%
常熟市	人数/人	0	8	14	4	1
	百分比	0.00%	29.60%	51.90%	14.80%	3.70%
太仓市	人数/人	1	3	4	4	3
	百分比	6.70%	20.00%	26.70%	26.70%	20.00%
昆山市	人数/人	1	15	47	70	24
	百分比	0.60%	9.60%	29.90%	44.60%	15.30%
吴江区	人数/人	0	8	19	15	9
	百分比	0.00%	15.70%	37.30%	29.40%	17.60%
吴中区	人数/人	1	8	17	5	1
	百分比	3.10%	25.00%	53.10%	15.60%	3.10%
相城区	人数/人	1	8	14	9	2
	百分比	2.90%	23.50%	41.20%	26.50%	5.90%
姑苏区	人数/人	0	1	3	2	2
	百分比	0.00%	12.50%	37.50%	25.00%	25.00%
工业园区	人数/人	2	32	98	51	3
	百分比	1.10%	17.20%	52.70%	27.40%	1.60%
高新区	人数/人	1	10	36	21	11
	百分比	1.30%	12.70%	45.60%	26.60%	13.90%
教育局直属	人数/人	0	3	7	8	10
	百分比	0.00%	10.70%	25.00%	28.60%	35.70%
高校	人数/人	5	15	27	25	9
	百分比	6.20%	18.50%	33.30%	30.90%	11.10%

3. 外籍教师在苏生活满意度情况

从整体满意度情况（图8）来看，34%的外籍教师的在苏生活满意度为一般，比较满意的人数占比为20%，而非常满意的人数占比仅为9%。非常不满意的人数占比和不满意的人数占比为19%和18%，远高于非常满意的人数占比。虽然满意度现状与一些突发情况，如新冠病毒感染疫情等不可抗力因素有关，但也说明苏州市在对外籍教师进行管理和支持方面还有很多需要提升的空间。

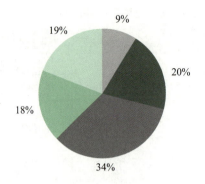

■非常满意 ■比较满意 ■一般 不满意 ■非常不满意

图 8　2021—2022 年度苏州市外籍教师（调研参与人员）生活满意度占比汇总

从在苏州工作的原因调查结果（图 9）来看，大部分外籍教师来苏州工作是因为喜欢苏州的生活环境，人数多达 500 人，占比为 65.50%，远超过其他原因的人数；其次是因为学术环境，有 268 人，占比为 35.10%；其余各种原因的人数相对持平，因为"悠久历史"的为 178 人（23.30%），因为"交通方便"的为 195 人（25.60%），出于家庭原因的有 134 人（17.60%），出于其他原因的有 149 人（19.50%）。这说明苏州的生活环境对外籍教师较有吸引力，同时苏州的历史底蕴也较受重视。

图 9　苏州市 2021—2022 年度外籍教师（调研参与人员）在苏工作原因占比汇总

从外籍教师喜爱文化活动的调查结果（图 10）来看，苏州园林最受欢迎，人数占比为 71.60%；其次是中国节日和苏州美食，分别占比 45.90% 和 45.10%；中国茶文化受 38.70% 的外籍教师喜爱；丝绸文化与苏扇文化的喜爱人数占比不多，丝绸文化仅为 14.30%，苏扇文化则更少，只为 7.30%。

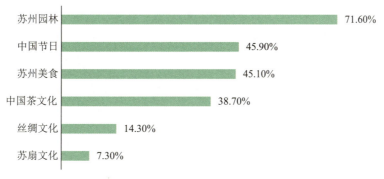

图 10　2021—2022 年度苏州市外籍教师（调研参与人员）喜爱文化活动占比汇总

4. 满意度相关数据分析结果

为深入了解在苏外籍教师整体满意度的详细情况，从而进一步得出更为准确的结论与启示，进行了统计差异性卡方检验其结果如表 7、表 8、表 9 所示。

从学校提供专业培训的频率与满意度的分析结果（表 7）来看，在两周一次的专业培训中，外籍教师的满意度为"非常满意"的比例是 100.00%；在一月一次的专业培训中，外籍教师的满意度为"比较满意"的比例是 100.00%，其余比例为 0.00%；以此类推，没有培训的外籍教师的满意度为"非常不满意"的比例为 100.00%。卡方检验结果（$\chi^2 = 30.52$，$p<0.001$）表明，外籍教师满意度在不同专业培训的频率分布出现显著差异，专业培训频率越高，外籍教师的满意度越高。

表 7　2021—2022 年度苏州市外籍教师（调研参与人员）专业培训频率在满意度的占比情况及卡方检验结果

专业培训频率		非常满意	比较满意	一般	不满意	非常不满意
两周一次	人数/人	71	0	0	0	0
	百分比	100.00%	0.00%	0.00%	0.00%	0.00%
一月一次	人数/人	0	151	0	0	0
	百分比	0.00%	100.00%	0.00%	0.00%	0.00%
半年一次	人数/人	0	0	261	0	0
	百分比	0.00%	0.00%	100.00%	0.00%	0.00%
一年一次	人数/人	0	0	0	137	0
	百分比	0.00%	0.00%	0.00%	100.00%	0.00%
没有培训	人数/人	0	0	0	0	143
	百分比	0.00%	0.00%	0.00%	0.00%	100.00%
卡方检验	χ^2	30.52				
	p	0.00				

注：*表示 $p<0.05$；**表示 $p<0.01$；***表示 $p<0.001$。

从学校提供文化活动的频率与满意度的分析结果（表8）来看，在两周一次的文化活动中，外籍教师的满意度为"非常满意"和"比较满意"的人数比例高于其他满意程度，均为37.50%；在一月一次的文化活动中，外籍教师的满意度为"比较满意"的人数比例是32.30%，明显高于其他满意度人数占比；以此类推，没有文化活动的外籍教师的满意度为"非常不满意"的人数比例为61.50%。卡方检验结果（$\chi^2 = 2.008$，$p < 0.001$）表明，外籍教师的满意度在不同文化活动的频率分布出现显著差异，文化活动频率越高，外籍教师的满意度越高。

表8　2021—2022年度苏州市外籍教师（参与调研人员）文化活动频率在满意度的占比情况及卡方检验结果

文化活动频率		非常满意	比较满意	一般	不满意	非常不满意
两周一次	人数/人	6	6	3	1	0
	百分比	37.50%	37.50%	18.80%	6.30%	0.00%
一月一次	人数/人	29	42	35	14	10
	百分比	22.30%	32.30%	26.90%	10.80%	7.70%
半年一次	人数/人	22	63	137	53	36
	百分比	7.10%	20.30%	44.10%	17.00%	11.60%
一年一次	人数/人	10	36	76	57	49
	百分比	4.40%	15.80%	33.30%	25.00%	21.50%
没有活动	人数/人	4	4	10	12	48
	百分比	5.10%	5.10%	12.80%	15.40%	61.50%
卡方检验	χ^2	\multicolumn{5}{c}{2.008}				
	p	\multicolumn{5}{c}{0.00}				

注：*表示$p<0.05$，**表示$p<0.01$，***表示$p<0.001$。

从学校提供文化活动的频率与满意度的分析结果（表9）来看，不同区域的外籍教师满意度差异较大。张家港市（44.60%）、常熟市（44.40%）、昆山市（42.00%）的学校外籍教师满意度为一般的占比居多。太仓市（46.70%）、吴江区（33.30%）、高新区（30.40%）、教育局直属（50.00%）的学校外籍教师满意度多为非常不满意。而高校的外籍教师满意度"非常满意"中占比最高，这与高校的学术环境、生活配套支持、福利待遇等有关。其余各区域对于外籍教师的管理支持情况是不同的，这也导致满意度出现较大差异。

表9 2021—2022年度苏州市外籍教师（调研参与人员）
满意度在各区域的占比情况及卡方检验结果

区域及归属		非常满意	比较满意	一般	不满意	非常不满意
张家港市	人数/人	9	15	29	6	6
	百分比	13.80%	23.10%	44.60%	9.20%	9.20%
常熟市	人数/人	1	8	12	3	3
	百分比	3.70%	29.60%	44.40%	11.10%	11.10%
太仓市	人数/人	2	2	1	3	7
	百分比	13.30%	13.30%	6.70%	20.00%	46.70%
昆山市	人数/人	8	19	66	37	27
	百分比	5.10%	12.10%	42.00%	23.60%	17.20%
吴江区	人数/人	2	7	17	8	17
	百分比	3.90%	13.70%	33.30%	15.70%	33.30%
吴中区	人数/人	3	10	10	4	5
	百分比	9.40%	31.30%	31.30%	12.50%	15.60%
相城区	人数/人	3	5	9	7	10
	百分比	8.80%	14.70%	26.50%	20.60%	29.40%
姑苏区	人数/人	1	1	3	2	1
	百分比	12.50%	12.50%	37.50%	25.00%	12.50%
工业园区	人数/人	20	48	70	36	12
	百分比	10.80%	25.80%	37.60%	19.40%	6.50%
高新区	人数/人	1	17	21	16	24
	百分比	1.30%	21.50%	26.60%	20.30%	30.40%
教育局直属	人数/人	0	3	8	3	14
	百分比	0.00%	10.70%	28.60%	10.70%	50.00%
高校	人数/人	21	16	15	12	17
	百分比	25.90%	19.80%	18.50%	14.80%	21.00%
卡方检验	χ^2	13.58				
	p	0.00				

注：*表示$p<0.05$，**表示$p<0.01$，***表示$p<0.001$。

与此同时，本调研还分析了其他可能性因素在外籍教师不同满意度中的差异，如住宿情况和在苏州工作时长的p值为0.10和0.90（$p>0.05$表示差异不显著）。由此可以推断出，目前住宿支持情况良好，没有对外籍教师的满意度产生影响。在苏工作的不同时长在满意度上没有表现出显著差异，由此可以推断出，在苏工作时长没有对外籍教师满意度产生显著影响。

5. 新冠病毒感染疫情防控对在苏外籍教师生活的影响

有关新冠病毒感染疫情防控的调查结果（图 11）显示，多数外籍教师受到的影响为旅行困难，占比为 86.90%，比例最高；其次是面临与家人分离的困扰，占比为 71.90%；同时教学低效带来的困扰也占一定的比例，为 36.10%，补贴不足和其他影响占据的比例不是很大，分别为 18.40% 和 14.20%。这说明新冠病毒感染疫情防控给外籍教师的生活带来的最大影响为出行受阻，与家人分离也是出行不便导致的结果之一。

图 11　2021—2022 年度苏州市外籍教师（调研参与人员）受新冠病毒感染疫情影响类型占比汇总

对开放式问题的调查数据进行主题分析的结果（图 12），进一步支持了问卷的结果。比较可观的是大部分外籍教师（61.34%）在生活上是没有困难的。除此之外，最大的困难是新冠病毒感染疫情防控带来的限制与出行困难，出行困难还包括没有机场。还有几个出现频次比较高的答案分别是"语言障碍""文化冲突"，还有医疗健康、娱乐与住宿方面的困难。

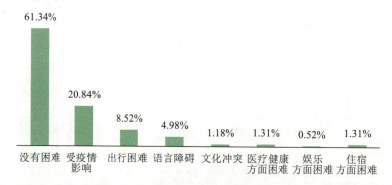

图 12　2021—2022 年度苏州市外籍教师（调研参与人员）在苏生活困难类型占比汇总

四、结论与建议

（一）管理优势

总体而言，本次调研报告的结果显示，学校在很多方面对于外籍教师的支持和管理是有效合理的。在管理方面，90% 以上的受聘外籍教师的教育程度为本科，硕士研究生和博士研究生也占据一定比例；绝大多数外籍教师都具有不少于一个的教学资格证书，有的甚至有多个证书，具有足够的教学资质。这说明学校在招聘外籍教师的过程中进行了严格的筛选。在服务支持方面，外籍教师对于学校的反馈也是积极的，比如在住宿方面，大部分学校都给予了不同形式的支持。在生活服务方面，外籍教师绝大多数认可了行政支持、生活服务支持和工作支持，没有得到支持的人数仅占1%。学校在这些方面可以继续保持和完善。

（二）存在的问题及困难

调查分析报告的结果也显示出一些问题。满意度调查的结果显示，大部分外籍教师的反馈中"一般"最多，还有一定比例的"不满意""非常不满意"。

这是由多种因素造成的，其中区域因素、学校开展文化活动的频次、学校开展专业培训的频次在外籍教师不同满意度方面的比例差异显著，对两周一次的培训频率和文化活动频次，外籍教师的满意度为"非常满意"和"满意"，但是两周开展一次专业培训的占比只有9%，每两周开展一次文化活动的占比只有2%，由此可推证，开展文化活动和专业培训的频次有很大可能与外籍教师满意度正相关。这说明开展文化活动和专业培训的频次不足是造成多数外籍教师满意度为"一般"的主要原因。

与此同时，由于受新冠病毒感染疫情影响，多数外教面临着出行不便和与家人分隔的困扰，还存在语言障碍、文化冲突等问题，也值得引起重视。

（三）建议及改进思路

各学校应继续保持对外籍教师的现有支持与管理，在给予基本保障服务之外，多开展专业培训及文化活动来提升外籍教师在苏州工作的满意度。

开展专业培训的频次对外籍教师不同程度满意度的影响差异较为明显，开展专业培训频次越高，满意度越高，这说明外籍教师对于专业发展非常重视。学校要加强与外籍教师的沟通，深入了解外籍教师对专业提升和主题培训的需求，有针对性地开展培训，提高专业培训的质量，增加开展专业培训的频次。

举办文化活动的频次在外籍教师不同满意度的影响程度分布出现了显著差异，文化活动频次越高，满意度越高。外籍教师喜爱的文化活动的调查结果显示，苏州园林、中国节日和苏州美食非常受欢迎，因此可以围绕这三个主题开展多元文化活动，如开展园林体验活动，在中国传统节日组织外籍教师了解相关文化知识与参与沉浸式体验活动，举办苏州美食相关活动，增强外籍教师体验民俗文化活动的参与感和认同感。

与此同时，对于调研中受关注度较低的丝绸文化与苏扇文化，可进一步通过访谈的方式了解受喜爱度低的原因，若是因为接触机会少或了解程度低，则可以开发创新传播模式开展普及式文化活动。例如，邀请传统手艺人介绍文化背景故事，带领外籍教师走进丝绸基地或苏扇手工厂参观丝绸与苏扇的制作流程。外籍教师对中国文化认知的进一步拓展，可以从文化角度增强他们在苏州生活的参与度与归属感。

另外，新冠病毒感染疫情作为不可抗力因素，对外籍教师群体有较大程度的影响。各学校应加强对外籍教师在生活层面的关注与帮助，建立有效的应对措施与沟通渠道，使外籍教师了解并理解各项防疫措施，在保证外籍教师健康安全的同时，提升其在苏州的社会参与感与责任感。

五、结束语

以全球视野纵观时代大局，新一轮的国际竞争已然蓄势待发，而国际教育的建设正成为中国教育对外开放的重要组成部分。外籍教师作为中国教育对外开放中一个不可或缺的群体，其生活体验会影响工作和教学，影响学生的健康成长，同时影响世界对于中国的理解。从调研的结果来看，虽然外籍教师管理整体规范、水平较高，但仍存在值得改进之处，本次调研报告提供了较为明确的指导方向，教育主管部门和各学校应对此有所重视并进行有针对性的应对。希望以本次调研为契机，苏州市通过加强与外籍教师的交流与合作，将国际视野真正融入苏州教育，为苏州学子未来面对国际社会的挑战做准备，同时传播中国传统文化，在世界舞台讲好中国故事。

（本文由苏州市教育局国际合作与交流处提供，撰稿人：王静芝、法竟、崔程）

苏州市吴江区小学生线上学习适应水平的调查研究

一、引言

在中国知网分别用"线上""教学""调查",以及"线上""学习""调查"两组主题关键词进行文献检索,结果显示,截至 2019 年,相关文献的发表量以缓慢速度逐年增加。从 2020 年开始,相关文献的发表量呈现出井喷式增长(图 1)。随着新冠病毒感染疫情防控期间全国范围内线上学习的开展,线上教学与学习问题成为热门研究内容。

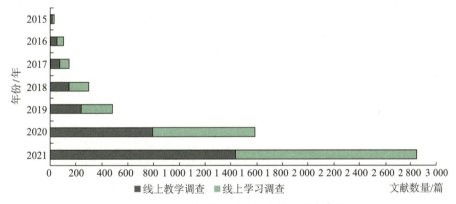

图 1 线上教学与学习相关问题的文献发表量

在 2020 年与 2021 年的总计 4 400 多篇文献中,涉及小学线上教学与学习的文献约为 290 篇,占比仅为 6.59%。由此可见,当前针对小学阶段线上教学与学习的研究十分缺乏。与之相对的是小学教师、学生与家长对提升线上教学与学习有效性的迫切需求。

众多研究表明,由于首次如此密集地进行线上课程学习,学生在学习自主性和控制力上面临诸多挑战,还出现了困惑、焦虑、沮丧甚至厌学、倦怠等负面情绪,学习效果难以保证。[①] 这些问题反映出学生适应线上学习的普遍心理困难现象。在线学习对个体

---

① 蔡红红. 教师在线教学准备与学生学习效果的关系探究:学习者控制与学业情绪的中介作用 [J]. 华东师范大学学报(教育科学版),2021,39(7):27-37.

的自主性、自我控制和自我调节能力的要求都较高。① 小学生的心智能力发展普遍不足，需要教师和家长的支持与帮助，但对于应该提供何种程度的支持与帮助尚缺乏相关的研究。因此，有必要通过实证研究，明确影响学生线上学习适应水平的相关因素。

本研究基于苏州市吴江区小学生的线上学习现状，依据文献资料自主编制小学生线上学习适应水平量表，并分析影响线上学习适应水平的各种因素。通过实证研究方法形成研究结论，提出提升小学生线上学习适应水平的建议，为一线教师提供教学实施策略，为市、区教育行政部门提供教育决策依据。

二、文献综述与研究假设

有学者研究了教师线上支持与学生学习效果的关系②，也有学者研究了家长投入对学生学业成绩的影响③，还有学者针对学生的学习态度、投入动机与学业成绩的关系展开研究④。但需要指出的是，上述研究都是基于一个群体展开的。学校环境下的现场学习转移到家庭环境下的线上学习，改变了学生的学习方式，也改变了教师、家长对学生学习的支持方式。在线上学习过程中，三个群体（教师、学生、家长）都有可能对小学生的线上学习适应水平造成影响。因此，有必要从学生的学习态度、学生的自我调节、教师支持、家长支持四个方面展开研究，分析对学生线上学习适应水平造成影响的外部和内部因素。

学习态度是学习者对学习的较为持久的肯定或否定的内在反应倾向，是影响学习效果的一个重要因素。⑤ 因此，学生在线上学习过程中表现出来的亲近或者抗拒倾向，成为他们是否有意愿主动适应线上学习环境的内在条件。学习态度是可以改变的。⑥ 这种

---

① 蔡红红. 教师在线教学准备与学生学习效果的关系探究：学习者控制与学业情绪的中介作用 [J]. 华东师范大学学报（教育科学版），2021，39（7）：27-37.
② 蔡红红. 教师在线教学准备与学生学习效果的关系探究：学习者控制与学业情绪的中介作用 [J]. 华东师范大学学报（教育科学版），2021，39（7）：27-37.
③ 马虹，姚梅林，吉雪岩. 家长投入对中小学生学业投入的影响：有中介的调节模型 [J]. 心理发展与教育，2015，31（6）：710-718.
④ 王爱平，车宏生. 学习焦虑、学习态度和投入动机与学业成绩关系的研究：关于《心理统计学》学习经验的调查 [J]. 心理发展与教育，2005（1）：55-59，86.
⑤ 王爱平，车宏生. 学习焦虑、学习态度和投入动机与学业成绩关系的研究：关于《心理统计学》学习经验的调查 [J]. 心理发展与教育，2005（1）：55-59，86.
⑥ J. L. 弗里德曼，D. O. 西尔斯，J. M. 卡尔史密斯. 社会心理学 [M]. 高地，高佳，等译. 哈尔滨：黑龙江人民出版社，1984：321-430.

改变是否受到学生的自我调节、教师的支持及家长支持等因素影响,是一个值得研究的问题。由此,提出以下假设:

① H1:学习态度对适应水平有显著正向影响。

② H2:自我调节对学习态度有显著正向影响

③ H3:教师支持对学习态度有显著正向影响。

④ H4:家长支持对学习态度有显著正向影响。

自我调节属于元认知范畴。学生在学习中通过自我调节,进行自我监督、自我检查、评价,从而肯定、发展正确的行为,发现和改正错误或不良行为,使自己的认知活动得到调整和改善。[①] 不同年龄的学生在学习自我调节上也存在差异,年龄大的学生能更好地调节学习,但是我们对社会及学校环境中儿童的学习自我调节能力却知之甚少。[②] 自我调节能提高学生的学习效率,但它是否能提升学生的线上学习适应水平,成为一个有待研究的问题。另外,有必要进一步研究教师支持和家长支持是否会提升学生的自我调节能力。因此,提出如下假设:

① H5:自我调节对适应水平有显著正向影响。

② H6:教师支持对自我调节有显著正向影响。

③ H7:家长支持对自我调节有显著正向影响。

在进入线上学习之后,师生之间存在的空间距离,使得教师对学生学习的支持行为失去了时效性。已有研究证明,教师给学习者提供行为、策略等方面的支持和帮助,有助于增强学习者的社会存在感,并提升学习者的学习投入水平。[③] 我们有必要探讨线上学习环境下教师支持的具体方式是否会对学生的线上学习适应水平产生影响,同时是否会对家长支持产生影响。因此,提出如下假设:

① H8:教师支持对适应水平有显著正向影响。

② H9:教师支持对家长支持有显著正向影响。

受制于小学生认知与行为发展方面的不成熟性,在子女进行线上学习的过程中,家长对子女的支持将变得更直接,也更具重要性。有研究表明,在线学习过程中教师与家长的职责发生了明显的转变——教师担任远程监控的角色,家长则近距离且全程对子女

---

① 韩蔓莉. 元认知的自我意识和自我调节 [J]. 内蒙古师范大学学报(哲学社会科学版), 2000(2): 104-107.

② 方平, 李凤英, 姜媛. 小学生自我调节学习的特点 [J]. 心理科学, 2006(3): 541-545.

③ Shea, P., Bidjerano, T. Community of inquiry as a theoretical framework to foster "epistemic engagement" and "cognitive presence" in online education[J]. *Computers & Education*, 2009, 52(3): 543-553.

的学习进行监督和陪同。① 然而，家长对子女教育的投入方式与原先相比并未发生较大的改变。② 此处的投入即为家长对子女进行线上学习的外部支持方式。现有研究指出，家长在线上学习环境下对子女的教育投入，会对子女的学业倦怠产生影响。③ 我们有必要研究小学阶段的家长支持方式，从而明确家长支持与学生的线上学习适应水平之间的关系。因此，提出如下假设：

H10：家长支持对适应水平有显著正向影响。

为探讨上述假设，本研究提出了小学生的线上学习适应水平影响因素假设模型，如图 2 所示。

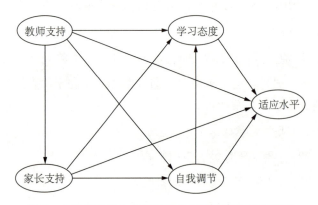

图 2　小学生的线上学习适应水平影响因素假设模型

三、研究设计

（一）研究对象

本研究以苏州市吴江区公办和民办小学中三年级至六年级的学生为研究对象。通过"问卷星"平台发放在线问卷，最终共回收 19 799 份问卷，剔除重复问卷、答题时间过短或过长的三类无效问卷共 3 221 份，剩余有效问卷 16 578 份，有效问卷率为 83.73%。

---

① 王晶莹，杨伊. 中小学生在线学习行为的混合研究：缘起、图景与机制［J］. 现代远距离教育，2020（6）：60-68.
② 赵丽，柳月，沈书生. 在线学习中家长投入对其感知子女学业倦怠的影响：江苏省中小学在线教学调查研究报告之二［J］. 华东师范大学学报（教育科学版），2022，40（4）：29-42.
③ 赵丽，柳月，沈书生. 在线学习中家长投入对其感知子女学业倦怠的影响：江苏省中小学在线教学调查研究报告之二［J］. 华东师范大学学报（教育科学版），2022，40（4）：29-42.

通过SPSS 26.0和SPSS AMOS 26.0软件对调研数据进行处理和分析。有关样本统计如表1所示。

表1 样本统计（N=16 578）

变量名	选项	N	百分比	变量名	选项	N	百分比
性别	女	7 835	47.3%	年龄	9周岁	3 138	18.9%
	男	8 743	52.7%		10周岁	5 092	30.7%
独生子女	是	5 167	31.2%		11周岁	4 029	24.3%
	否	11 411	68.8%		12周岁	3 473	21.0%
学校类型	公办城区	6 661	40.2%		13周岁	846	5.1%
	公办乡镇	9 599	57.9%				
	民办	318	1.9%				

（二）研究工具

本次问卷由学习态度量表、自我调节量表、教师支持量表、家长支持量表和适应水平量表五个分量表组成。

1. 学习态度量表

基于陶德清的《学习态度调查问卷》[1]，并结合王爱平等人的《〈心理统计学〉学习经验问卷》中有关学习态度的量表题[2]，从情绪与行为两个维度设计学习态度量表，共包含5个题目，"1—5"正向计分，分数越高表示学生在线上学习过程中学习态度越积极。

2. 自我调节量表

依据Ryan & Connell编制的 *The Self-Regulation Questionnaires*[3]，同时参照方平等人的《学业自我调节问卷》[4]，编制成自我调节量表，包含7个题目，"1—5"正向计分，分数越高表示学生在线上学习过程中自我调节水平越高。

---

[1] 陶德清. 中小学生学习态度的主优势型模式分析[J]. 心理发展与教育, 1998（3）: 34-38.

[2] 王爱平, 车宏生. 学习焦虑、学习态度和投入动机与学业成绩关系的研究：关于《心理统计学》学习经验的调查[J]. 心理发展与教育, 2005（1）: 55-59, 86.

[3] Ryan, R.M., Connell, J.P. Perceived locus of causality and internalization: examining reasons for acting in two domains[J]. *Journal of Personality and Social Psychology*, 1989(57): 749-761.

[4] 方平, 李凤英, 姜媛. 小学生自我调节学习的特点[J]. 内蒙古师范大学学报（哲学社会科学版）, 2000（2）: 104-107.

3. 教师支持量表

根据刘斌等人的《在线学习者感知的教师支持问卷》①，从学业支持与情感支持两个维度编制教师支持量表，包含 7 个题目，"1—5"正向计分，分数越高表示在线上学习过程中教师对学生的支持力度越大。

4. 家长支持量表

依据马虹等人编制的《家长投入问卷》② 中的部分内容，结合学生线上学习的特征，从学业支持、环境支持和健康支持三个维度编制家长支持量表，包含 6 个题目，"1—5"正向计分，分数越高表示在线上学习过程中家长对子女的支持力度越大。

5. 适应水平量表

根据周步成的《学习适应性测验手册》③ 中的有关量表，以及陈英豪等人的《学习适应性量表》④，从学习适应和生活适应两个维度编制线上学习适应水平量表，包含 5 个题目，"1—5"正向计分，分数越高表示学生的线上学习适应水平越高。

对各个分量表的信度与效度指标进行检测，结果如表 2 所示。样本量较大（N = 16 578）会影响卡方值，因此不依靠卡方值和自由度来评估量表效度。

表 2 量表信度与效度检验

量表	信度	效度							
	α 系数	χ^2	df	RMSEA	SRMR	TLI	CFI	GFI	AGFI
学习态度	0.867	119.971	4	0.042	0.012	0.993	0.997	0.977	0.989
自我调节	0.901	765.870	12	0.062	0.016	0.981	0.989	0.987	0.969
教师支持	0.840	983.808	11	0.073	0.023	0.957	0.977	0.984	0.958
家长支持	0.771	296.270	7	0.500	0.014	0.978	0.990	0.994	0.982
适应水平	0.913	41.558	2	0.035	0.005	0.996	0.999	0.999	0.992
建议值	>0.7			<0.08	<0.08	>0.9	>0.9	>0.9	>0.9

检测结果显示，5 个分量表的信度与效度指标均在建议值范围内，各个分量表具有良好的信度与效度。

---

① 刘斌，张文兰，刘君玲. 教师支持对在线学习者学习投入的影响研究［J］. 电化教育研究，2017，38（11）：63-68，80.

② 马虹，姚梅林，吉雪岩. 家长投入对中小学生学业投入的影响：有中介的调节模型［J］. 心理发展与教育，2015，31（6）：710-718.

③ 周步成. 学习适应性测验手册（AAT）［M］. 华东师范大学心理学系，1992.

④ 陈英豪，林政，李珅崇. 学习适应性量表［M］. 台北：心理出版社有限公司，1991.

四、数据分析

(一) 描述性统计与相关性分析

学习态度、自我调节、教师支持、家长支持与适应水平5个变量的描述性统计与相关分析结果如表3所示。从中可以看出,学生线上学习的适应水平的均值为3.47,处于基本适应水平,学生对获得教师支持($M=3.89$)和家长支持($M=3.84$)的期望较高,对于自己的学习态度的认可度($M=3.18$)及自我调节($M=3.22$)水平相对较低。

表3 变量的描述统计性统计与相关性分析

变量	M(均值)	SD	学习态度	自我调节	教师支持	家长支持
学习态度	3.18	0.83				
自我调节	3.22	0.81	0.784**			
教师支持	3.89	0.56	0.425**	0.466**		
家长支持	3.84	0.55	0.390**	0.432**	0.626**	
适应水平	3.47	0.87	0.794**	0.814**	0.462**	0.422**

注:**在0.01级别(双尾),相关性显著。

在学习态度部分的量表问卷中,学生对进行线上学习时的成绩满意度较低($M=2.93$),学生在制订学习计划上的得分也偏低($M=2.97$)。在自我调节部分的量表问卷中,"回看视频"的得分最低($M=2.92$),"在学习中做笔记"的得分最高($M=3.46$)。在教师支持部分的量表问卷中,"作业能帮助学生更好地掌握新知识"得分最低($M=3.66$),"老师应该教给学生线上学习方法"的得分最高($M=4.06$),其次是"老师应该告知学生学习目标、重点和难点"。在家长支持部分的量表问卷中,"家长陪伴子女学习"的得分最低($M=3.20$),"提供整洁安静的学习场所"的得分最高($M=4.19$)。在适应水平部分的量表问卷中,"保持规律的作息时间"得分最低($M=3.31$),"每次按时完成作业"的得分最高($M=3.71$)。

(二) 路径分析模型的拟合度检验

本研究对小学生线上学习适应水平影响因素假设模型进行检验,模型的拟合度检验的具体数值如表4所示。研究使用的样本量较大（$N=16\,578$），会导致卡方值膨胀，因此不采用卡方值来判断模型的拟合度。检验结果表明，各项指标均在建议值范围内，说明模型的拟合度良好，适用于本研究。

表4 模型的拟合度检验结果

检验指标	χ^2	df	RMSEA	SRMR	TLI	CFI	GFI	AGFI
数值	16 105.573	384	0.050	0.057	0.940	0.947	0.935	0.921
建议值			<0.08	<0.08	>0.9	>0.9	>0.9	>0.9

（三）路径系数分析结果

图3所示的模型标准化路径系数表明，学习态度（$\beta=0.438$，$p<0.001$）、自我调节（$\beta=0.476$，$p<0.001$）、教师支持（$\beta=0.042$，$p<0.01$）和家长支持（$\beta=0.041$，$p<0.01$）均能显著影响学生线上学习的适应水平，假设H1、H5、H8和H10成立。自我调节（$\beta=0.925$，$p<0.001$）能显著影响学生的学习态度，假设H2成立。教师支持（$\beta=-0.005$，$p>0.05$）和家长支持（$\beta=-0.011$，$p>0.05$）负向影响学生的学习态度，假设H3、H4不成立。教师支持（$\beta=0.383$，$p<0.001$）和家长支持（$\beta=0.179$，$p<0.001$）能显著影响学生的自我调节水平，假设H6和H7成立。教师支持（$\beta=0.842$，$p<0.001$）能显著影响家长支持，假设H9成立。

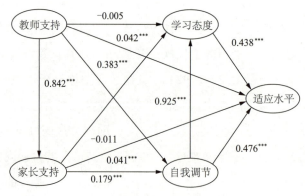

图3 模型标准化路径系数

各路径的直接效应量、间接效应量和总效应量如表5所示。学习态度对适应水平有完全直接作用，效应量为0.438；自我调节对适应水平有直接作用，效应量为0.476，并通过学习态度对适应水平有间接作用，效应量为0.405；教师支持和家长支持对适应水平主要起到间接作用，直接作用较为微弱；自我调节对学习态度具有完全直接作用，效应量为0.925；教师支持对家长支持具有完全直接作用，效应量为0.842；教师支持、家长支持均对学习态度有间接作用，均对自我调节有直接作用。

表5 路径效应量分析表

路径分析	作用效果		
	直接效应	间接效应	总效应
教师支持→学习态度	-0.005	0.484	0.479
教师支持→适应水平	0.042	0.499	0.541
教师支持→自我调节	0.383	0.151	0.534
教师支持→家长支持	0.842	0	0.842
家长支持→学习态度	-0.011	0.166	0.155
家长支持→适应水平	0.041	0.153	0.195
家长支持→自我调节	0.179	0	0.179
自我调节→学习态度	0.925	0	0.925
自我调节→适应水平	0.476	0.405	0.881
学习态度→适应水平	0.438	0	0.438

五、相关结论

一方面，学生对于线上学习的学业成绩要求较高；另一方面，学生线上学习效果低于在校学习。同时，学生缺乏提升学业水平的有效方法。因此，教师在线上教学中需要对学生做出正确引导。

学生能将在校学习方法运用到线上学习中，这被认为是学习策略的有效迁移。学生对"回看视频"的认同度偏低，但这并不足以证明他们观看一次视频后就掌握了新知识。从刻意练习的学习观点来分析，回看教学视频应是一种有效的学习策略。教师应该有目的地指导学生在关键节点回看视频，或者引导学生在完成作业的过程中再次观看视频，以此强化学生对新知识的掌握。

教师需要改变基于线下教学环境的作业形式，应与线上学习的特点结合起来，从作业目标、作业形式、作业内容、作业完成方式等多个方面做出创新设计。另外，教师应提供适用于学生的导学案或学历案，同时教给学生进行线上学习的方法，帮助学生完成从线下到线上的转变。

学生在在线学习的过程中更希望处在一种具有独立性和自主性的学习氛围之中。因此，家长应给予子女更多的自由时间，让他们逐步掌握独立学习与生活的技能。学生作息时间不规律与不善于制订学习计划具有很大的关联性，教师和家长应加强这方面的指导，帮助学生制订合理的学习计划。学习态度对适应水平具有直接作用，而自我调节对学习态度存在极强的直接作用，因此通过教给学生元认知知识，培养学生线上学习的自我调节能力，对提升学生线上学习适应水平具有极其重要的作用。

教师支持和家长支持对学生的学习态度产生负向影响，这是值得关注的问题。教师和家长有必要注意自己在教育过程中的言行举止，不应过多说教，而应通过平等交流、共同活动等方式，间接影响学生的线上学习态度。教师支持对家长支持的完全直接作用表明，家访可能是一种积极策略，但家访不仅仅是告知家长其孩子线上学习的学业成绩，更关键的是要提供处理亲子关系的有效方法。

六、相关建议

（一）提升内驱力是促进学生适应线上学习的关键因素

教师支持和家长支持属于影响学生线上学习适应水平的外在因素，学习态度与自我调节为内在因素。其中，起关键作用的是内在因素，而外在因素的影响相对较小。因此，想要提升学生的线上学习适应水平，教师和家长就不能只关注学生的学业成绩与知识获取，更要提升学生学习的内驱力，促使学生积极主动地开展线上学习。

（二）教师应成为学生线上学习的策略指导者

进入线上教学环境，教师失去了对学生的直接导控能力，学生对教师布置的任务的完成程度依赖于学生的学习态度和自我调节能力。虽然教师支持不能强烈影响学生的学习态度，但可以提升学生的自我调节能力，这是间接促进学生线上学习的路径。因此，教师有必要强化听课笔记、反思、课间活动等线上学习的调节策略。另外，教师要为家长提供指导子女进行线上学习的相关策略，引导家长处理好亲子关系，以帮助家长减轻线上教学带来的焦虑。

（三）家长应适度参与子女的线上学习

家长应适度参与子女的线上学习。所谓适度，就是需要分清哪些事情可以参与，哪些事情不应参与。家长应减少参与子女线上学习中的听课、作业等环节，将学习自由还给子女，让其在摸索中逐步提升线上学习能力。家长应更多地参与子女的课后活动，与子女共同开展家务劳动、体育锻炼，丰富子女线上学习期间的实践活动，这是提升学生自我调节水平的有效策略。

（本文由苏州市吴江区教育局办公室提供，撰稿人：朱高峰、宋佳音、徐丹婷）

苏州市中小学生阅读能力评估与研究

一、引言

阅读能力是个体成长和发展的重要基础。2021 年,教育部等部门联合印发《义务教育质量评价指南》,提出应完善义务教育质量评价体系,并明确指出阅读理解能力是评价体系的关键指标之一。因此,培养学生的阅读能力已成为中小学语文教学的核心使命。从个体、家庭和学校三个维度对学生阅读能力的影响因素进行探究,有助于教师和家长精准施策,运用合理有效的方法帮助学生培养阅读兴趣,提升阅读能力。本研究有针对性地调研并分析了苏州市中小学生阅读能力现状及影响因素,对于提升苏州市中小学生的阅读能力素养、促进中小学生的学业水平发展、完善义务教育质量评价体系均具有重要意义。

本研究面向苏州市五年级和七年级学生开展调研工作,样本涉及苏州市下辖 5 个区和 4 个县级市内共计 18 所中小学,共有 5 094 名学生及家长参与了此次调研。首先,本研究以《义务教育阶段语文课程标准》(2011 年版)为依据,分别编制了五年级和七年级学生语文阅读能力测评问卷;其次,对苏州市中小学语文教师进行了深入的访谈,涉及多位苏州市语文学科带头人。在此基础上,我们借鉴国际阅读评价体系(PISA、PIRLS、NEAP),最终编制了针对不同年级学生及家长的四套调研问卷,然后对抽样学校开展阅读能力测评及问卷调查工作,最后结合调研访谈信息及评估调查数据,运用定量分析方法撰写报告。

二、研究内容和研究方法

(一)研究内容

为有针对性地调研并分析苏州市中小学生阅读能力现状及影响因素,本研究面向苏州市五年级和七年级学生开展调研评估工作。评估依据《义务教育语文课程标准》

(2011年版)对各学段学生阅读能力的具体要求进行，同时借鉴国际阅读评价体系，结合中国学生实际情况，对中国学生的阅读能力进行客观评价与展示。

本次评估内容包括篇章阅读评估、整本书阅读评估、古诗文阅读评估和非连续文本阅读评估四个评估模块及一个问卷调查模块。具体考查内容有：文学性文本主要考查学生对作品内容的整体感受，关注学生对作品中的形象、情感、语言的领会和理解，以及对作品内容和形式的理解与评价；说明性文本主要考查学生对主要事实、观点的把握，对概念、原理、事物特征等的理解和解释；古诗文阅读考查学生阅读古代诗词、浅易文言文的能力；非连续文本重点考查学生阅读非连续文本时，从中提取、整合信息，获取自身需要的信息，并且对信息加以判断与运用的能力；经典名著赏析重点考查学生阅读中外经典名著，感受作品中生动的人物形象和优美的语言，由此产生独特的情感体验和领悟作品内涵的能力。同时，对五年级和七年级学生的阅读行为、阅读策略、家庭阅读氛围、学校阅读教学活动等因素进行分析，调查学生阅读能力发展情况。

基于苏州市中小学生阅读能力评估数据及现状报告，为进一步提升苏州市中小学生语文教育教学水平，本研究分别从学生、家长和学校三个层面给出具体可操作的阅读提升建议。

（二）研究方法

本研究综合使用访谈法、问卷调查法、比较研究法等多种研究方法，以实现对苏州市中小学生阅读能力的精准测量和科学评估。

1. 访谈法

研究组成员与苏州市中小学生、语文教师、学校教学负责人及地区学科负责人展开深入访谈。教师受访者均为深耕语文教学的学科带头人，其中不乏江苏省科研工作先进个人、苏州市教学质量监测工具测评专家等在阅读教学研究方面已颇有建树的教师。

2. 问卷调查法

本研究首先依据苏州市中小学生阅读教与学现状设计调查问卷，依据评估大纲及全国范围评估标准研发评估问卷，初稿完成后进行小范围试调查，根据试调查结果调整调研问卷及测评问卷后定稿。与此同时，同步开展科学抽样的相关工作。在苏州市教育局的支持下，研究组在苏州市下属5个区和4个县级市内展开了科学抽样。在各中小学教育教学负责人的积极帮助下，共有18所中小学、5 094名学生及家长参与了调研，评估保质保量、按时有序完成。随后，研究组将数据录入北京大学教育基金会资助研发的"阅读能力在线评估平台"，由评估平台根据评估规则进行分数计算与汇总。

3. 比较研究法

本研究首先对苏州市中小学生阅读能力进行测评，评估各层次水平学生的阅读能力情况及与全国水平的对比差异；其次依据评估情况出具苏州市中小学生阅读能力报告，以对比和揭示苏州范围内中小学生阅读能力的校际差异、校内差异及影响因素。

三、研究结果

（一）中小学生阅读能力概览①

1. 苏州市中小学生阅读能力整体表现高于全国水平

（1）小学生阅读能力平均分均高于全国平均分

从量尺分数看，五年级学生的总体阅读能力平均分为 64.28 分，高于全国平均分 8.22 分；获取信息能力的平均分为 65.90 分，高于全国平均分 7.75 分；整体感知能力的平均分为 62.67 分，高于全国平均分 4.56 分；做出评价能力的平均分为 69.96 分，高于全国平均分 8.92 分；形成解释能力的平均分为 58.94 分，高于全国平均分 13.13 分；创意运用能力的平均分为 63.94 分，高于全国平均分 6.77 分。（图 1）

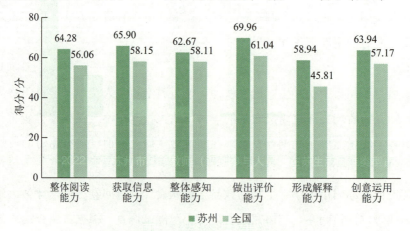

图 1　五年级学生的阅读能力平均分的比较②

---

① 该部分内容主要围绕学生自身阅读能力（因变量）进行概述及特征描述，仅呈现学生层面的现状与特征。同时，对于不同家庭特征和学校特征对学生阅读能力的影响，在下文小学生阅读能力"影响因素"与"影响路径"两部分有充分的讨论。

② "全国水平"为基于全国近三年 150 万余名中小学生的评估数据计算得出。历次评估基于项目反应理论进行设计，实现了试题间、年级间的数据可比性。

（2）初中生阅读能力平均分均高于全国平均分

从量尺分数看，七年级学生的总体阅读能力平均分为 67.45 分，高于全国平均分 3.30 分；获取信息能力的平均分为 74.74 分，高于全国平均分 2.80 分；整体感知能力的平均分为 62.72 分，高于全国平均分 4.59 分；做出评价能力的平均分为 72.25 分，高于全国平均分 6.17 分；形成解释能力的平均分为 68.57 分，高于全国平均分 2.89 分；创意运用能力的平均分为 59.96 分，高于全国平均分 1.01。（图 2）

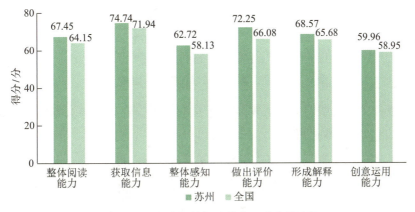

图 2　七年级学生的阅读能力平均分的比较

2. 苏州市中小学生的各文本类型阅读正答率均高于全国水平，中、小学生有所差异

（1）小学生各文本类型阅读正答率均高于全国阅读水平；文学性阅读文本正答率最高，古诗文文本阅读正答率最低

在文学性文本的阅读上，五年级学生的正答率为 74.48%，高于其他文本类型的正答率；在说明性文本的阅读上，五年级学生的正答率为 64.99%，高于全国水平 14.81 个百分点，是全部文本类型中正答率领先全国水平最多的一项；五年级学生在非连续性文本和经典名著赏析上的阅读正答率分别达到 65.91% 和 67.31%，而在古诗文文本上的阅读正答率相较其他类型更低，仅有 50.52%。（图 3）

图 3　小学生文本类型阅读正答率的比较

（2）初中生各文本类型阅读正答率均高于全国水平；经典名著文本阅读正答率最高，古诗文文本阅读正答率最低

在经典名著赏析的阅读上，七年级学生的正答率为 81.90%，高于其他文本类型的正答率，同时高于全国水平 12.08 个百分点，是全部文本类型中正答率领先全国水平最多的一项；七年级学生在文学性文本、说明性文本和非连续性文本上的阅读正答率分别达到 70.03%、67.89% 和 64.62%，而在古诗文文本上的阅读正答率相较其他类型更低，仅有 50.75%。（图 4）

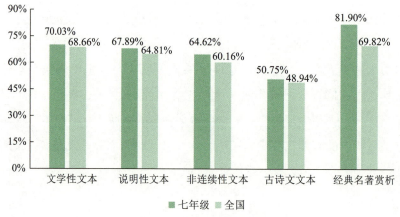

图 4　初中生文本类型阅读正答率的比较

3. 苏州市中小学生阅读能力仍存在较大的校际差异，且以具有中等阅读能力的学生为主

学生阅读能力水平的总体差异可分为校间差异和校内差异，它们分别反映了学校之间和校内学生之间成绩的不平衡状态。本部分聚焦学生阅读表现的校内均衡状况，主要

呈现同一所学校内部学生之间的差异,即校内差异。本报告采用"校内差异占总体差异的比例"(以下简称"校内差异")来反映学校内教育质量的均衡状况。校内差异较小,即各学生的平均分分布比较集中,说明学校内部学生的阅读能力水平相差不大,校内教育质量均衡状况较好;校内差异较大,即各学生的平均分分布比较分散,说明学校内部学生的阅读能力水平相差较大,校内教育质量均衡状况较差。

为了清晰地阐释校内差异与阅读能力表现的关系,本报告呈现了参测学校的学生阅读能力表现与校内差异的散点图①。从各年级校内差异和阅读能力分布情况来看,五年级学生所属的学校处在"校内差异较大,阅读成绩中等"区域内的数量最多,一共6所;其次为"校内差异中等,阅读成绩较高"和"校内差异较大,阅读成绩较低"区域,各2所(图5)。七年级学生所属的6所学校全部处于"校内差异较大,阅读成绩中等"区域(图6)。

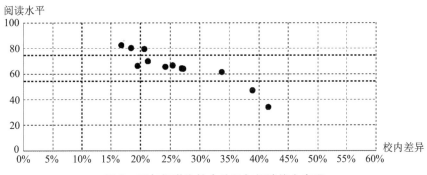

图5 五年级学生校内差异与阅读能力表现

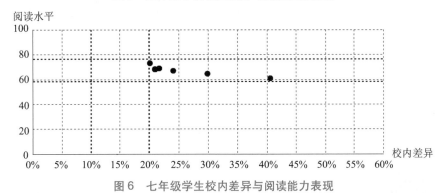

图6 七年级学生校内差异与阅读能力表现

---

① 图中各圆点代表本次活动参测学校,图中横向两条粗虚线分别代表所有参测学校的阅读平均成绩上下1个标准差;纵向的两条粗虚线,左边一条代表校内差异较小的临界值(10%),右边一条代表校内差异较大的临界值(20%)。这四条线将所有参测学校从上到下、从左到右依次划分为"校内差异较小,阅读能力表现较好""校内差异小,阅读能力表现中等""校内差异较小,阅读能力表现较低""校内差异中等,阅读能力表现较好""校内差异中等,阅读能力表现中等""校内差异中等,阅读能力表现较低""校内差异较大,阅读能力表现较好""校内差异较大,阅读能力表现中等""校内差异较大,阅读能力表现较低"9个区域。

（二）中小学生阅读能力特征差异

在学生层面，由于个人特征不同，中小学生阅读能力特征呈现群体差异，同时在阅读习惯、阅读方法、阅读投入和阅读动机上，群体差异显著。在家庭层面，由于家庭背景、亲子活动、教育投入、生活状态不同，中小学生阅读能力特征的群体差异显著。在学校层面，在不同的教师特征、教学行为、校园活动和校园资源条件下，中小学生阅读能力特征有差异。

1. 小学生阅读能力的群体差异

（1）在阅读时有标记习惯的小学生的阅读能力显著更强

在"经常圈画"这一阅读方法上存在差异的小学生在整体阅读能力和各能力维度上的表现存在显著差异，并在1%的置信水平上显著。经常圈画的小学生比不经常圈画的小学生在总体阅读能力分均值上高出10.51分（表1）。

表1 小学生阅读能力的阅读方法差异——经常圈画

能力	经常画圈	不经常画圈	T值	p值
整体阅读能力	84.74	74.23	8.09	0.00***
获取信息能力	17.28	15.10	6.31	0.00***
整体感知能力	16.51	14.22	6.72	0.00***
做出评价能力	21.86	19.48	6.69	0.00***
形成解释能力	12.44	10.59	6.56	0.00***
创意运用能力	16.66	14.84	5.32	0.00***

注：*表示$p<0.1$，**表示$p<0.05$，***表示$p<0.01$。

（2）在阅读时摘抄好词佳句的小学生的阅读能力显著更强

在摘抄好词佳句这一阅读方法上存在差异的小学生在整体阅读能力和各能力维度上的表现存在显著差异，并且在1%的置信水平上显著。摘抄好词佳句的小学生比不摘抄的小学生在总体阅读能力分均值上高出8.26分（表2）。

表2 小学生阅读能力的阅读方法差异——摘抄好词佳句

能力	摘抄好词佳句	不摘抄好词佳句	T值	p值
整体阅读能力	83.30	75.04	5.59	0.00***
获取信息能力	17.00	15.19	4.65	0.00***
整体感知能力	16.17	14.48	4.36	0.00***
做出评价能力	21.52	19.72	4.49	0.00***

续表

能力	摘抄好词佳句	不摘抄好词佳句	T值	p值
形成解释能力	12.22	10.61	5.07	0.00***
创意运用能力	16.39	15.04	3.52	0.00***

注：*表示 $p<0.1$，**表示 $p<0.05$，***表示 $p<0.01$。

（3）小学阶段女性语文老师的学生的阅读能力更强

在小学阶段，不同性别语文老师的学生在整体阅读能力及各能力维度上存在显著差异，并且在1%的置信水平上显著。语文老师是女性的小学生的整体阅读能力分均值比语文老师是男性的小学生高出16.10分（表3）。

表3 小学生阅读能力的教学行为差异——语文老师性别

能力	男	女	T值	p值
整体阅读能力	68.23	84.33	-9.11	0.00***
获取信息能力	14.22	17.11	-6.08	0.00***
整体感知能力	12.14	16.59	-11.40	0.00***
做出评价能力	18.27	21.74	-6.93	0.00***
形成解释能力	10.48	12.16	-4.88	0.00***
创意运用能力	13.13	16.73	-7.83	0.00***

注：*表示 $p<0.1$，**表示 $p<0.05$，***表示 $p<0.01$。

（4）小学阶段语文老师每周在课堂上检查课后阅读情况2次及以上的学生的阅读能力更强

在小学阶段，语文老师检查课后阅读情况上存在差异的学生在整体阅读能力及各能力维度上存在显著差异，并分别在1%、5%的置信水平上显著。语文老师每周在课堂上检查课后阅读情况2次及以上的学生的整体阅读能力更强（表4）。

表4 小学生阅读能力的教学行为差异——语文老师检查课后阅读情况

能力	不检查	每周1次	每周2次	每周3次及以上	方差齐性显著性	F值	p值
整体阅读能力	78.68	77.74	83.47	83.23	0.94	5.25	0.00***
获取信息能力	15.90	15.78	16.92	17.06	0.73	4.12	0.01**
整体感知能力	15.37	14.49	16.19	16.21	0.21	4.66	0.00***
做出评价能力	20.25	20.19	21.94	21.57	0.84	5.80	0.00***
形成解释能力	11.65	11.51	12.11	12.00	0.48	0.81	0.49
创意运用能力	15.52	15.78	16.31	16.40	0.88	2.01	0.11

注：*表示 $p<0.1$，**表示 $p<0.05$，***表示 $p<0.01$。

（5）小学阶段每周上 1 课时阅读活动课的学生的阅读能力更强

在小学阶段，在每周阅读活动课时数上存在差异的学生在整体阅读能力和各能力维度上存在显著差异，并在 1% 的置信水平上显著。每周上 1 课时阅读活动课的学生的整体阅读能力更强（表 5）。

表 5 小学生阅读能力的校园活动差异——每周阅读活动的课时数

能力	没有	每周1课时	每周2课时	每周3课时	每周4课时	每周5课时	每周6课时及以上	方差齐性检验显著性	F 值	p 值
整体阅读能力	79.38	86.16	82.65	79.07	69.08	73.94	85.85	0.37	8.72	0.00***
获取信息能力	16.28	17.64	17.13	15.80	13.28	14.57	17.62	0.34	7.79	0.00***
整体感知能力	15.63	16.63	15.52	15.63	12.87	15.53	16.57	0.32	4.68	0.00***
做出评价能力	20.30	22.33	21.72	20.41	18.85	20.00	22.03	0.02	5.98	0.00***
形成解释能力	11.40	12.72	11.75	11.67	10.17	10.32	12.68	0.53	4.80	0.00***
创意运用能力	15.77	16.84	16.53	15.56	13.91	13.51	16.95	0.71	4.91	0.00***

注：* 表示 $p<0.1$，** 表示 $p<0.05$，*** 表示 $p<0.01$。

2. 初中生阅读能力的群体差异

（1）初中阶段女生的阅读能力显著比男生强

在初中阶段，学生在整体阅读能力和各能力维度上的表现存在显著的性别差异，且均在 1% 的置信水平上显著。女生的整体阅读能力，以及获取信息、整体感知、做出评价和形成解释的能力显著比同年级男生强（表 6）。

表 6 初中生阅读能力的个体特征差异——学生性别

能力	男	女	T 值	p 值
整体阅读能力	96.49	104.05	-4.40	0.00***
获取信息能力	17.84	19.26	-3.52	0.00***
整体感知能力	14.53	16.11	-3.52	0.00***
做出评价能力	20.38	22.78	-4.24	0.00***
形成解释能力	22.91	24.91	-4.23	0.00***
创意运用能力	20.84	21.00	-5.51	0.74

注：* 表示 $p<0.1$，** 表示 $p<0.05$，*** 表示 $p<0.01$。

（2）初中阶段男性语文老师的学生的阅读能力更强

在初中阶段，不同性别语文老师的学生在整体阅读能力及各能力维度上都存在显著差异，且分别在 1%、10% 的置信水平上显著。语文老师是男性的学生的整体阅读能力分均值比语文老师是女性的学生高出 9.07 分（表 7）。

表 7　初中生阅读能力的教学行为差异——语文老师性别

能力	男	女	T 值	p 值
整体阅读能力	108.43	99.36	3.21	0.00***
获取信息能力	20.10	18.38	2.60	0.01***
整体感知能力	17.02	15.13	3.07	0.00***
做出评价能力	23.33	21.38	2.70	0.01***
形成解释能力	25.25	23.76	1.67	0.09*
创意运用能力	22.73	20.71	2.59	0.01***

注：*表示 $p<0.1$，**表示 $p<0.05$，***表示 $p<0.01$。

（3）初中阶段语文老师布置阅读任务的学生的阅读能力显著更强

在初中阶段，语文老师布置阅读任务方面存在差异的学生在整体阅读能力和各能力维度上都存在显著差异，并且在 1% 的置信水平上显著。语文老师布置阅读任务的学生的整体阅读能力分均值比语文老师不布置阅读任务的学生高出 13.73 分（表 8）。

表 8　学生阅读能力的教学行为差异——语文老师是否布置阅读任务

能力	是	否	T 值	p 值
整体阅读能力	102.47	88.74	5.00	0.00***
获取信息能力	18.96	16.42	4.60	0.00***
整体感知能力	15.70	13.34	4.02	0.00***
做出评价能力	22.09	18.87	4.59	0.00***
形成解释能力	24.44	21.09	4.03	0.00***
创意运用能力	21.28	19.01	5.39	0.00***

注：*表示 $p<0.1$，**表示 $p<0.05$，***表示 $p<0.01$。

（三）中小学生阅读能力影响因素

1. 小学生阅读能力影响因素实证结果分析

针对小学生阅读能力的回归模型结果如表 9 所示。由 F 检验可知，各模型均在 1% 的置信水平上拒绝原假设，线性关系均显著成立；由共线性检验可知，各模型中各解释变量的 VIF 值均小于 10 且接近 1，因此可以认为模型不存在多重共线性问题，结果有效。

表 9　小学生阅读能力影响因素的多元线性回归模型结果

	变量名称	模型 1	模型 2	模型 3	模型 4	模型 5	模型 6
	截距项	66.65***	86.736***	71.729***	60.265***	54.14***	56.042***
		(-3.392)	(-3.965)	(5.211)	(6.857)	(7.08)	(-7.683)
基础变量	性别	0.847	-0.6	-0.502	-0.594	-0.403	-0.28
		(1.204)	(-1.171)	(1.163)	(1.159)	(1.166)	(-1.139)
	独生子女状况	-0.569	-0.281	0.241	0.12	0.149	0.343
		(1.26)	(1.217)	(1.213)	(1.214)	(1.226)	(-1.199)
	经济状况	1.4	0.32	-0.069	-0.037	0.135	-0.117
		(0.935)	(0.908)	(0.905)	(0.911)	(0.917)	(0.895)
	家长学历	3.685***	2.239***	1.89***	2.131***	2.32***	2.489***
		(0.566)	(0.563)	(0.563)	(0.566)	(0.57)	(0.559)
	家长职业	0.904	0.904	1	1.037	0.974	0.597
		(0.74)	(0.714)	(0.709)	(0.707)	(0.711)	(0.69)
阅读状态	阅读兴趣		3.522***	2.797***	2.584***	2.549***	5.445***
			(0.633)	(0.648)	(0.658)	(0.659)	(1.476)
	阅读自主		9.862***	7.715***	7.285***	8.362***	6.311***
			(1.427)	(1.492)	(1.497)	(1.484)	(1.46)
课外阅读	课外书阅读时间			0.566	0.882	1.366*	1.7**
				(0.75)	(0.753)	(0.751)	(0.735)
	课外书阅读量			3.677***	3.728***	4.184***	3.756***
				(0.833)	(0.83)	(0.826)	(0.81)
在线学习	在线学习时长				-0.14***	-0.15***	-0.111***
					(0.043)	(0.043)	(0.042)
	在线学习满意度				0.387	0.774	0.246
					(0.543)	(0.538)	(0.546)

续表

	变量名称	模型 1	模型 2	模型 3	模型 4	模型 5	模型 6
在线学习	是否购买在线课程				1.895 (1.22)	2.168* (1.235)	1.124 (1.208)
	在线学习效果				-0.387 (0.943)	-0.517 (0.951)	-0.2344 (0.927)
	家长对在线学习的满意度				2.144** (1.018)	2.082** (1.032)	1.37 (1.007)
亲子活动	亲子共读频率					-0.42 (0.638)	-0.061 (0.621)
	家长是否陪孩子看语言类节目					1.567 (1.28)	1.249 (1.244)
	家长是否陪孩子玩语言类游戏					1.489 (1.175)	0.728 (1.144)
	家长是否陪孩子看由名著改编的影视剧					-1.111 (1.296)	-1.152 (1.263)
	家长是否为孩子制订读书计划					0.154 (0.967)	0.14 (0.94)
	家长是否指导孩子阅读					0.541 (0.983)	0.291 (0.957)
学校资源	教师是否给出阅读思考问题						6.615*** (1.706)
	教师是否指导阅读						5.442*** (1.912)
	教师是否要求父母签字						-8.258*** (1.2)

续表

变量名称		模型 1	模型 2	模型 3	模型 4	模型 5	模型 6
学校资源	校内阅读活动						-0.665**
							(0.297)
	校内图书资源						1.994***
							(0.697)
	在线教育硬件支持						-0.788
							(0.754)
	在校教育资源支持						1.061
							(0.921)
	在线答疑辅导						-0.976
							(0.749)

注：括号内为标准误；* 表示 $p<0.1$，** 表示 $p<0.05$，*** 表示 $p<0.01$。

（1）家长学历显著正向影响小学生的阅读能力，家庭经济状况与家长职业没有显著影响

家长学历越高，其子女的语文阅读能力越强。拥有较高学历水平家长的家庭更能意识到阅读与学习的重要性，更倾向于为子女教育投入资金与精力；家长具备较高的文化素养也会直接影响子女的言谈举止、思考方式，能更好地培养孩子的理解能力和解决问题的能力。

（2）阅读兴趣与自主性对小学生阅读能力提高有着显著的正向影响

个人阅读兴趣越强，阅读自主性越高，阅读能力越强。一方面，阅读兴趣越高，阅读动力越足，阅读自主性越强；另一方面，当好奇心与自主性被激发后，学生将会花更多时间用于阅读理解与实践，并进一步形成阅读习惯。自主阅读行为与良好的阅读习惯均有利于提高学生的阅读速度，提升学生的阅读理解能力。

（3）课外阅读表现显著正向影响小学生的阅读能力

个人课外阅读时间越长，课外书阅读量越大，阅读表现越好。课外书阅读量与阅读时间增强能够帮助学生积累更多遣词造句的素材，提升学生的阅读理解能力与语言品鉴能力；课外阅读能够帮助学生拓宽视野，为其提升阅读理解能力奠定基础。大量的课外阅读也有助于培养学生的阅读习惯与自主学习习惯，进而有利于其阅读能力的提升。

（4）部分校内支持显著正向影响小学生的阅读能力

语文老师在布置课后阅读任务时设置不同任务对个人阅读能力影响的效果不一，可操作性与可监督性较高的小任务，如事先给出阅读时应思考的问题、阅读方法等都会显著正向影响学生的阅读能力，但仅仅形式化地要求其父母签字确认完成度会适得其反。而从校内资源提供角度出发，可供学生自主选择的软资源的提供，如图书馆藏书、在线阅读素材等学习资源能够显著正向影响学生的阅读能力。因而为了提升学生的阅读能力，学校应重视"软支持"。"软支持"不同于直接为学生提供在线学习设备、场地等硬件设施，而是为学生提供图书资源、学习素材等"软件"支持。图书资源与学习素材、阅读资料的提供能够为学生自行选择适合自己的阅读资源提供支持，进而帮助学生提升阅读能力。

2. 初中生阅读能力影响因素实证结果分析

针对初中生阅读能力的回归模型结果如表10所示。由 F 检验可知，各模型均在1%的置信水平上拒绝原假设，线性关系均显著成立；由共线性检验可知，各模型中各解释变量的VIF值均小于10且接近1，因此可以认为模型不存在多重共线性问题，结果有效。

表 10 中学生阅读能力影响因素的多元线性回归模型结果

变量名称		模型 7	模型 8	模型 9	模型 10	模型 11	模型 12
学生背景	性别	-6.234***	-5.508***	-5.357***	-5.600***	-5.224***	-3.636**
		(1.896)	(1.853)	(1.857)	(1.848)	(1.842)	(1.829)
	独生子女状况	-0.003	0.202	0.259	0.102	0.138	1.035
		(1.943)	(1.896)	(1.896)	(1.889)	(1.882)	(1.839)
	经济状况	-1.355	-2.282	-2.216	-2.508	-2.959*	-2.526
		(1.583)	(1.552)	(1.556)	(1.554)	(1.555)	(1.520)
	家长学历	3.493***	2.775***	2.682***	2.903***	2.459**	2.273**
		(0.961)	(0.944)	(0.946)	(0.951)	(0.974)	(0.950)
	家长职业	-0.091	-0.016	0.036	0.046	0.143	0.073
		(0.474)	(0.463)	(0.464)	(0.461)	(0.459)	(0.447)
阅读兴趣	阅读自主		7.678***	8.085***	7.131***	6.940***	5.674***
			(2.133)	(2.185)	(2.200)	(2.188)	(2.147)
	阅读兴趣		3.753***	3.983***	4.193***	3.857***	2.653**
			(1.002)	(1.033)	(1.049)	(1.048)	(1.052)
课外阅读	阅读时间			-1.797	-1.803	-2.091*	-1.151
				(1.239)	(1.231)	(1.230)	(1.205)
	阅读数量			0.768	1.057	1.018	0.787
				(1.209)	(1.205)	(1.199)	(1.169)
在线阅读	在线学习时长				-0.123**	-0.124**	-0.090*
					(0.054)	(0.054)	(0.052)
	学生对在线学习的满意度				0.473	0.711	1.081
					(.932)	(.930)	(.948)
	是否购买在线课程				-1.522	-1.431	-2.217
					(1.885)	(1.881)	(1.839)

续表

	变量名称	模型 7	模型 8	模型 9	模型 10	模型 11	模型 12
在线阅读	家长对在线学习的认可度				-0.284 (1.537)	-0.579 (1.541)	-0.960 (1.498)
	家长对在线学习的满意度				4.589*** (1.612)	4.451*** (1.614)	4.664*** (1.498)
亲子活动	与孩子一起读书的频率					-2.458 (1.060)	-2.343 (1.029)
	是否陪孩子看语言类节目					7.270*** (2.115)	7.346*** (2.052)
	是否陪孩子玩语言类游戏					1.296 (1.939)	0.688 (1.893)
	是否陪孩子看语言类视频					1.761 (2.153)	2.580 (2.099)
	家长是否喜欢阅读					0.905 (1.239)	0.968 (1.203)
	家长是否为孩子制订读书计划					2.161 (1.544)	2.210 (1.501)
	家长是否喜欢指导孩子阅读					-1.245 (1.570)	-1.566 (1.528)
学校特征	语文老师是否要求父母签字						-11.204*** (2.098)
	语文老师是否设置任务						-4.422* (2.621)
	阅读课时数						0.204 (0.457)

苏州市中小学生阅读能力评估与研究 | 145

续表

变量名称		模型 7	模型 8	模型 9	模型 10	模型 11	模型 12
学校特征	图书馆的图书资源						3.088** (1.276)
	在线学习设备						−3.110** (1.343)
	在线阅读学习资源						2.867** (1.749)
	在线答疑辅导						−1.113 (1.526)

注：括号内为标准误；* 表示 $p<0.1$，** 表示 $p<0.05$，*** 表示 $p<0.01$。

（1）家长学历对中学生阅读能力有显著的正向影响

家长学历对中学生阅读能力有显著的正向影响。相对于家长学历低的学生，家长学历高的学生的阅读能力更强，表明家庭的文化背景对于学生阅读能力有显著作用。

（2）阅读兴趣对中学生阅读能力有显著的正向影响

阅读自主度越高，学生的阅读能力越强。阅读兴趣性越高，学生的阅读能力越强。兴趣是最好的老师，当阅读自主度更高、兴趣更强时，学生可能会阅读更多的书，对阅读能力提升具有一定的促进作用。

（3）亲子活动对中学生阅读能力有显著的正向影响

家长与孩子一起读书的频率越高，陪孩子看语言类节目越多，学生的阅读能力显著越强。家长与孩子一起读书的频率越高，陪孩子看语言类节目越多，表明家庭的阅读学习氛围更好，学生能从与家长一起读书和一起看语言类节目中学习阅读方法与知识，从而对阅读能力提升产生正面作用。

（4）学校阅读资源对中学生阅读能力有显著的正向影响

学校图书馆具有的图书资源越丰富，提供的在线学习阅读资源越充足，表明学校的阅读环境越好，同伴间产生的阅读行为可能越多，学生的阅读表现就会越好。

（四）中小学生阅读能力影响路径

1. 分析框架

已有文献表明家庭背景对学生阅读能力有着极大的影响，作为儿童成长最初和最重要的环境，家庭对儿童的学习行为和学业成就具有重要的影响。[①] 首先，家庭背景越好，意味着家庭经济状况越好，家庭越有能力承担对孩子的教育投资。相反地，受家庭资源约束的贫穷家庭的父母通常对孩子教育投入不足，影响孩子的学业成就。[②] 家庭背景好的家庭也偏向为孩子选择更好的学校，更好的学校的教师的教学行为和教学方式普遍更为科学与先进，从而使得学生的阅读能力得到提高。其次，家庭背景越好，可能意味着家庭拥有越多的文化资本，家长通常会投入更多文化资源帮助子女更好地掌握学校课程并取得更优秀的学习成绩。[③] 家庭文化氛围、家庭的藏书量、家长与孩子一起读书的行为等都潜移默化地影响着孩子，促使孩子对阅读产生浓烈兴趣，培养孩子养成良好

---

① Coleman, J. S. Equality of educational opportunity[J]. *Equity & Excellence in Education*, 1968, 6(5):19-28.

② Becker, G. S. *Human Capital: A Theoretical and Empirical Analysis, with Special Reference to Education*[M]. Chicago: University of Chicago press, 2009.

③ Bourdieu, P., Passeron, J. C. *Reproduction in Education, Society and Culture*[M]. London: Sage Publications Ltd., 1990.

的阅读习惯。最后，家庭背景好的家庭带来更多的家长投入和教师投入，这都会鼓励学生增加阅读量或提高阅读自主性。综上，家长投入和教师投入或将通过对学生投入的作用促使学生阅读能力的提高，结构方程模型的分析框架如图7所示。

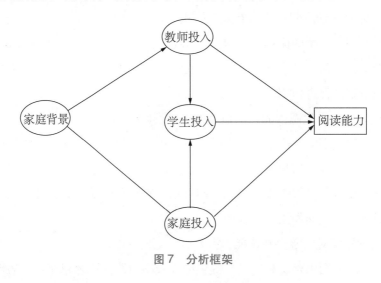

图7　分析框架

2. 具体内容

从影响路径来看，家庭背景会通过教师投入与学生投入的链式多重中介效应影响学生的阅读能力，同时也会通过家庭投入与学生投入的链式多重中介效应影响学生的阅读能力。总体来看，家庭投入和教师投入越多，学生投入也就越多，从而表现出来的阅读能力也就更好，相关情况如表11、表12所示。

第一，家庭背景通过教师投入与学生投入的链式多重中介效应影响学生的阅读能力。一方面，家庭背景并非直接对学生的阅读能力产生影响，而是通过影响教师投入情况进而影响学生的阅读能力，即教师投入在家庭背景对学生阅读能力的影响中起中介作用。另一方面，在小学阶段，教师投入不仅直接对学生的阅读能力产生影响，还通过学生投入的中介效应起作用，即通过影响学生投入来影响学生的阅读能力；在初中阶段，教师投入须转化为学生投入，才能对学生的阅读能力产生间接影响。

第二，家庭背景也通过家长投入与学生投入的链式多重中介效应影响学生的阅读能力。一方面，家庭背景通过影响家庭投入来影响学生的阅读能力。另一方面，在小学阶段，家庭投入不仅直接对学生的阅读能力产生影响，还通过学生投入的中介效应起作用，即通过影响学生投入来影响学生的阅读能力；在初中阶段，家庭投入须转化为学生投入，才能对学生的阅读能力产生间接影响。

表 11 小学生的家庭背景影响阅读能力的路径系数

路　　径			路径系数	标准误	T 值	p 值
家长投入	←	家庭背景	0.347	0.063	5.518	***
教师投入	←	家庭背景	-0.052	0.031	-1.708	*
学生投入	←	教师投入	0.338	0.064	5.276	***
学生投入	←	家长投入	1.752	0.309	5.671	***
阅读自主性	←	学生投入	0.525	0.040	13.058	***
卷面总分	←	学生投入	14.507	2.657	5.460	***
卷面总分	←	家长投入	16.052	6.977	2.301	**
亲子读书频率	←	家长投入	1.000			
家庭藏书量	←	家长投入	6.438	1.089	5.909	***
阅读量	←	学生投入	1.000			
提出问题	←	教师投入	1.000			
指导方法	←	教师投入	0.820	0.103	7.969	***
卷面总分	←	教师投入	9.509	2.377	4.001	***
家庭经济状况	←	家庭背景	0.392	0.057	6.899	***
家长学历	←	家庭背景	3.477	0.393	8.857	***
家长职业	←	家庭背景	1.000			

注：＊表示 $p<0.1$，＊＊表示 $p<0.05$，＊＊＊表示 $p<0.01$。

表 12 初中生的家庭背景影响阅读能力的路径系数

路　　径			路径系数	标准误	p 值
家庭经济状况	←	家庭背景	1		
家长学历	←	家庭背景	13.858	5.135	***
家长职业	←	家庭背景	2.978	0.654	***
家庭投入	←	家庭背景	0.534	0.204	***
老师投入	←	家庭背景	0.323	0.133	**
学生投入	←	家长投入	1.001	0.238	***
学生投入	←	教师投入	0.382	0.228	*
阅读自主性	←	学生投入	1		
阅读量	←	学生投入	0.815	0.162	***
亲子读书频率	←	家长投入	1		

续表

路径			路径系数	标准误	p 值
家庭藏书量	←	家长投入	7.326	2.277	***
教师布置任务	←	教师投入	1		
教师检查阅读	←	教师投入	0.99	0.486	**
卷面总分	←	教师投入	20.501	14.714	0.164
卷面总分	←	家长投入	-4.876	18.879	0.796
卷面总分	←	学生投入	38.371	17.971	**

注：*表示 $p<0.1$，**表示 $p<0.05$，***表示 $p<0.01$。

四、中小学生阅读能力提升建议

（一）学生层面

1. 养成良好的阅读习惯

在阅读过程中，学生可以经常圈画关键词或有感触的地方，经常摘抄好词佳句和做读书笔记；在阅读后，学生可以有意识地写读后感，做手抄报和思维导图来总结读书感受，或者与他人分享图书的内容并讨论读书感受等。

2. 根据兴趣与需要合理选择课外读物

选择课外读物时，学生可以选择小说、历史书、名人传记、科普读物等图书类型，这些图书类型对阅读能力提升有较为明显的积极影响。学生在阅读时应注重发挥自主性与独立性，可以根据自己的兴趣和需要理性选择课外读物。

（二）家长层面

1. 为构建家庭阅读环境提供支持

在经济条件允许的范围内，家长可以在家里为孩子创造较好的阅读空间，如有整洁的书桌、明亮的台灯等，并有意识地告诉孩子这是为他特意布置的"阅读角"。这有利于培养孩子在家静心阅读的习惯，从而更好地提升孩子的阅读能力。同时也应丰富家庭藏书。相关研究表明，家庭藏书越多，孩子的整体阅读能力和各维度能力越强。

2. 提高亲子活动的频率

亲子共看《朗读者》《中国诗词大会》等语言类节目、共同阅读，均对学生的阅读能力提升有显著的积极影响，因此家长可以多陪孩子观看类似节目，以此作为家庭生活的娱乐项目，共同学习，共同感受语言的美与乐趣。家长可以适当指导孩子阅读，共同制订阅读计划来提升孩子的阅读兴趣，还可以通过自身的阅读素养来提高孩子对阅读的兴趣与认可度。

（三）学校层面

1. 布置阅读作业应辅之以相应任务，并及时关注进度

语文教师在布置阅读任务时应该充分考虑学生的能动性，并在阅读方法上给予充分的指导。在阅读前，给出阅读时应思考的问题能够避免学生在阅读时不知所措，从长期来看，有利于提升学生的阅读能力。语文教师布置完阅读作业之后，应当及时关注作业完成情况。

2. 提供更多的课后阅读时间

在完成阅读作业时长上存在差异的学生，并未表现出阅读能力的显著差异，因此多做阅读作业并非提升阅读能力的唯一途径。学生进行课外阅读同样有利于其阅读能力的提高，而从不阅读课外书的学生的阅读能力最弱。语文教师不宜布置过多的阅读作业，要适当控制作业量，尽量为学生读课外书留出时间。

3. 提供丰富的图书学习资源

学校的图书馆图书资源，在线学习的设备、网络和场所及学习素材越丰富，提供的答疑越细致，学生的阅读能力越强。因此，学校应该保证图书馆图书资源，在线学习的设备、网络和场所及学习素材，以及答疑辅导充足，给学生提供一个较好的阅读与学习平台。丰富的阅读与学习资源可以充实课堂形式，活跃课堂氛围和开阔学生的视野，同时也有利于引导学生产生阅读兴趣，养成良好阅读习惯，提高阅读能力。

为提升中小学生的阅读能力，促进其学业水平发展，地方教育行政部门可以利用"双减"契机，合理安排中小学生的课后阅读时间；增加经费投入，为中小学生提供丰富、易得的阅读资源；营造社会氛围，建设书香城市，增强居民阅读意识。

参考文献：

[1] 陈纯槿. PISA 2018 中国四省市学生阅读素养研究新发现 [J]. 华东师范大学学报（教育科学版），2020（5）：22-62.

[2] 代正南. 听说领先还是听读领先 [J]. 河北师范大学学报（哲学社会科学版），1978（3）：96-101.

[3] 丁锐，吕立杰，唐丽芳. 小学生阅读环境、投入与习惯的调查研究 [J]. 基础教育，2016（4）：71-81.

[4] 高阳. 小学生阅读能力影响因素的研究 [J]. 当代教育科学，2012（10）：44-47.

[5] 李秉德. 论中小学语文讲读课中的读、练、讲 [J]. 西北师范大学学报（社会科学版），1979（1）：88-95.

[6] 李燕芳，董奇. 儿童早期读写能力发展的环境影响因素研究 [J]. 心理科学 2004（3）：531-535.

[7] 李毅，谭婷，张睿. 提升中小学生阅读素养的实证研究：基于群文阅读与单篇阅读教学的对比 [J]. 教育研究与实验，2019（4）：31-37.

[8] 文军庆. 中小学生阅读素养的真实水平及提升路径：基于5695名北京市中小学生阅读能力及相关因素的调研 [J]. 中小学管理，2018（10）：49-52.

[9] 阎光霞. 从小学生阅读现状谈小学中年级学生阅读能力培养 [J]. 图书馆工作与研究，2008（3）：110-112.

[10] 闫梦格，李虹，李宣逊，等. 识字量和词汇知识在儿童阅读发展中的相对重要性 [J]. 心理发展与教育，2020（3）：311-317.

[11] 姚颖，许晓芝，张立红. 课外阅读与语言表达：现状、关系及教学建议：基于北京某小学二年级学生的调查 [J]. 课程·教材·教法，2013（4）：55-61.

[12] Hansen, H. S. The impact of the home literary environment on reading attitude[J]. *Elementary English*, 1969, 46(1): 17-24.

[13] Solari, E. J., Grimm, R. P., Henry, A. R. An exploration of the heterogeneous nature of reading comprehension development in first grade: the impact of word and meaning skills [EB/J]. *Journal of Learning Disabilities*, 2021, 55(4):292-305.

（本文由苏州市教育质量监测中心、北京大学提供，撰稿人：蒋承、陈其然）

面向"十四五",建设高素质专业化创新型教师队伍
——2021 年苏州市小学教师队伍建设监测报告

一、监测简介

(一) 监测目的

党的十八大以来,加强教师队伍建设成为我国新时代基础教育改革工作的重要任务。开展教师队伍监测评价,是诊断教师队伍发展现状、基于实证制定与调整教师政策的有效途径。本研究基于国家政策,参考相关研究,立足于教师职业发展整体环境,设计了苏州市小学教师队伍建设监测评价指标体系,开展了覆盖苏州市辖 10 个市(区)的深入调研,旨在厘清苏州市教师队伍现存的优势和短板,探究影响教师专业素养的相关因素,为苏州市未来五年的教师政策制定提供数据支撑,助力打造高素质、专业化、创新型的小学教师队伍。

(二) 监测对象和内容

综合考虑不同办学性质、办学规模、办学质量等因素,本次监测在苏州市 10 个市(区)内抽取 137 所小学参与调研,约占小学总量的 30%。其中,学科教师 15 635 人参测,校长 219 人参测。以平均每道题作答时间少于 2 s、作答一致性(选同一选项)100% 为标准剔除无效问卷,最终有效参测学科教师 14 606 人,有效参测比例为 93.4%;有效参测校长 212 人,有效参测比例为 96.8%。(表 1)

表1 样本校数及有效学科教师、校长问卷数

地区①	样本校数/所	学科教师数/人	校长（含副职）数/人
A区	18	2 325	47
B区	22	2 287	27
C区	18	1 905	25
D区	9	1 693	9
E区	20	1 591	34
F区	13	1 421	14
G区	14	1 047	20
H区	11	790	15
I区	5	788	10
J区	7	759	11
总计	137	14 606	212

本次监测从教师职业发展的整体环境出发，从教师专业素养、教师教育与培训、学校管理与文化、政府保障支持四个方面构建了苏州市小学教师队伍监测指标框架（图1）。问卷中的非量表题是根据政策文件、教育实践情况自编的，量表信效度均表现良好（表2）。

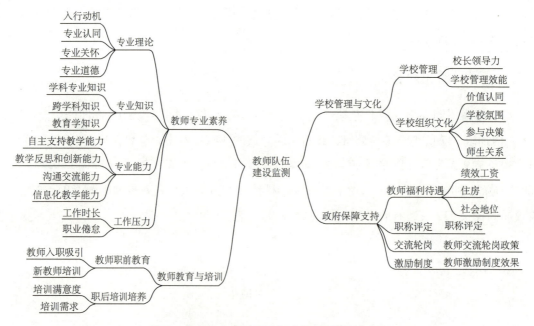

图1 苏州市小学教师队伍建设监测指标框架

① 以代码指代苏州市所辖10个行政区域。后同。

表 2 量表信效度

量表名称	题量/个	计分方式	α 系数	结构效度			
				χ^2/df	CFI	TLI	RMSEA
教师入行动机①	10	4 点计分	0.81	175.64	0.94	0.91	0.11
教师职业倦怠②	9	5 点计分	0.75	49.24	0.99	0.98	0.06
学校组织文化③	22	4 点计分	0.98	210.06	0.91	0.90	0.12
教师专业素养④	35		0.98	114.86	0.91	0.90	0.08

（三）数据处理

问卷填写方式包含教师自评和校长评价，题型包括量表题、数字填空题、单选题和多选题。量表题采用李克特量表的形式计分，职业倦怠量表为 5 点计分，其余均为 4 点计分，分数越高表明在该维度上的表现越好。数字填空题主要采用算术平均法进行处理。单选题以选择某选项的人数占有效参测人数百分比的形式呈现。多选题以普及率的形式，即以选择某选项的人数占所有作答者人数百分比的形式呈现，表明各选项的选择普及情况，加和通常高于 100%。

采用软件 SPSS 25.0 对数据进行描述性统计和多元线性回归分析，呈现苏州市小学教师队伍发展现状，探索教师专业素养和教师职业倦怠的影响因素。使用 Mplus 7.11 构建结构方程模型，探讨入行动机、职业倦怠、工作时长等变量对教师专业素养的直接和间接影响。利用非参数百分位 Bootstrap 法重复抽样 1 000 次检验中介效应，若 95% 的置信区间不包括 0，则说明中介效应显著。⑤ 回归分析和结构方程模型中的控制变量均为学校所在地区、类型、地理位置，教师性别、最高学历、最高学历所学专业、是否为师范生、是否在编、教龄、职称、是否担任班主任职务等学校和教师基本信息。

---

① 改编自 TALIS（教师教学国际调查）2018。参见：John, A., Ralph, C. Teaching and learning international survey (TALIS) 2018 conceptual framework[R/OL]. (2018-11-12) [2022-04-13]. https://www.oecd-ilibrary.org/education/teaching-and-learning-international-survey-talis-2018-conceptual-framework_799337c2-en.

② 改编自王国香等修订的教师职业倦怠量表（Maslach Burnout Inventory-Educators Survey, MBI-ES）中文版，原量表由 Maslach 等人编制。参见：王国香, 刘长江, 伍新春. 教师职业倦怠量表的修编[J]. 心理发展与教育, 2003 (3): 82-86. Maslach, C., Jackson, S. E. The measurement of experienced burnout[J]. Journal of Occupational Behavior, 1981, 2(2): 99-113.

③ 改编自徐志勇等编制的相关量表及 TALIS 2018。参见：徐志勇, 张东娇. 学校文化认同、组织文化氛围与教师满意度对学校效能的影响效应：基于结构方程模型（SEM）的实证研究[J]. 教育学报, 2011, 7 (5): 116-128.

④ 在图 1 所示的指标框架中，教师专业素养内涵较广，但在计算教师专业素养得分时，不包含图 1 中的入行动机、工作压力维度。部分题项改编自 TALIS 2018 和 Williams 等人编制的教师自主支持教学方式量表。参见：Williams, G. C., Deci, E. L. Internalization of biopsychosocial values by medical students: a test of self-determination theory[J]. Journal of Personality and Social Psychology, 1996, 70(4): 767-779.

⑤ Preacher, K. J., Hayes, A. F. Asymptotic and resampling strategies for assessing and comparing indirect effects in multiple mediator models[J]. Behavior Research Methods, 2008, 40(3): 879-891.

二、主要监测结果

本部分首先从教师队伍结构特征、教师专业素养、教师教育与培训、学校管理与文化、政府保障支持五个方面依次呈现苏州市小学教师队伍发展现状，并着眼于区域特征，从"队伍结构、内在质量、外部管理"三个方面构建苏州各市（区）教师队伍区域画像；其次，通过多元线性回归分析，探索教师职业倦怠和教师专业素养的影响因素；最后，建立结构方程模型探究教师专业素养影响机制，检验教师入行动机、工作时长、职业倦怠、学校组织文化等变量对教师专业素养的直接和间接影响。

（一）小学教师队伍发展现状

1. 教师队伍结构特征①

（1）教师群体女性占比更大，校长群体男女比例均衡

苏州小学教师队伍中女教师明显多于男教师，男教师占比为17.4%，低于北京市（18.1%）和全国平均值（28.8%），稍优于上海市（16.5%）。② 校长队伍中男女比例约为12∶13，较为均衡（图2）。在各区中，女教师占比最高的是C区，为86.3%；最低的是F区，为79.2%（图3）。

图2 教师和校长性别比

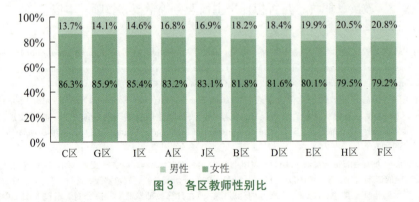

图3 各区教师性别比

---
① 数据来源是本次监测样本学校学科教师和校长问卷作答结果，非统计发布数据；教师数据不包含校长数据。
② 中华人民共和国教育部. 2020年教育统计数据—各地基本情况—小学专任教师学历、专业技术职务情况（总计）[EB/OL].（2021-08-25）[2022-05-05]. http://www.moe.gov.cn/jyb_sjzl/moe_560/2020/gedi/202109/t20210901_557392.html.

(2) 教师学历以本科为主

苏州小学教师的学历整体以本科为主（84.7%），研究生学历占比为8.0%，低于北京市（10.3%）和上海市（8.7%）。① 从各区来看，D区本科及以上学历教师占比最高，E区本科及以上学历教师占比最低（图4）。

图4 大市及各区教师最高学历分布

(3) 三成教师教龄为1—5年，占比最多；各区教师教龄分布差别较大

苏州市小学教师中教龄为1—5年的占比最高（33.3%）；教龄为6—10年的占比最低（19.9%）。其中，1—5年教龄教师在I区占比最高，在E区占比最低；21年及以上教龄教师在E区占比最高，在B区占比最低（图5）。

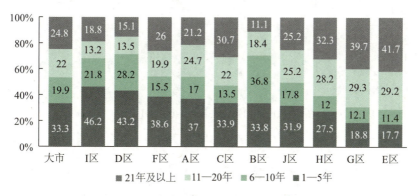

图5 大市及各区教师教龄分布②

将50岁及以上的女教师和55岁及以上的男教师划分为高龄教师，苏州市高龄教师

---

① 中华人民共和国教育部. 2020年教育统计数据—各地基本情况—小学专任教师学历、专业技术职务情况（总计）[EB/OL].（2021-08-25）[2022-05-05]. http://www.moe.gov.cn/jyb_sjzl/moe_560/2020/gedi/202109/t20210901_557392.html.

② 由于各部分比例计算四舍五入后保留1位小数，加总后会放大误差，使得比例总和可能为100%±0.1%。下同。

占比为 7.1%。其中，高龄教师在 G 区占比最高，为 12.5%；在 D 区占比最低，为 2.3%（图 6）。

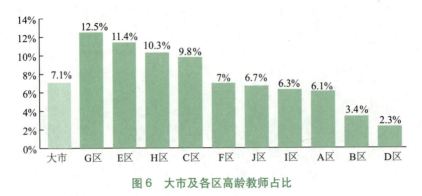

图 6　大市及各区高龄教师占比

2. 教师专业素养

（1）教师专业素养较好

苏州市教师专业素养自评分为 3.56 分，高于量表中间值 2.5 分，这表明苏州市教师专业素养相对较好。在各区中，B 区的教师专业素养得分最高，为 3.65 分；A 区和 F 区的教师专业素养得分最低，皆为 3.47 分（图 7）。

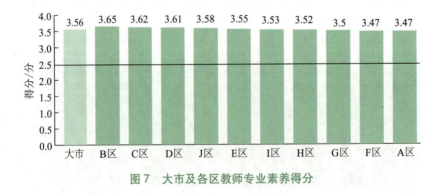

图 7　大市及各区教师专业素养得分

（2）内在动机①对教师入行影响更大

苏州市教师的外在动机得分为 3.21 分，内在动机得分为 3.53 分。在大市及各区中，内在动机得分均高于外在动机，这表明内在动机对教师入行的影响相对更大（图 8）。

---

①　内在动机的主要特征是对事物本身注意和具有兴趣，如"我喜欢和学生在一起"；外在动机与事物本身的性质和内容无关，但与事物以外的奖励和认同有关，如"教师收入有保障"［参见：Deci, E. L., Vallerand, R. J., Pelletier, L. G., et al. Motivation and education: the self-determination perspective[J]. *Educational Psychologist*, 1991, 26(3-4):325-346.］。

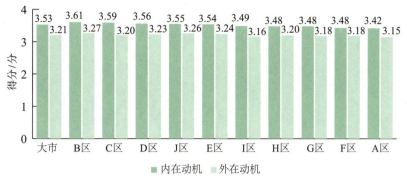

图8 大市及各区教师入行动机得分

(3) 教师跨学科知识和信息化教学能力得分较低

在专业知识方面,教师和校长在学科专业知识和教育学知识方面的得分均高于跨学科知识(图9)。在专业能力方面,教师的信息化教学能力得分较低,校长的教学反思和创新能力得分较低(图10)。在专业知识和能力各维度上,校长得分均低于教师得分,其中在教学反思和创新能力方面两者相差较明显。

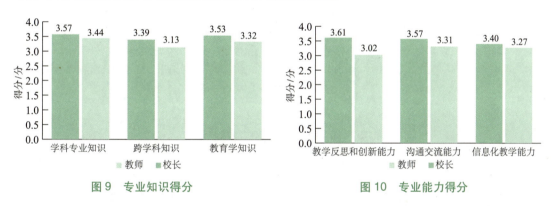

图9 专业知识得分　　　　　　　　图10 专业能力得分

(4) 教师工作日平均工作时长①为9.46 h,教育教学类工作占比约为70%;教师职业倦怠程度较低,但其情绪衰竭问题须得到关注

苏州市教师工作日平均工作时长为9.46 h,换算为完全周工作时长为47.3 h,高于TALIS 2018小学教师的41.5 h的平均每周工作时长。其中,教育教学类工作时长为6.93 h(占比为73.3%),非教育教学类工作时长为2.53 h(占比为26.7%)。在各区中,D区的教师工作日平均工作时长最长,为9.96 h;E区的教师工作日平均工作时长最短,为9.15 h(图11)。

---

① 教师工作日平均工作时长,以小时为计算单位,分为教育教学类工作时长(如教学、备课、指导学生、班级管理、家长沟通、教研活动、带新教师等)、非教育教学类工作时长(如填表、迎检、接待、开会等)。

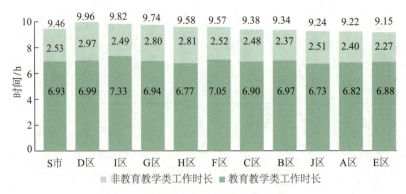

图 11　大市及各区教师工作日平均工作时长

苏州市教师职业倦怠①程度较低,分值均高于量表中间值 3 分。在各区中,C 区的教师倦怠程度最低,为 3.85 分;G 区和 F 区的教师倦怠程度最高,均为 3.47 分(图 12)。

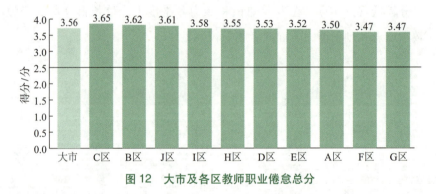

图 12　大市及各区教师职业倦怠总分

从各维度②而言,教师在去个性化(4.36 分)和低成就感(3.78 分)维度上的得分均高于量表中间值 3 分,这说明因此引发的教师职业倦怠程度较低。相较而言,教师在情绪衰竭上得分较低(2.98 分),低于量表中间值 3 分,这说明教师的情绪衰竭问题较为突出。在各区中,G 区的教师情感衰竭问题相对严重(图 13)。

---

①　教师职业倦怠得分越高,倦怠程度越低。
②　情绪衰竭是指个体情绪和情感处于疲劳状态,完全丧失工作热情,如"工作一天后,我感到筋疲力尽";去个性化是指消极冷淡、毫无感情地对待工作对象,如"我有骂学生的冲动";低成就感是指个体消极地评价自己的工作能力和工作成就,如"我有很强的职业成就感"[参见:Maslach, C., Jackson, S. E. The measurement of experienced burnout[J]. *Journal of Occupational Behavior*, 1981, 2(2): 99-113.]。

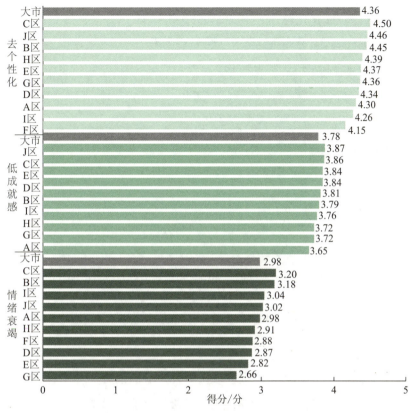

图 13　大市及各区教师职业倦怠各维度得分

3. 教师教育与培训

（1）招聘优秀教师困难

50%以上的公办学校校长和80%以上的民办学校校长认为招聘优秀教师存在困难；公办、民办学校在招聘困难的主要原因上存在差异。

分别有52.3%的公办学校校长和86.7%的民办学校校长表示招聘优秀教师存在困难（图14）。公办学校校长认为"本校位置偏僻""招聘政策限制多"是招聘优秀教师存在困难的主要原因①；民办学校校长认为"没有事业编制"是主要原因（图15）。

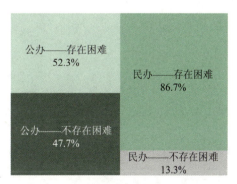

图 14　公办、民办学校招聘优秀教师方面是否存在困难情况

---

① 公办学校校长作答时选择"没有事业编制"，是指事业编制名额不够。

面向"十四五"，建设高素质专业化创新型教师队伍 | 161

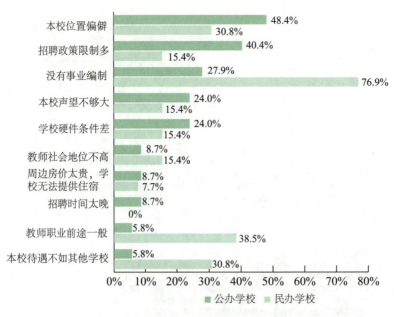

图 15　公办、民办学校招聘优秀教师困难的主要原因（多选题）①

（2）新教师培训问题

约90%的年轻教师②肯定新教师培训成效；新教师培训聚焦工学矛盾和培训内容实践性欠佳；新教师培训最应关注课堂教学能力和班级管理能力培训。

在年轻教师中，88.2%的教师认为新教师培训是"比较有效"和"非常有效"的。在各区中，C区的年轻教师对新教师培训最为认可，满意率为94.7%；D区的年轻教师对新教师培训的认可度相对最低，满意率为80.2%（图16）。

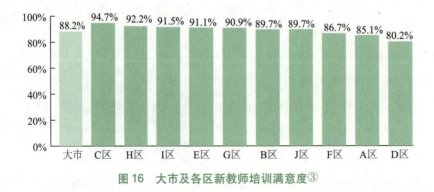

图 16　大市及各区新教师培训满意度③

---

① 该题为多选题，最多可选择三项。图中百分比为普及率，即选择某选项的人数占所有作答者人数的百分比，表明各选项的选择普及情况，加和通常高于100%。后同。
② 年轻教师指教龄为1—5年的教师。
③ 呈现数据为选择"比较有效"和"非常有效"的年轻教师比例之和。

年轻教师认为新教师培训中存在的最大问题是"学习、工作时间难以协调，矛盾突出"（42.8%），其次是"培训内容与教学实际联系不够紧密"（28.8%），21.5%的年轻教师认为新教师培训不存在问题（图17）。

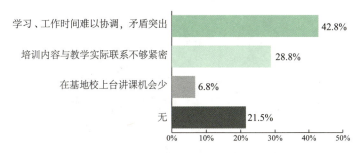

图17 新教师培训存在的问题

在各区中，G区和H区有超半数年轻教师认为"学习、工作时间难以协调"是最大的问题；J区有更多的年轻教师认为"培训内容与教学实际联系不紧密"是最大的问题（40.1%）；认为培训不存在问题的年轻教师占比最高的是C区，为33.9%（图18）。

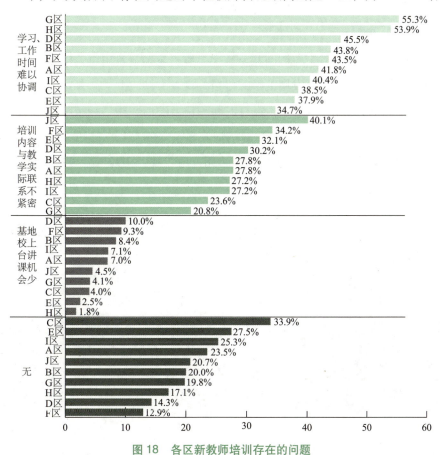

图18 各区新教师培训存在的问题

全体教师认为新教师培训最应关注课堂教学能力（80.3%）和班级管理能力（74.0%），而教师职业生涯规划能力（9.5%）、信息化教学能力（7.1%）培训需求度较低（图19）。

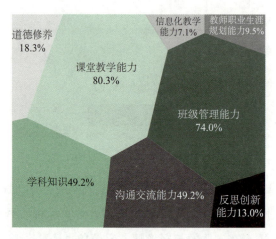

图19　新教师培训最应关注的能力（多选题）

（3）教师培训和教研存在的问题

教师培训和教研存在的最主要的问题是工学矛盾；教师最希望市、区骨干教师指导培训和教研；最有利于教师专业发展的形式是听评课。

47.9%的教师认为"工作量太大，没有时间和精力参加"是影响教师参与培训和教研的最主要问题。此外，"不喜欢强制性的培训要求"（44.6%）、"培训时间和上班时间冲突"（43.4%）、"缺乏骨干教师指导"（40.8%）、"缺少实践机会"（37.8%）也是存在的问题（图20）。

图20　培训和教研存在的问题（多选题）

在选择所希望的培训和教研指导人员时,选择"市、区骨干教师"的教师人数最多(81.6%),其次是"教研员"(57.0%)和"本校骨干教师"(52.3%),而希望"高校教师"(17.4%)进行指导的教师占比最低(图21)。

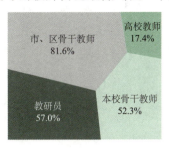

图21 培训和教研指导人员身份选择(多选题)

教师和校长均认为"听评课"最有利于教师专业发展,人数占比分别为66.9%和75.0%。此外,教师选择"指导备课"(42.6%)和"示范说课"(32.8%)的比例也较高,而校长选择"项目化学习教研"(50.9%)和"参加教学评比"(35.8%)的比例更高。由此可见,与教师相比,校长更看重教科研和教学评比对教师专业发展的帮助(图22)。

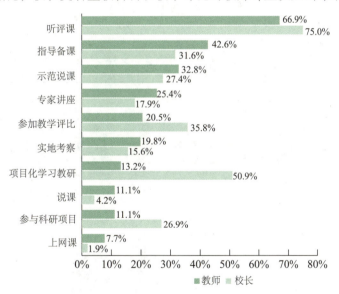

图22 有利于教师专业发展的形式(多选题)

4. 学校管理与文化

(1)教师对学校管理效能认同度较高

苏州市教师对学校管理效能的认同度①自评分为3.27分,高于量表中间值2.5分,

---

① 教师学校管理效能考查了教师的认同度对学校绩效考核、科研管理、作业管理、课时安排、教师工作量、岗位设置方面的认同情况。

这表明教师对学校管理效能认同度较高。在各区中，B 区得分最高，为 3.47 分；A 区得分最低，为 3.12 分（图 23）。

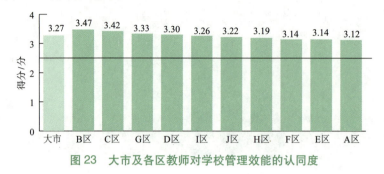

图 23　大市及各区教师对学校管理效能的认同度

（2）教师对学校组织文化认同度较高

苏州市教师对学校组织文化①的认同度自评分为 3.38 分，高于量表中间值 2.5 分，这表明教师对学校组织文化认同度较高。在各区中，C 区和 B 区得分最高，均为 3.53 分；A 区和 F 区得分最低，均为 3.25 分（图 24）。学校组织文化四个维度的认同度得分接近（图 25）。

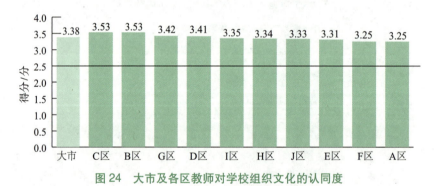

图 24　大市及各区教师对学校组织文化的认同度

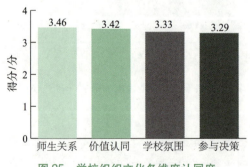

图 25　学校组织文化各维度认同度

---

①　学校组织文化包含价值认同、学校氛围、参与决策、师生关系四个维度。

5. 政府保障支持

（1）超六成教师对工资满意；超八成教师希望上调班主任津贴，班主任群体意愿更强烈

超六成教师对工资感到非常满意和比较满意，对工资感到非常不满意的教师占比为6.2%。从各区来看，对工资满意的教师在B区占比最高，在A区、D区、E区占比较低（图26）。

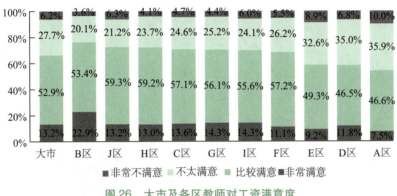

图26 大市及各区教师对工资满意度

分别有97.2%和83.4%的班主任群体和非班主任群体希望上调班主任津贴，班主任群体意愿更强烈（图27）。

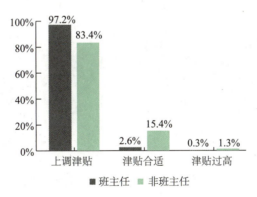

图27 教师对班主任津贴态度

（2）三成教师参加过交流轮岗；交通不便是未参加教师的最主要担忧

苏州市参加过交流轮岗的教师占比为29.1%。在各区中，B区和H区参加比例最高，分别为40.4%和39.5%；I区参加比例最低，为15.0%（图28）。

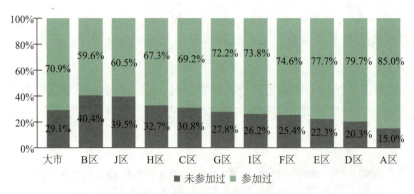

图 28　大市及各区教师参加交流轮岗比例

在未参加过交流轮岗的七成教师中，有42.4%的教师认为"上下班交通不便"是最主要的担忧，后面依次是"不能适应新学校的教育理念"（28.4%）、"难以适应新环境的人际交往"（23.8%）和"家庭因素"（21.3%）（图29）。

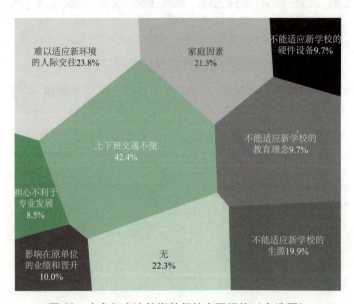

图 29　未参加交流轮岗教师的主要担忧（多选题）

（3）与绩效工资制度相比，校长更加认可荣誉制度的激励效果

有81.1%的校长认为荣誉制度对教师的激励效果最明显。有73.1%的校长认为职称评定制度对教师的激励效果明显，仅有54.3%的校长认为绩效工资制度对教师的激励效果明显（图30）。

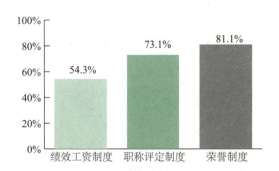

图 30 校长认为三种教师激励制度效果明显的比例①

6. 教师队伍区域画像

本研究根据苏州市小学教师队伍发展现状，着眼于区域特征，挑选具有可比性且差异较大的指标，从队伍结构②、内在质量、外部管理三个方面比较苏州市10个市（区）的教师队伍情况。除"高龄占比"和"工作时长"之外，对其他指标均按照各市（区）在相应指标上的数值从高到低进行排位③，即排位为"1"代表该区在该指标上数值最大，排位为"10"代表该区在该指标上数值最小，以此类推。而在"高龄占比"和"工作时长"方面，则与其他指标相反，即排位为"1"代表该区在这两个指标上数值最小，排位为"10"代表该区在这两个指标上数值最大，以此类推。

根据不同排位分别着色，绿色越深表明区域在该指标上表现越好，红色越深表明区域在该指标上表现越弱。可通过排位顺序和对应颜色，对各区情况进行大致判断，全面了解发展现状，发现优势和不足。

研究结果表明，苏州市各区小学教师队伍发展现状存在一定差异（表3）。

在队伍结构方面，F区、H区、E区男教师占比较高，C区、G区、I区男教师占比较少。D区、B区本科及以上学历教师占比较高，高龄教师较少；E区、G区和H区本科及以上学历教师占比较低，高龄教师较多。

在内在质量方面，B区和C区教师在专业素养和职业倦怠上表现良好，J区教师也相对较好；G区、F区和A区教师在专业素养和职业倦怠上表现较差。E区、A区和J区教师工作时间较短，而D区、I区和G区教师工作时间较长。

在外部管理方面，C区、H区和I区的新教师培训满意度较高，而D区、A区和F区则较低。B区、C区和G区的教师对学校管理效能与组织文化认同度较高，而A区、

---

① 呈现数据为选择"激励效果很明显"和"激励效果比较明显"的校长人数比例之和。
② 数据来源于本次监测样本学校学科教师作答结果，非统计发布数据。
③ 仅根据数值进行排位，并不代表每一位次之间具有显著差异。

F区和E区较低。B区和H区教师工资满意度、参加交流轮岗占比较高，D区教师则相对较低；A区教师工资满意度最低，I区教师参加交流轮岗占比最低。

表3　各区教师队伍发展现状比较①

区域	队伍结构			内在质量			外部管理				
	男性	本科及以上学历	高龄	专业素养	工作时长	职业信息	新教师培训满意度	学校管理效能认同度	学校组织文化认同度	工资满意度	参与交流轮岗
G区	9	8	10	8	8	10	5	3	3	5	7
F区	1	6	6	9	6	9	8	8	9	7	3
J区	6	2	5	4	3	3	7	4	7	2	8
I区	8	4	4	6	9	4	3	5	5	6	10
D区	4	1	1	3	10	6	10	4	4	9	9
A区	7	5	3	10	2	8	9	10	10	10	4
E区	3	10	9	5	1	7	4	9	8	8	5
C区	10	7	7	2	5	1	1	7	1	4	6
B区	5	3	2	1	4	2	6	1	2	1	1
H区	2	9	8	7	7	5	2	6	6	3	2

（二）教师职业倦怠及专业素养影响因素分析

1. 教师职业倦怠影响因素分析

以教师职业倦怠②为因变量，逐步增加教师入行动机、工作时长、工资满意度、培训满意度、学校组织文化认同度，作为自变量，构建教师职业倦怠影响因素的多元线性回归分析模型③（表4）。

模型2对职业倦怠得分变异的解释增量为11.8%，其中内在动机（$\beta=0.345$）比外在动机（$\beta=-0.024$）的影响更大④。教师入行内在动机越强，外在动机越弱，则教师职业倦怠程度越低。

---

①　方框内数字指排位次序。苏州市小学教师队伍中男教师占比为17.4%，低于全国平均值（28.8%）。因此，在"男性占比"维度排位越靠前，代表男教师占比越高，越趋近于全国普通小学教师男女比例；在"职业倦怠"维度排位越靠前，代表职业倦怠得分高，则职业倦怠程度越低。
②　教师职业倦怠得分越高，表明倦怠程度越低。
③　控制变量见数据处理说明。后同。
④　内在动机和外在动机均以李克特四点量表形式测量，量纲一致，故可对两个变量的非标准化系数进行比较。后文类似变量非标准化系数的比较同理。

表4 教师职业倦怠影响因素多元线性回归分析模型

	模型1 β	模型2 β	模型3 β	模型4 β	模型5 β	模型6 β
（常量）控制变量	3.154*** (0.059)	2.097*** (0.063)	2.827*** (0.073)	2.290*** (0.072)	1.668*** (0.072)	1.409*** (0.071)
内在动机		0.345*** (0.010)	0.335*** (0.010)	0.302*** (0.010)	0.244*** (0.009)	0.213*** (0.009)
外在动机		−0.024*** (0.013)	−0.030* (0.012)	−0.038** (0.012)	−0.055*** (0.012)	−0.059*** (0.011)
教育教学类工作时长			−0.062*** (0.004)	−0.046*** (0.004)	−0.045*** (0.004)	−0.045*** (0.004)
非教育教学类工作时长			−0.108*** (0.004)	−0.084*** (0.004)	−0.074*** (0.004)	−0.072*** (0.004)
工资满意度				0.207*** (0.006)	0.144*** (0.006)	0.092*** (0.007)
培训满意度					0.306*** (0.009)	0.172*** (0.010)
学校组织文化认同度						0.293*** (0.012)
R^2	0.036	0.154	0.189	0.245	0.304	0.334
ΔR^2		0.118	0.035	0.055	0.059	0.029
F	27.178	116.175	136.246	181.170	234.814	258.663
p	<0.001	<0.001	<0.001	<0.001	<0.001	<0.001
Δp		<0.001	<0.001	<0.001	<0.001	<0.001

注：*表示 $p<0.05$，**表示 $p<0.01$，***表示 $p<0.001$；β 为非标准化系数，括号内为标准误。

模型3表明，教师工作时长显著负向影响教师的职业倦怠得分，即教师工作时间越长，职业倦怠得分越低，职业倦怠程度越高。其中，非教育教学类工作时长（β=−0.108）比教育教学类工作时长（β=−0.062）的影响更大。解释增量为3.5%，且差异显著。

模型4、模型5和模型6分别加入工资满意度、培训满意度和学校组织文化认同度。结果表明，教师对工资的满意度越高（β=0.207），对培训的满意度越高（β=0.306），对学校组织文化的认同度越高（$\beta=0.293$），其职业倦怠程度越低。

此外，模型 4 中教师内在动机和工作时长的影响系数明显减小，由此可见教师对工资的满意度的提升可缓解由于内在动机不足和工作时间较长而带来的职业倦怠；模型 6 中内在动机、工资满意度和培训满意度的影响系数明显减小，这说明教师对学校组织文化认同度的提升可以缓解因内在动机不足、对工资和培训效果不满意而带来的职业倦怠。

综上所述，内在动机、工资满意度、培训满意度、学校组织文化认同度对教师职业倦怠得分有显著的正向影响；外在动机、工作时长则对教师职业倦怠得分有显著负向影响。最终模型对职业倦怠得分变异的解释量达 33.4%。

2. 教师专业素养影响因素分析

以教师专业素养为因变量，逐步增加教师入行动机、职业倦怠、学校组织文化认同度，作为自变量，构建教师专业素养影响因素的多元回归分析模型（表5）。

表5　教师专业素养影响因素多元回归分析模型

	模型 1	模型 2	模型 3	模型 4
	β	β	β	β
（常量）控制变量	3.462***	2.343***	1.869***	1.452***
	(0.038)	(0.037)	(0.036)	(0.035)
内在动机		0.303***	0.226***	0.193***
		(0.006)	(0.006)	(0.005)
外在动机		0.041***	0.046***	0.029***
		(0.007)	(0.007)	(0.007)
职业倦怠			0.223***	0.134***
			(0.005)	(0.005)
学校组织文化认同度				0.266***
				(0.006)
R^2	0.015	0.278	0.375	0.457
ΔR^2		0.263	0.097	0.081
F	12.227	256.999	382.307	512.208
p	<0.001	<0.001	<0.001	<0.001
Δp		<0.001	<0.001	<0.001

注：*** 表示 $p<0.001$；β 为非标准化系数，括号内为标准误。

模型2显示，教师入行动机对教师专业素养存在显著正向影响，其中内在动机（$\beta=0.303$）比外在动机（$\beta=0.041$）的影响更大。解释增量为26.3%，表明教师入行动机是影响教师专业发展的重要因素。

模型3和模型4分别加入教师职业倦怠和学校组织文化认同度。结果表明，教师的职业倦怠程度越低（$\beta=0.223$），教师对学校组织文化的认同度越高（$\beta=0.266$），教师的专业素养越高。

此外，模型3中教师入行内在动机的影响系数明显减小，由此可见教师职业倦怠的降低可缓解内在动机不足带来的负面影响；模型4中教师入行动机、职业倦怠的影响系数明显减小，这说明提升教师对学校组织文化的认同度可缓解内在动机不足、职业倦怠严重给专业素养带来的负面影响。

综上所述，教师入行动机、职业倦怠、学校组织文化认同度对教师专业素养有显著的正向影响。最终模型对专业素养得分变异的解释量达45.7%，其中教师入行内在动机是影响教师专业素养的重要因素。

（三）教师专业素养影响机制

本研究运用结构方程模型，检验教师入行动机、工作时长、职业倦怠、学校组织文化认同度等变量对教师专业素养的影响，采用极大似然法对结构方程模型进行估计和检验。

中介模型拟合指标为$x^2/df=26.98$，RMSEA=0.04，CFI=0.91，TLI=0.91，SRMR=0.07，表明数据对模型拟合良好。[①] 结果（图31）表明：内在动机、外在动机和学校组织文化对教师专业素养的直接效应显著（$\gamma=0.47$，$p<0.001$；$\gamma=-0.05$，$p<0.001$；$\gamma=0.37$，$p<0.001$）；内在动机、工资满意度、培训满意度、学校组织文化能显著正向预测职业倦怠（$\gamma=0.19$，$p<0.001$；$\gamma=0.23$，$p<0.001$；$\gamma=0.07$，$p<0.001$；$\gamma=0.19$，$p<0.001$）；外在动机、教育教学类工作时长、非教育教学类工作时长能显著负向预测职业倦怠（$\gamma=-0.12$，$p<0.001$；$\gamma=-0.25$，$p<0.001$；$\gamma=-0.25$，$p<0.001$）；而职业倦怠能正向预测教师专业素养（$\gamma=0.03$，$p<0.001$），这表明职业倦怠可能起到积极的中介作用。中介模型对教师专业素养变异的解释率为54.3%。

[①] 温忠麟，张雷，侯杰泰，等. 中介效应检验程序及其应用[J]. 心理学报，2004, 36 (5): 614-620.

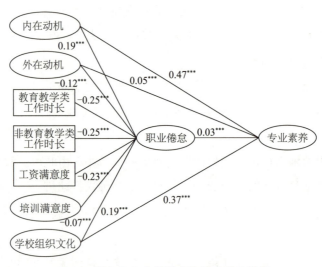

图 31　教师专业素养影响机制的中介模型

注：为使图形直观清晰，图中未画出控制变量及其路径系数；圆圈表示潜变量，方块表示直接观测到的变量；*** 表示 $p<0.001$。

利用非参数百分位 Bootstrap 法重复抽样 1 000 次检验中介效应的结果表明（表6）：所有中介效应均显著（$p<0.01$）。其中，"教育教学类工作时长/非教育教学类工作时长/学校组织文化认同度→职业倦怠→专业素养"路径的中介作用相对更强（$p<0.001$）。综上，职业倦怠在入行动机、工作时长、工资满意度、培训满意度、学校组织文化认同度与教师专业素养之间起到显著的中介作用。

表 6　对中介效应显著性检验的 Bootstrap 分析

路　　径	标准化的间接效应	95%置信区间
内在动机→职业倦怠→专业素养	0.006	[0.002, 0.009]**
外在动机→职业倦怠→专业素养	−0.004	[−0.006, −0.002]**
教育教学类工作时长→职业倦怠→专业素养	−0.007	[−0.012, −0.003]***
非教育教学类工作时长→职业倦怠→专业素养	−0.007	[−0.012, −0.003]***
工资满意度→职业倦怠→专业素养	0.007	[0.003, 0.011]***
培训满意度→职业倦怠→专业素养	0.002	[0.001, 0.004]**
学校组织文化认同度→职业倦怠→专业素养	0.006	[0.002, 0.009]***

注：** 表示 $p<0.01$，*** 表示 $p<0.001$。

三、监测结论

（一）优势与亮点

第一，苏州市中小学教师队伍整体上呈现出年轻化、知识化的特点。监测数据显示，教龄为1—5年的教师占比为33.3%，92.7%的教师具有本科及以上学历。

第二，教师专业素养较好。监测结果显示，教师专业素养较好，多基于内在动机从教，对学科专业知识、教育学知识掌握较好，职业倦怠程度较低。教师对培训满意度较高，新教师培训成效受到九成参与者的肯定。

第三，学校管理保障措施有效。监测结果显示，教师群体对学校管理效能和组织文化认同度较高；有三成教师参加过交流轮岗，其中近八成教师认为交流轮岗对流入学校有帮助。

（二）短板与挑战

第一，对标高素质教师发展目标，教师的高阶素养和身心压力方面是潜在弱项：面对新时代教育变革，教师的跨学科知识掌握能力、信息化教学能力、教学反思和创新能力有待强化；教师工作负荷有待减轻，教师工作时长大于TALIS 2018小学教师工作时长，非教育教学类工作时长约占三成，教师情绪和情感处于疲劳状态。

第二，聚焦专业化教师队伍建设，个性化、实效强的教师培训体系有待完善：教师培训和教研的主要问题在于存在工学矛盾和培训实效性欠佳；校长与教师在促进教师专业发展方面存在理念和认知上的较大差异。

第三，着眼创新型教师队伍建设，教师队伍建设保障支持机制需要突破：苏州市的教师队伍整体结构与北京、上海存在差距；招聘政策和编制管理有待优化；教师工资和班主任津贴有待提升，教师绩效激励机制需要完善。

（三）区域差异

苏州市辖10个市（区）的小学教师队伍发展现状存在一定差异。

其一，B区和C区总体表现较好：教师专业素养、对学校管理效能与组织文化认同度得分均较高，教师的职业倦怠程度低。B区高学历教师更多，高龄教师较少；C区新教师培训满意度最高，但男教师和高学历教师占比均较低。

其二，A 区和 F 区总体表现较差：教师专业素养、新教师培训满意度、对学校管理效能与组织文化认同度均较低，教师职业倦怠较高。A 区教师工资满意度最低；F 区男教师占比最高。

其三，在教师队伍结构方面：D 区高学历教师多，新教师占比高，高龄教师占比最低；E 区、H 区和 G 区高学历教师较少，且高龄教师占比高；G 区男教师占比较低，H 区男教师占比较高。

其四，在教师工作压力和工资满意度方面，J 区教师职业倦怠感低，工资满意度高；G 区教师职业倦怠感最高；D 区教师工作时间最长，工资满意度较低；E 区教师工作时长最短，工资满意度较低。

其五，在新教师培训和教师流动方面：H 区新教师培训满意度和教师参与交流轮岗占比较高；D 区新教师培训满意度和教师参与交流轮岗占比较低；I 区教师参与交流轮岗占比最低。

（四）教师专业素养影响机制

内在动机、学校组织文化认同度和职业倦怠对教师专业素养具有显著正向影响，外在动机对教师专业素养具有显著负向影响。职业倦怠在入行动机、工作时长、工资满意度、培训满意度、学校组织文化认同度与教师专业素养之间起到显著的中介作用。

四、对策与建议

基于监测结果和相关分析，本报告建议苏州市教育行政部门、教研部门、教师专业发展部门遵循《中共中央 国务院关于全面深化新时代教师队伍建设改革的意见》《新时代基础教育强师计划》等文件，把握重点、创新机制、分类施策，市级层面重在做好统筹和政策设计，区级层面重在提升素养与激发活力，校级层面重在赋权增能与专业引领，促进教师队伍规模、结构、质量协调发展，提升教师专业素养，推动高素质专业化创新型教师队伍建设。

（一）对标教育改革发展要求，促进教师专业能力全面提升

一是提升教师的思想政治素养和职业道德修养。市级层面：全面加强中小学教师思

想政治建设，坚持德法并举，严把入口关、考核关、监督关、惩处关，开展多层次的优秀教师选树宣传活动。区级层面：创新师德教育方式，激发教师涵养师德的内生动力。校级层面常态化推进师德培育涵养，引导教师深刻理解学科育人价值，落实全员全过程全方位育人理念。

二是加大对教师跨学科素养的培养力度。市级层面：加强培训与教研中对教师跨学科素养的要求，提供国内外优质的跨学科课程与实践。区级层面：积极推动跨学科课程设计与实践，探索教师跨学科素养的发展路径和方法。校级层面：设立跨学科主题学习活动，建立相应的课程研发机制，鼓励教师开展跨学科教研与实践。

三是推动教师信息技术应用能力的提升。市级层面：依托全国"智慧教育示范区"创建，全面实施中小学教师信息技术应用能力提升工程2.0，加强硬件设施和软件资源建设，优化信息化教学环境。区级层面：把握信息技术发展趋势和不同类型教师培训需求，创新推动教师信息素养研训。校级层面：鼓励教师创新使用信息技术推动教与学变革，推动学习技术进课堂。

四是激发教师工作的内在动力。市级层面：利用大数据和人工智能等信息化手段，为教师提供基础资料、优质资源和个性化指导，减轻简单重复工作负担。区级层面：落实"苏州市中小学教师减负十项规定"，减少非教学类任务进校，清理和规范进学校的各类检查、考核、评比活动。校级层面：优化教师关怀、激励、考核和竞争等机制，营造追求进取、包容创新的氛围，释放教师消极倦怠情绪，引领教师自主发展。

（二）遵循教师专业成长规律，推动教师培养体系不断完善

一是缓解教师的工学矛盾。市级层面：科学制订培训计划，合理设置"市—县（区）—校"三级培训内容和时间，提高培训的实效性。区级层面：灵活采用线上线下混合式培训，实现自主选学、集中培训、个别诊断相结合。校级层面：合理安排教师教学和培训时间，适度减少新教师工作量，保障培训效果。

二是提升培训和教研的实效性。市级层面：建立自主选学机制和精准帮扶机制，开展菜单式培训，给予教师一定的自由选择权，提高培训的适切性。区级层面：基于不同层次的教师的需求，加强新教师培训中的课堂教学、班级管理相关指导，增加新教师在见习基地校上课时间，提升教师在教研活动中的参与度。校级层面：以符合校本实际、贴近教育前沿的内涵项目引领教师发展，通过师徒结对制、听评课等方式，教师能在教学实践中理解、吸收并运用专业知识。

三是发挥专家型教师的辐射引领作用。市级层面：实施名师名校长领航计划，培养

一批引领教育改革发展、辐射带动区域教师素质能力提升的教育名家。区级层面：鼓励特级教师、学科带头人、骨干教师建立名师工作室，开展联合教研，引领教师专业成长。校级层面：发挥骨干教师的示范引领作用，培育不同年级、不同学科的学习共同体。

（三）重视教师队伍建设需要，确保教师保障机制高效运行

一是优化教师招聘政策和编制管理。市级层面：加大对相对偏远地区学校教师招聘的政策支持；根据学龄人口变化趋势，分学段核定教师编制，动态优化编制结构。区级层面：完善教师"县管校聘"实施办法，实现编制动态调整，将教师编制配备和购买工勤服务相结合。

二是完善教师绩效工资和班主任津贴标准。市级层面：健全中小学教师与当地公务员工资收入增长联动机制。区级层面：指导学校建立合理的绩效工资分配制度，向班主任、教育教学效果突出的一线教师倾斜。校级层面：完善学校内部绩效分配方案，构建重能力、重实绩、重贡献的分配激励机制，真正发挥绩效工资导向作用。

三是健全教师、校长交流轮岗激励保证机制。市级层面：完善县域内义务教育学校教师和校长交流轮岗机制，在编制核定、岗位设置、业绩考核等方面制定配套政策。区级层面：优化教师和校长交流轮岗机制细则，给交流轮岗教师、校长提供食宿、交通等方面的补助。校级层面：鼓励教师积极参与学区和集团内交流轮岗工作，在绩效分配、职称评定、评优表彰中对参与教师予以倾斜。

（本文由苏州市教育质量监测中心、上海市闵行区教育测评与研究中心提供，撰稿人：曾庆彪、冯杰、顾新颖、马怡然、杨朝分、刘冬、马军腾、沈彦彬）

苏州市中小学生创造力调查研究报告

一、研究背景

进入21世纪,国家与社会比以往任何时候都重视创造力,政策制定者、教育学家、企业家都视其为21世纪最为关键的能力之一。创造力是社会转型和经济增长的强大驱动力,创新型人才也是各国立足于世界的核心竞争力。作为个体需要掌握的技能之一,创造力已被多个经济体和国际组织纳入培养学生核心素养的框架体系。[①]

创造力的本质是复杂而多维的,个体需要通过人格倾向、认知思维和支持性环境之间的互动来产生出社会所认可的新颖而有用的产品。[②③] 为回应21世纪人才培养的要求,在学生接受正式教育最主要的学校场所——课堂——中理解学生的创造力及其促成因素,并紧扣学生的发展特点,培养学生的创造性倾向,启发学生的创造性思维,成为一个重要的学术议题。

而本研究以苏州市中小学生为研究样本,基于学生在具体领域的创造性活动成就表现、创造性能力、创造性潜能及课堂创造性氛围四个方面,分析当前苏州市中小学生的创造力和课堂创造性氛围的现状,探讨个体创造性水平背后的影响机制及学生的创造性水平与学业成绩之间的关系,从而为科学地认识、培养和激发学生的创造力提供实证依据。

具体而言,本研究旨在分析以下问题:

① 苏州市中小学生的创造性水平(包括创造性活动成就表现、创造性能力、创造性潜能)的总体情况如何?不同学段是否存在显著差异?

② 苏州市中小学生感知的课堂创造性氛围总体情况如何?教师自评教学风格的整体情况如何?不同学段是否存在显著差异?

---

① 林崇德. 21世纪学生发展核心素养研究[M]. 北京:北京师范大学出版社,2016.
② Plucker, J. A. Generalization of creativity across domains: examination of the method effect hypothesis[J]. *Journal of Creative Behavior*, 2004, 38(1):1-12.
③ Lubart, T., Zenasni, F., Barbot, B. Creative potential and its measurement[J]. *International Journal for Talent Development and Creativity*, 2013, 1(2):41-51.

③ 学生的创造性水平受哪些个体因素和环境因素的影响?
④ 学生的创造性水平与学业成绩之间存在怎样的关系?

二、研究设计

(一) 研究样本

本研究在苏州市五个区内进行,采用分层抽样法,随机抽取了48所中小学(N_4 = 24,N_8 = 24)、4 833名学生(N_4 = 2 558,N_8 = 2 275)及309名任课教师,其中男学生占53.8%,女学生占46.2%。

(二) 测量工具

本研究涉及7份测验工具,具体如表1所示。

表1 研究测量工具汇总表

	变量	工具名称
创造性水平	创造性活动成就表现	《创造性活动成就量表》
	创造性能力(远程联想能力)	《远程联想测验》
	创造性潜能	《学生创造性潜能自评量表》
课堂创造性氛围	学生对课堂创造性氛围的感知	《学生课堂氛围感受调查》
	教师自评教学风格	《教师教学风格调查》
背景信息	家庭的社会经济地位	《学生家庭背景问卷》
	学生智力(瑞文智力)	《瑞文推理测验》

(三) 数据收集

首先,按照"区域—学校—班级"的分层抽样方式,抽取"吴中区""相城区""姑苏区""工业园区""高新区"五个区域,然后在每个区域抽取小学和初中各3~6所,每所学校在各自要求的年级中随机抽取3个班级(小学四年级、初中八年级)。其次,研究组于2021年5月上旬至6月进行了数据收集工作。在获得所选取的48所学校的同意后,借助"问卷星"网络平台制作问卷并组织学生在校内机房进行线上作答。最后,研究组在2021年9月收集到对应的八年级学生的苏州统测成绩,统测科目包括语文和数学。

三、研究结果

（一）苏州市中小学生的创造性水平

1. 苏州市中小学生的创造性活动成就表现

（1）创造性活动成就表现水平的划分

根据《创造性活动成就量表》中所描述的 11 种创造性活动成就表现，将学生在文学、音乐、手工制作、烹饪、运动、视觉艺术、表演艺术和科学工程等 8 个分领域的创造性活动成就表现按照表 2 的方式分为高、中、低 3 个水平。

表 2 学生的创造性活动成就表现水平的划分标准

创造性活动成就表现	水平	水平特征
1. 我从来没有接触过该领域。	低	在该领域没有或较少尝试过创造性活动
2. 我在该领域做过一次尝试。		
3. 我在该领域有过至少一件原创作品。	中	积极参与创造性活动，有原创性作品，并在他人面前展示过
4. 我在朋友面前展示过我在该领域的原创作品。		
5. 我在陌生人面前展示过我在该领域的原创作品。		
6. 为了改进自己的技能，我参加过该领域的培训课程。		
7. 我发表过该领域的原创作品。	高	在该领域有较好的创造性表现或原创作品，取得过在一定公开范围内他人认可的创造性成就
8. 我参加过相关领域的竞赛。		
9. 我在该领域的原创作品获得过奖项或奖励。		
10. 媒体报道过我在该领域的作品。		
11. 我卖出过自己在该领域的作品。		

（2）总体情况

苏州市中小学生在不同领域的创造性活动成就表现情况分布如图 1 所示。从总体来看，学生的创造性活动成就表现并不太理想，平均得分为 2.37 分。从具体领域来看，学生在文学领域的创造力活动成就表现相对最佳（平均得分为 3.28 分），在科学工程领域平均得分最低（1.61 分）。总体和各领域均存在显著正偏态分布特征，这说明低分段的学生显著多于高分段的学生。

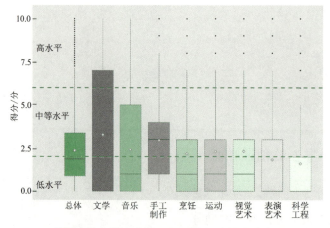

图 1　苏州市中小学生在不同领域的创造性成就表现现状

总体和各领域不同水平学生的具体人数占比情况如图 2 所示。处于低水平的学生较多，共计 2 426 人（51%），处于中等水平的学生有 2 025 人（43%），处于高水平的学生有 308 人（6%）。从具体领域来看，低水平学生占比从高到低分别是科学工程（71%）、表演艺术（69%）、运动（60%）、音乐（59%）、视觉艺术（56%）、烹饪（51%）、文学（46%）和手工制作（39%）。在这 8 个领域中，文学领域的高水平学生占比最高（30%），音乐领域以 18% 的比例紧随其后，手工制作、运动、视觉艺术、表演艺术领域均有 15% 左右的学生表现为高水平，科学工程和烹饪领域的高水平学生占比较低，分别为 10% 和 9%。

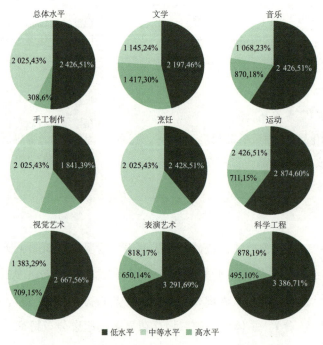

图 2　各领域不同水平学生的人数占比情况

(3)不同学段学生的创造性活动成就表现差异

创造性活动成就表现在不同学段学生中的差异对比如表3所示。四年级与八年级的学生在音乐、手工制作、表演艺术、科学工程4个领域的平均水平并无显著差异。八年级学生在视觉艺术(2.48分)和文学(3.58分)领域的平均得分高于四年级学生,但在运动领域的平均得分(2.15分)显著低于四年级学生的平均得分(2.47分)。

表3 不同学段学生的创造性成就表现对比

领域	四年级		八年级		F值
	均值	标准差	均值	标准差	
文学	2.98	3.26	3.58	3.33	39.306**
音乐	2.38	2.91	2.47	2.94	0.905
手工制作	2.94	2.72	2.97	2.75	0.114
烹饪	2.12	2.44	2.26	2.25	4.514*
运动	2.47	2.80	2.15	2.71	16.840**
视觉艺术	2.18	2.72	2.48	2.89	13.386**
表演艺术	1.78	2.71	1.89	2.81	1.692
科学工程	1.63	2.51	1.59	2.53	0.220

注:$N_4 = 2\,402$,$N_8 = 2\,357$;** 表示 $p<0.01$,* 表示 $p<0.05$。

2. 苏州市中小学生的创造性能力

(1)总体情况

创造性能力水平估计结果如图3所示。依据标准差确定学生水平等级,苏州市中小学生被划分为"低水平""较低水平""较高水平""高水平"的分别为1 370人(29%)、1 242人(26%)、1 109人(23%)、1 038人(22%)。

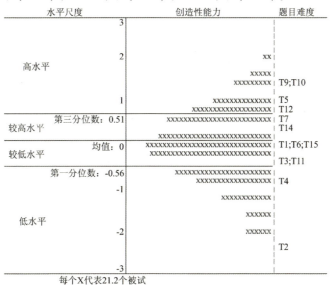

图3 苏州市中小学生创造性能力水平评估

（2）不同学段学生的创造性能力水平差异

从不同学段学生的创造性能力分布的对比（图4）可知，八年级学生的创造性能力平均水平（-0.04）显著低于四年级学生（0.06）。在"低水平""较低水平""较高水平""高水平"的人数分布中，八年级学生的占比分别为31%、27%、22%和20%，四年级学生的占比分别为27%、25%、24%和24%。通过进一步方差检验，四年级学生的创造性能力水平总体显著高于八年级学生。

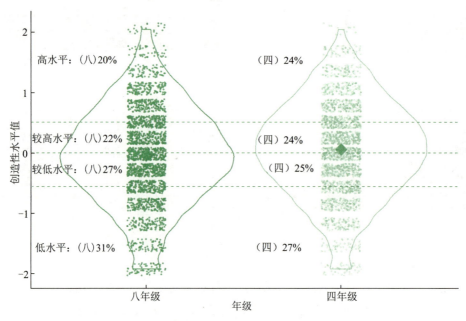

图4 不同学段学生的创造性能力分布对比

3. 苏州市中小学生的创造性潜能

（1）总体情况

对苏州市中小学生在各维度和指标上的总体情况分析如表4所示。从整体来看，创造性人格得分（2.33分）大于创造性思维得分（2.29分）。具体到每个指标上，"好奇心"的得分最高（2.52分），以下依次是创造性思维的"精致性"（2.35分）、创造性人格的"情感充沛"（2.32分）和创造性思维的"流畅性"（2.29分），得分较低的指标是创造性人格的"冒险性"（2.22分）和创造性思维的"独特性"（2.24分）。

表 4 苏州市中小学生的创造性潜能总体情况　　　　　　　　　　　单位：分

维度和指标	均值	标准差	最小值	最大值
创造性潜能	4.62	0.82	2.17	6.00
创造性人格	2.33	0.37	1.08	3.00
好奇心	2.52	0.52	1.00	3.00
冒险性	2.22	0.57	1.00	3.00
不畏挑战	2.27	0.44	1.00	3.00
情感充沛	2.32	0.60	1.00	3.00
创造性思维	2.29	0.49	1.00	3.00
流畅性	2.29	0.55	1.00	3.00
灵活性	2.28	0.51	1.00	3.00
独特性	2.24	0.55	1.00	3.00
精致性	2.35	0.52	1.00	3.00

注：$N_{总}=4833$。

（2）不同学段学生的创造性潜能对比分析

苏州市中小学生创造性潜能的对比情况如表 5 和图 5 所示。八年级学生在创造性潜能、创造性人格和创造性思维上的得分要显著高于四年级学生。除了在创造性人格的"好奇心"和创造性思维的"精致性"这两个指标上没有显著性差异外，八年级学生在创造性人格的"冒险性""情感充沛"指标和创造性思维的"流畅性""灵活性""独特性"指标上的得分均显著高于四年级学生。而四年级学生在创造性人格的"不畏挑战"指标上的表现要显著优于八年级学生。

表 5 不同学段苏州市中小学生的创造性潜能对比情况

维度和指标	均值/分		t 值
	四年级	八年级	
创造性潜能	4.60	4.66	2.53*
创造性人格	2.32	2.35	2.73**
好奇心	2.51	2.53	0.70
冒险性	2.18	2.26	4.71**
不畏挑战	2.33	2.21	−9.96**
情感充沛	2.24	2.40	9.01**

续表

维度和指标	均值/分		t 值
	四年级	八年级	
创造性思维	2.28	2.31	2.16*
流畅性	2.27	2.31	2.57*
灵活性	2.26	2.30	2.45*
独特性	2.21	2.27	3.45**
精致性	2.35	2.35	−0.25

注：$N_4 = 2\,558$，$N_8 = 2\,275$；** 表示 $p<0.01$，* 表示 $p<0.05$。

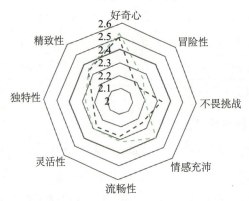

图5　不同学段学生在不同创造性潜能指标上的表现差异

（二）苏州市中小学的课堂创造性氛围

1. 总体情况

苏州市中小学的课堂创造性氛围总体情况如表6所示。四年级语文课堂、数学课堂的创造性氛围较好，得分分别是3.26分、3.14分。八年级语文课堂（3.31分）和数学课堂（3.33分）得分较高。

表6　苏州市中小学的课堂创造性氛围　　　　　　单位：分

总分和各维度	四年级		八年级	
	语文课堂	数学课堂	语文课堂	数学课堂
总分	3.26	3.14	3.31	3.33
合作互助	3.24	3.05	3.25	3.24
鼓励自评	3.11	3.05	3.22	3.24

续表

总分和各维度	四年级		八年级	
	语文课堂	数学课堂	语文课堂	数学课堂
允许接受	3.30	3.24	3.41	3.45
自主参与	3.17	2.92	3.13	3.13
无时间压力	3.32	3.24	3.40	3.40
充分思考	3.43	3.36	3.44	3.51

对苏州市中小学的课堂创造性氛围的各个指标的分析如图6和图7所示。结合表6可知，四年级语文课堂在"充分思考"（3.43分）、"无时间压力"（3.32分）、"允许接受"（3.30分）三个指标上的得分较高，在"自主参与"（3.17分）、"鼓励自评"（3.11分）两个指标上的得分较低；数学课堂在"充分思考"（3.36分）指标上的得分较高，在"合作互助"（3.05分）、"鼓励自评"（3.05分）、"自主参与"（2.92分）三个指标上的得分较低。八年级语文课堂在"充分思考"（3.44分）、"允许接受"（3.41分）、"无时间压力"（3.40分）三个指标上的得分较高，在"自主参与"（3.13分）指标上的得分较低；数学课堂在"充分思考"（3.51分）、"允许接受"（3.45分）、"无时间压力"（3.40分）三个指标上的得分较高，在"自主参与"（3.13分）指标上的得分较低。

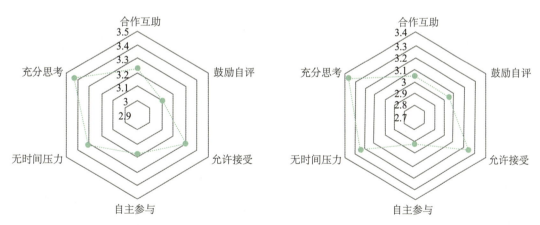

图6　四年级语文课堂（左）、数学课堂（右）雷达图

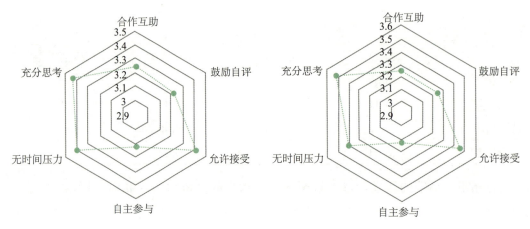

图7　八年级语文课堂（左）、数学课堂（右）雷达图

2. 不同学段的课堂创造性氛围对比分析

由表7和图8可知，八年级语文课堂的创造性氛围得分（3.32分）显著高于四年级语文课堂（3.27分）。具体到各个指标，四年级语文课堂在"自主参与"指标上的得分显著高于八年级语文课堂，而八年级语文课堂在"鼓励自评""允许接受""无时间压力"上的表现要显著优于四年级语文课堂。八年级数学课堂的创造性氛围得分（3.33分）显著高于四年级数学课堂（3.15分）。具体到各个指标，八年级数学课堂在创造性氛围的各个指标上的表现均显著优于四年级数学课堂。

表7　不同学段苏州市中小学的课堂创造性氛围对比情况　　　　单位：分

总分和各维度	语文课堂			数学课堂		
	四年级	八年级	t值	四年级	八年级	t值
总分	3.26	3.31	2.81**	3.14	3.33	10.37**
合作互助	3.24	3.25	0.41	3.05	3.24	9.75**
鼓励自评	3.11	3.22	5.05**	3.05	3.24	8.21**
允许接受	3.30	3.41	6.38**	3.24	3.45	11.88**
自主参与	3.17	3.13	-2.05*	2.92	3.13	11.12**
无时间压力	3.32	3.40	3.52**	3.24	3.40	7.55**
充分思考	3.43	3.44	0.75	3.36	3.51	7.10**

注：N_4 = 2 558，N_8 = 2 275；** 表示 $p<0.01$，* 表示 $p<0.05$。

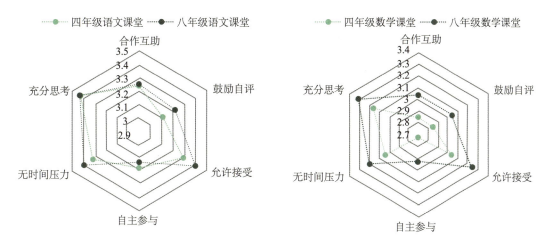

图 8 不同学段的语文课堂（左）、数学课堂（右）的创造性氛围对比分析

3. 苏州市中小学的教师自评教学风格总体情况

苏州市中小学的教师自评教学风格的总体情况如表8所示。四年级语文课堂和数学课堂的创造性氛围较好，得分分别是3.55分和3.32分。八年级的语文课堂（3.47分）、数学课堂（3.41分）得分较高。该结果表明，苏州市中小学教师对自身教学风格的评价较高，认为自己的课堂在整体上能够支持学生的创造性表现，有利于学生创造力的培养和提升。

表 8 苏州市中小学的教师自评教学风格情况　　　　　　　　　　单位：分

总分和各维度	四年级		八年级	
	语文课堂（n=71）	数学课堂（n=59）	语文课堂（n=58）	数学课堂（n=58）
总分	3.55	3.32	3.47	3.41
合作互助	3.48	3.26	3.45	3.33
鼓励自评	3.42	3.18	3.14	3.16
允许接受	3.63	3.39	3.60	3.53
自主参与	3.56	3.33	3.45	3.49
无时间压力	3.54	3.31	3.47	3.39
充分思考	3.63	3.39	3.56	3.47

对苏州市中小学的教师自评教学风格各个指标的分析如图9和图10所示。四年级语文教师在"充分思考"（3.63分）、"允许接受"（3.63）指标上的得分较高，在"鼓励自评"（3.42分）指标上的得分较低；数学教师在"充分思考"（3.39分）、"允许接受"（3.39分）指标上的得分较高，在"鼓励自评"（3.18分）指标上的得分较低。

八年级语文教师在"允许接受"(3.60分)、"充分思考"(3.56分)指标上的得分较高,在"鼓励自评"(3.14分)指标上的得分较低;数学教师在"允许接受"(3.53分)指标上的得分较高,在"鼓励自评"(3.16分)指标上的得分较低。由此可见,苏州市中小学的语文教师和数学教师在"充分思考"和"允许接受"指标上均表现优异,在"鼓励自评"上表现较差。

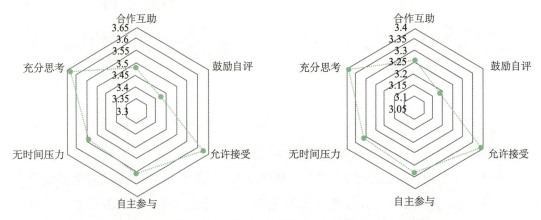

图9　四年级语文教师(左)、数学教师(右)教学风格雷达图

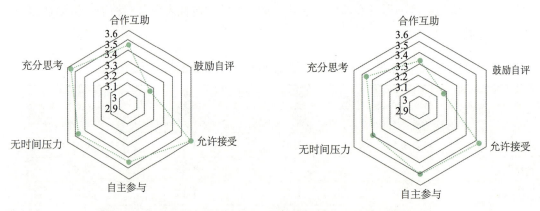

图10　八年级语文教师(左)、数学教师(右)教学风格雷达图

4. 不同学段的教师自评教学风格对比分析

由表9和图11可知,四年级语文教师、数学教师的教学风格和八年级语文教师、数学教师的教学风格均没有显著性差异。该结果表明,在苏州市中小学不鼓励学生进行自我评价和反思的情况下,中学教师比小学教师更缺乏鼓励学生自评的意识。

表9　不同学段的教师自评教学风格对比分析　　　　　　　　　　　单位：分

总分/维度	语文教师			数学教师		
	四年级 ($n=71$)	八年级 ($n=58$)	t值	四年级 ($n=59$)	八年级 ($n=58$)	t值
总分	3.55	3.47	-1.10	3.32	3.41	1.10
合作互助	3.48	3.45	-0.34	3.26	3.33	0.70
鼓励自评	3.42	3.14	-2.88**	3.18	3.16	-0.24
允许接受	3.63	3.60	-0.38	3.39	3.53	1.89
自主参与	3.56	3.45	-1.33	3.33	3.49	1.79
无时间压力	3.54	3.47	-0.99	3.31	3.39	0.92
充分思考	3.63	3.56	-0.97	3.39	3.47	0.87

注：** 表示 $p<0.01$。

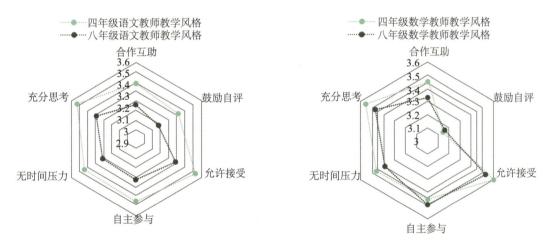

图11　不同学段的语文教师教学风格（左）、数学教师教学风格（右）对比分析

（三）学生创造性水平的影响因素

1. 学生创造性活动成就表现的影响因素

创造性活动成就表现与创造性能力、创造性潜能、瑞文智力、家庭背景的关系如图12所示。从整体来看，随着创造性能力、瑞文智力的提升，学生的创造性活动成就表现具有一定的上升趋势。结合多元回归分析结果（表10）可知，学生在一般性领域的创造性能力越高，在具体领域的创造性活动成就表现就越好；学生的智力越高，其创造性活动成就表现就越好。

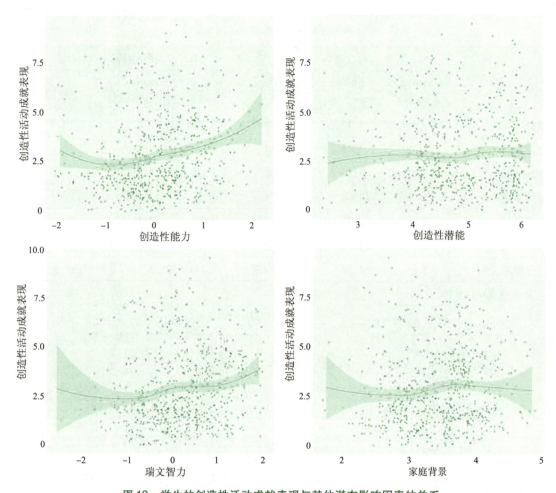

图 12　学生的创造性活动成就表现与其他潜在影响因素的关系

表 10　影响学生的创造性活动成就表现的因素的多元回归分析

	β 系数	标准误	t 值	p 值
常量	2.495	0.584	4.271**	0.000
创造性能力	0.349	0.101	3.457**	0.001
创造性潜能	−0.050	0.103	−0.486	0.627
瑞文智力	0.247	0.103	2.399*	0.017
家庭背景	0.146	0.147	0.988	0.324

注：**表示 $p<0.01$；*表示 $p<0.05$。

2. 学生创造性能力的影响因素

学生的创造性能力与创造性潜能、瑞文智力、家庭背景和课堂创造性氛围的关系如图 13 所示。随着瑞文智力的不断提升，学生的创造性能力有较为显著的提高，呈现出一定的上升趋势。根据多元回归分析的结果（表 11），学生的创造性能力受到瑞文智力的影响较大，而不受创造性潜能、家庭背景、课堂创造性氛围的影响。

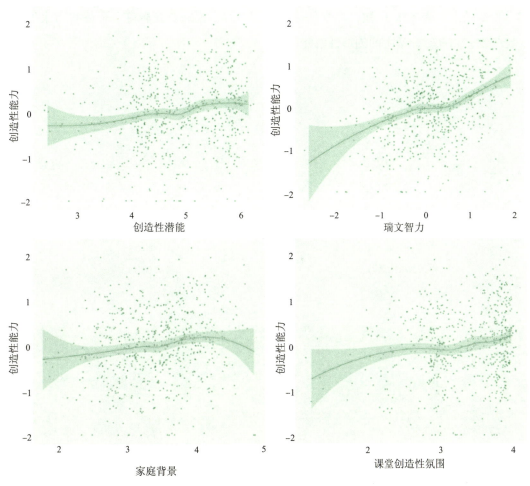

图13　学生的创造性能力与其他潜在影响因素的关系

表11　影响学生的创造性能力的因素的多元回归分析

	β系数	标准误	t值	p值
常量	−0.762	0.249	−3.063**	0.002
创造性潜能	0.076	0.044	1.736	0.083
瑞文智力	0.317	0.039	8.118**	0.000
家庭背景	0.052	0.059	0.874	0.382
课堂创造性氛围	0.062	0.062	1.005	0.315

注：**表示$p<0.01$。

3. 学生的创造性潜能的影响因素

从图14可以看出，随着课堂创造性氛围的提升或家庭背景的提升，学生的创造性潜能存在明显上升的趋势。当瑞文智力水平为中等偏下时，随着智力水平的提高，创造性潜能反而下降；当智力水平较高、瑞文智力增加时，创造性潜能也在提高。结合多元回归分析的结果(表12)可知,课堂创造性氛围越好、家庭背景越好、个体智力水平在一定程度上越高时,学生的创造性潜能越高。

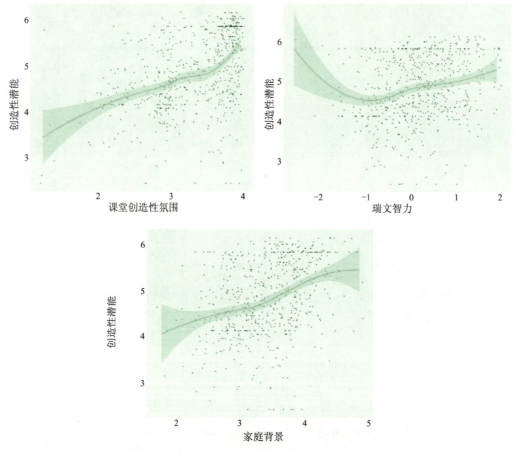

图 14　学生的创造性潜能与其他潜在影响因素的关系

表 12　影响学生的创造性潜能的因素的多元回归分析

	β系数	标准误	t值	p值
常量	1.957	0.214	9.155**	0.000
课堂创造性氛围	0.531	0.053	10.095**	0.000
瑞文智力	0.116	0.035	3.290**	0.001
家庭背景	0.326	0.053	6.178**	0.000

注:**表示 $p<0.01$。

(四)学生的创造性水平与学业成绩的关系

该部分将对以下两个问题进行更深入的探讨:其一,个体层面的各因素对学业成绩是否有影响?影响效应是否显著?其二,班级层面的班级课堂创造性氛围对学业成绩是否有影响？影响效应是否显著？此部分涉及的不同层面的变量关系如图 15 所示。

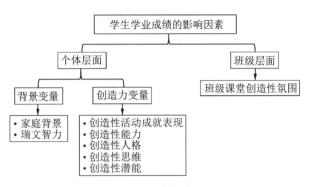

图 15　学生学业成绩的影响因素

1. 创造力和学业成绩变量之间的相关性分析

图 16 和图 17 展示了科目成绩与解释变量之间及解释变量内部的相关性。语文成绩、数学成绩与所有背景变量和解释变量之间均存在显著正相关性。此外，根据两个数据集的结果，创造性人格、创造性思维与创造性潜能之间存在高度正相关性，若建模研究同时将高度相关的变量纳入模型，则会存在共线性问题，因此最终仅选用"创造性潜能"作为解释变量纳入下文的多元逐步回归模型之中。

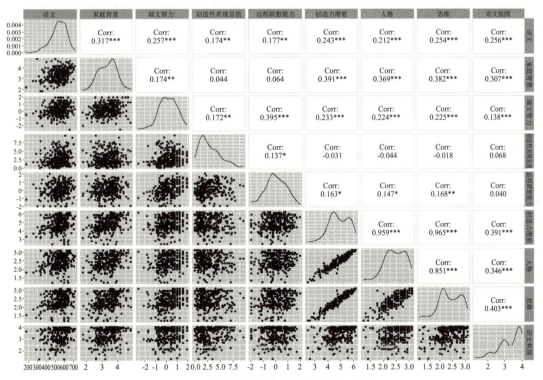

图 16　语文成绩与各变量之间的相关性

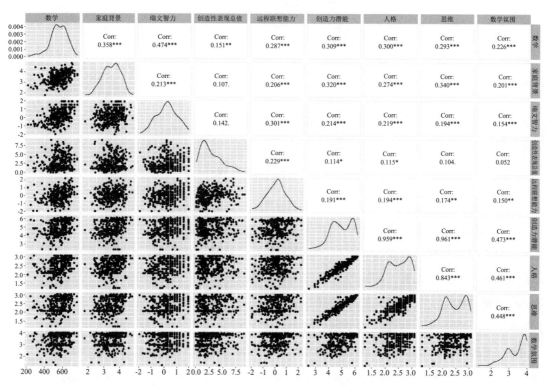

图 17　数学成绩与各变量之间的相关性

2. 个体层面学生的创造力与学业成绩之间的关系

（1）创造力与语文成绩之间的总体关系

图 18 展示了语文成绩与创造性活动成就表现之间的关系，左右图呈现的格式在下文保持一致。图 18（1）为创造性活动成就表现与语文成绩之间的关系的散点图。随着创造性活动成就表现的变好，确实存在语文成绩的递增趋势。图 18（2）为不同创造性活动成就表现水平下语文成绩的分布图。在"低水平""中等水平""高水平"创造性活动成就表现水平下，语文成绩优异的占比逐渐提高，分别为 19%、30%、37%，语文成绩中等的学生占比均为 50% 左右，成绩处于低分数段的学生占比逐渐减少，分别为 31%、22%、14%。

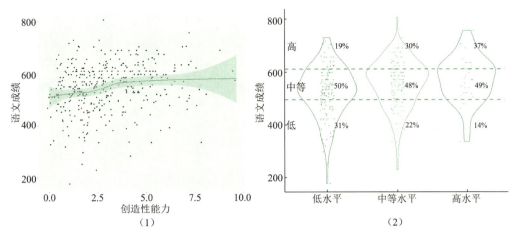

图 18　语文成绩与创造性活动成就表现之间的关系

图 19 展示了语文成绩与创造性能力之间的关系。由图 19（1）可知，随着创造性能力的提升，语文成绩逐渐提高。由图 19（2）可知，在不同的创造性能力水平下，语文成绩优异的学生的占比分别为 17%、22%、27%、34%，成绩中等的学生的占比均为 50%左右，成绩处于低分数段的学生的占比分别为 33%、28%、21%、17%。

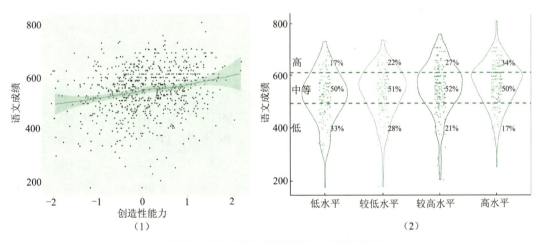

图 19　语文成绩与创造性能力之间的关系

图 20 展示了语文成绩与创造性潜能之间的关系。由图 20（1）可知，随着创造性潜能的增长，语文成绩逐渐提高。由图 20（2）可知，在创造性潜能处于"低水平""中等水平""高水平"的学生中，语文成绩较差的学生的占比分别为 41%、23% 和 22%，语文成绩中等的学生的占比分别为 44%、53% 和 50%，语文成绩优异的学生的占比分别为 15%、24% 和 28%。

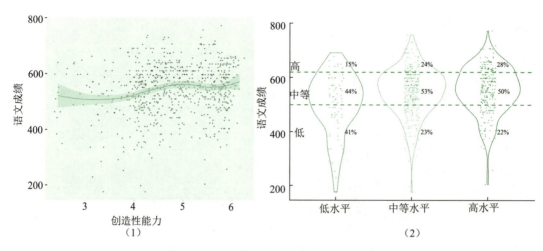

图 20　语文成绩与创造性潜能之间的关系

表 13 展示了以语文成绩为因变量的多元逐步回归模型分析结果。选择模型 4 作为最终模型的结果显示，创造性潜能和创造性活动成就表现对语文成绩均存在显著正向影响。从具体情况来看，在其他变量不变的前提下，创造性潜能每增加一个单位，语文成绩倾向于提高 12.884 分，而创造性活动成就表现每增加一个单位，语文成绩倾向于提高 6.398 分。

表 13　语文成绩多元逐步回归模型分析结果

变量类型	变量名称	模型 1	模型 2	模型 3	模型 4
控制变量	家庭背景	43.717***	37.881***	38.353***	36.841***
	瑞文智力	22.987***	21.036***	17.545**	18.176**
解释变量	创造性潜能		11.449*	10.638	12.884**
	创造性能力			9.018	
	创造性活动成就表现				6.398**

注：*** 表示 $p<0.01$，** 表示 $p<0.05$，* 表示 $p<0.1$。

（2）创造力与数学成绩之间的总体关系

图 21 展示了数学成绩与创造性活动成就表现之间的关系。由图 21（1）可知，数学成绩与创造性活动成就表现之间并不存在显著的线性关系。由图 21（2）可知，在不同的创造性活动成就表现水平下，数学成绩优异的学生的占比分别为 18%、42% 和 26%，成绩中等学生的占比分别为 51%、42% 和 60%，成绩处于低分数段学生的占比逐渐降低，分别为 30%、16% 和 14%。

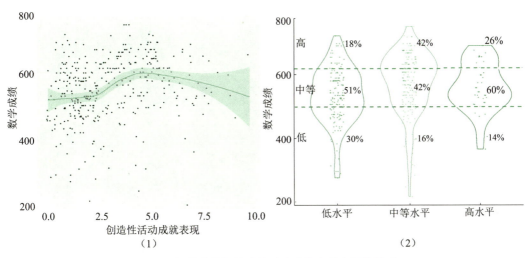

图 21　数学成绩与创造性活动成就表现之间的关系

图 22 展示了数学成绩与创造性能力之间的关系。由图 22（1）可知，随着创造性能力的提升，数学成绩逐渐提高。由图 22（2）可知，在不同的创造性能力水平下，数学成绩优异的学生的占比分别为 21%、20%、25% 和 36%，成绩中等的学生的占比分别为 44%、50%、60% 和 49%，成绩处于低分数段的学生的占比分别为 35%、30%、15% 和 15%。

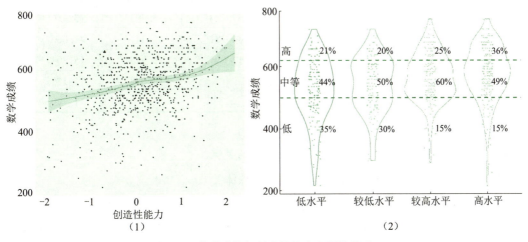

图 22　数学成绩与创造性能力之间的关系

图 23 展示了数学成绩与创造性潜能之间的关系。由图 23（1）可知，随着创造性潜能的增长，数学成绩逐渐提高。由图 23（2）可知，在创造性潜能处于"低水平""中等水平""高水平"的学生中，数学成绩较差的学生的占比分别为 44%、27% 和 14%，数学成绩中等的学生的占比分别为 44%、54% 和 53%，数学成绩优异的学生的占

比分别为 12%、19% 和 33%。

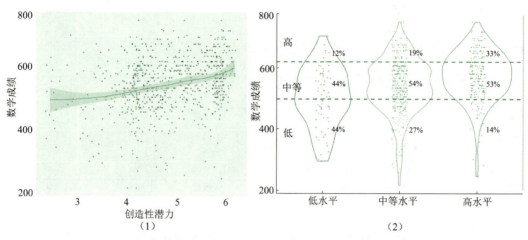

图 23　数学成绩与创造性潜能之间的关系

表 14 展示了以数学成绩为因变量的多元逐步回归模型分析结果。选择模型 3 作为最终模型的结果显示，创造性潜能、创造性能力分别每增加一个单位，数学成绩分别提高 15.925 分和 12.008 分。

表 14　数学成绩多元逐步回归模型分析结果

变量类型	变量名称	模型 1	模型 2	模型 3	模型 4
控制变量	家庭背景	45.009***	37.723***	35.592***	35.356***
	瑞文智力	47.009***	44.381***	41.347***	41.066***
解释变量	创造性潜能		17.091***	15.925***	15.704***
	创造性能力			12.008**	11.175*
	创造性活动成就表现				1.799

注：***表示 $p<0.01$，**表示 $p<0.05$，*表示 $p<0.1$。

3. 班级层面课堂创造性氛围与学业成绩之间的关系

（1）语文课堂创造性氛围与语文成绩之间的总体关系

图 24 展示了语文课堂创造性氛围与语文成绩之间的关系。图 24（1）为班级课堂创造性氛围与班级语文平均成绩的散点图。本研究涉及的语文班级共计 27 个，由散点图可知，随着班级课堂创造性氛围的优化，班级语文平均成绩呈现显著递增趋势。图 24（2）为不同的课堂创造性氛围下语文成绩的分布图。随着学生感受到课堂创造性氛围的优化，语文成绩高分数段的学生的占比逐渐提高，低分数段的学生的占比逐渐降低。具体来看，在"低水平""中等水平""高水平"语文课堂创造性氛围中，分别有 33%、25% 和 16% 的学生的成绩位于较低水平，成绩优异的学生的占比分别为 16%、

26%和28%。

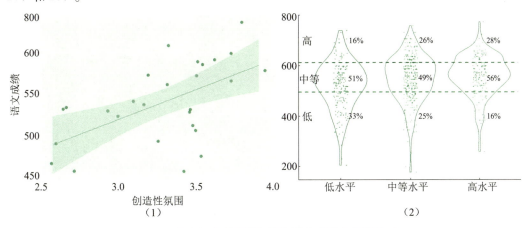

图24 语文课堂创造性氛围与语文成绩之间的关系

表15展示了以语文成绩为因变量的多层线性模型分析结果。模型1的数据结果显示，学生的语文成绩总变异中有23%的因素来自组间变异，可以用班级层面的因素进行解释，具有跨层级的意义。根据模型4，在控制家庭背景和瑞文智力的前提下，语文课堂创造性氛围每提升一个单位，相关班级的语文平均成绩倾向于提高55.41分。

表15 语文成绩的多层线性模型分析结果

	模型1	模型2	模型4
截距	538.61***	429.46***	255.54***
家庭背景		31.23***	28.69***
瑞文智力		15.77**	14.97**
语文课堂创造性氛围			55.41***
随机效应			
σ^2	6 042.45	5 986.78	5 945.73
τ_{00}	1 779.08	854.71	573.30
ICC	0.23	0.12	0.09
R^2	0.23	0.19	0.22

注：模型3因结果均不显著，不放在表格中展示；***表示$p<0.01$，**表示$p<0.05$。

(2) 数学课堂创造性氛围与数学成绩之间的总体关系

图25展示了数学课堂创造性氛围与数学成绩之间的关系。本研究涉及的数学班级有29个。由图25（1）可知，随着班级数学课堂创造性氛围的优化，班级数学平均成绩呈现显著递增趋势。由图25（2）可知，数学成绩与语文成绩情况类似。从具体来看，在"低水平""中等水平""高水平"的数学课堂创造性氛围中，分别有32%、

24%和17%的学生的成绩较差，成绩优异的学生的占比分别为15%、23%和30%。

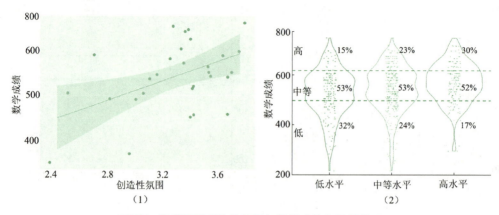

图 25　数学课堂创造性氛围与数学成绩之间的关系

表 16 展示了以数学成绩为因变量的多层线性模型分析结果。模型 1 的数据结果显示，学生的数学成绩总变异中有 48% 的因素是由班级之间的差异引起的。根据模型 4，数学课堂创造性氛围每提升一个单位，相关班级的数学平均成绩倾向于提高 84.13 分。

表 16　数学成绩的多层线性模型分析结果

	模型 1	模型 2	模型 3	模型 4
截距	544.51***	480.21***	433.69***	156.53
家庭背景		16.78**	12.73	13.05*
瑞文智力		35.57***	34.06***	34.00***
创造性潜能			12.43***	11.70**
数学课堂创造性氛围				84.13***
随机效应				
σ^2	4 697.08	4 111.53	4 040.96	4 028.96	5 945.73
τ_{00}	4 378.93	2 623.95	2 468.54	1 896.45	573.3
ICC	0.48	0.39	0.38	0.32	0.09
N	29	29	29	29	27
R^2	0.482	0.473	0.476	0.487	0.218

注：*** 表示 $p<0.01$，** 表示 $p<0.05$，* 表示 $p<0.1$。

四、结论与建议

（一）主要结论

1. 苏州市中小学生的创造性能力和创造性潜能整体较好，但在具体领域的创造性活动成就表现一般

一是苏州市中小学生在创造性活动成就表现上整体并不理想，且不同学段的学生的表现存在一定差异。苏州市中小学生在文学领域表现相对最佳，在科学工程领域表现相对最差。八年级学生在视觉艺术和文学领域的表现优于四年级学生，在运动领域的表现则不如四年级学生，在其他领域与四年级学生并无显著差异。

二是在创造性能力方面，苏州市中小学生表现较好，四年级学生的创造性能力要显著强于八年级学生。苏州市中小学生的创造性水平呈正态分布，符合社会期望。

三是苏州市中小学生的创造性潜能较高，但在创造性人格和创造性思维方面均达到"高水平"的学生较少。在不同学段，学生的表现存在显著差异，八年级学生的表现要优于四年级学生。苏州市中小学生整体的创造性潜能及创造性人格和创造性思维得分较高，表现较好，但在创造性人格和创造性思维上都达到"高水平"的学生则较少。八年级学生在绝大多数指标上的得分均显著高于四年级学生，而四年级学生在"不畏挑战"指标上的表现要显著优于八年级学生。同时，八年级学生在高创造性潜能、高创造性人格和高创造性思维群体中的占比远高于四年级学生。

2. 苏州市中小学课堂氛围支持学生的创造性表达和发展，但学生进行自我反思、自我评价、自主学习的机会不足

第一，苏州市中小学课堂创造性氛围整体较好，有利于学生创造力的发展和培养。虽然中小学课堂给予学生充足的思考时间，允许学生多角度探索问题，尊重学生的差异性观点，但是提供给学生的自评表现和自主学习的机会并不多。无论是小学教师还是中学教师，都能够给予学生充分的时间思考问题，鼓励学生从多个角度去解决问题，并且创造了有包容性的、学生不会因为出错而受到嘲笑的课堂氛围，但是在鼓励学生对自己的学业表现进行评价和独立地完成学业任务上所给的支持和机会不足。

第二，无论是语文学科还是数学学科，八年级的课堂创造性氛围整体要好于四年级。八年级语文课堂更有利于学生的创造力表现和发展，更加鼓励学生进行自我反思、

自我评价，允许学生自由表达，并包容、尊重他们的观点甚至是错误，给予学生探索问题、思考解决方案的时间。而四年级语文课堂则为学生提供更多自主参与、发展内驱力的机会。八年级的数学课堂创造性氛围要好于四年级，八年级数学教师更加重视课堂创造性氛围的营造，支持学生进行创造性的表达和发展。

第三，苏州市中小学教师对自身教学风格的评价较高，但给学生提供的自我评价和反思的机会不足。四年级和八年级教师均认为自己的课堂在整体上能够支持学生的创造性表现，有利于学生创造力的发展和培养。苏州市中小学教师在"充分思考""允许接受"指标上均表现优异，在"鼓励自评"上表现较差。

3. 创造性水平受不同因素影响，但均与智力因素有关

一是学生的创造性活动成就表现受创造性能力和瑞文能力的影响。学生在一般性领域的创造性能力越强，在具体领域的创造性活动成就表现就越好；学生的智力越高，其创造性活动成就表现就越好。

二是学生的创造性能力与智力有着紧密联系，与创造性潜能、课堂创造性氛围、家庭背景没有显著关系。

三是学生的创造性潜能受到课堂创造性氛围、家庭背景、个体智力水平的显著影响。个体的创造性潜能不仅与外在环境因素有关，还与个体的智力因素有关。

4. 学生的学业成绩不仅受创造性水平的影响，还受班级氛围的影响

一是学生的语文和数学成绩都受到创造性水平的影响，但具体的影响因素不同。在控制了家庭背景和个体智力因素后，学生的语文成绩与创造性活动成就表现、创造性潜能紧密相关；学生的数学成绩则受到创造性能力和创造性潜能的影响，随着创造力能力和潜能的增长，数学成绩也不断提高。

二是课堂创造性氛围对学生个体的语文成绩和数学成绩有影响。在环境因素方面，学生的语文成绩受语文课堂创造性氛围的影响，数学课堂创造性氛围对数学成绩同样有正向影响。

（二）对学生创造力培养的建议

创造力是当前国际公认的学生应当具备的高阶能力之一，越来越多的学者对在课堂学习过程中如何有效地促进学生提升创造力的方法产生了浓厚的兴趣。为了充分挖掘学生的潜能，使学生适应当前的多元化社会发展，学校教育应承担培养具有创造力的学生个体的责任。社会文化观视角下的创造力强调个体性，包括个体的差异性、多样性，也重视外源性环境因素对学生发展的影响。

1. 既要重视创造性能力和创造性活动成就表现，也要关注创造性潜能

创造性活动成就表现与创造性能力是衡量个体创造力水平的重要指标。家长和教师应当鼓励学生积极参与具体领域（如科学工程、音乐、表演艺术等）的创造性活动，这有利于培养学生的创造力培养。除此之外，在基础教育阶段，教育研究者也应当重视学生在成长发展过程中表现出来的创造性潜能。潜能处于一种蛰伏状态，其激发需要外在因素的支持和成全，因而在基础教育阶段启发学生的创造性思维、培养学生的创造性人格，可被视为教育的基本着眼点。课堂是学生接受正式教育的主阵地，它深刻地反映出教师的教学形态和教学实践，教师需要掌握如何在日常的学习过程、课堂互动中既让学生习得知识，也让学生发展关键能力和核心素养。

2. 以打造新型课堂环境为抓手，促进学生认知能力和高阶能力发展

课堂创造性氛围不仅对学生的创造性潜能有影响，还对学生的语文成绩和数学成绩产生影响。教师可以优化教学方式，突破以往以灌输知识为特点的传统式授课，提高互动质量、改进教与学的方式，从而实现课堂的转型、学生素养的培育。具体而言，传统课堂中的知识型讲授、一问一答式封闭性互动，在很大程度上减少了与学生建立有意义对话的情境和机会，不利于激发学生产生和表达想法，扼杀了学生的创造力。教师可以借助以学生为中心的课堂，促进不同类型的学生在学业成绩、思维、创造力上的发展和提升。例如，教师应当改变传统的权威式教学，转向实行以学生为中心的课堂话语互动，将部分话语权交给学生，允许他们自由表达；抛出开放性问题，促进学生发表观点，引发师生或生生互动，共建学习共同体，同时激发学生产生新颖想法。

（本文由苏州市教育质量监测中心、华东师范大学教育学部、香港大学教育学院提供，撰稿人：杨向东、黄婧、陶阳、薛瑾、周利）

苏州市中小学班主任胜任力现状与影响因素研究

一、研究背景

班主任作为中小学德育工作体系的重要一环，是新时期"立德树人"育人要求得以实现的重要保障。随着我国中小学育人要求的提高，班主任的专业化面临以下三重困境：首先，班主任专业化的外延不断拓展，班主任需要承担事无巨细甚至并非自己专长的工作。[①] 其次，班主任队伍的年轻化与"新手化"导致班主任的整体专业化面临挑战。相关调研显示，许多学校30岁以下的年轻班主任占比超过25%。[②] 对于年轻班主任而言，一方面，职前培养中班主任工作相关的知识和技能模块缺失。随着教师岗位的吸引力提升，大批非师范毕业生进入中小学后使得该类问题愈加凸显。[③] 另一方面，班主任既是一个岗位，也是一门专业，需要经过理论学习和实践尝试方能胜任。但是大多数班主任表示，所在学校没有岗前培训或者岗前培训针对性不强，仅有29.5%的班主任表示学校不仅有初任班主任岗前培训且针对性强。[④] 因此，对于新任班主任而言，他们在教学工作和班主任工作的双重压力下不堪重负。最后，班主任专业化的现实规律对班主任胜任力的提高具有借鉴意义。基于上海市某区907位班主任的调查表明，47.44%的班主任认为自己的工作经验源于实践积累，34.74%的班主任认为自己的工作经验源于学校的班主任培训。[⑤] 这也就意味着接近半数的班主任将其胜任力的提高归因为个人的实践积累，而学校内外环境的影响虽然重要，但并不是决定性因素。

总的来说，近年来班主任胜任力的相关研究取得了长足发展。一方面，诸多研究聚焦班主任的群体特性、工作现状、工作负担、留任意愿等方面，对班主任工作状况有了

[①] 耿申，魏强，江涛，等. 班主任的专业素养：基于实证研究的体系建构［J］. 中国教育学刊，2020（12）：94-98.
[②] 赵福江，刘京翠. 我国中小学班主任工作现状问卷调查与分析［J］. 教育科学研究，2018（11）：38-43.
[③] 耿申，魏强，江涛，等. 班主任的专业素养：基于实证研究的体系建构［J］. 中国教育学刊，2020（12）：94-98.
[④] 赵福江，刘京翠. 我国中小学班主任工作现状问卷调查与分析［J］. 教育科学研究，2018（11）：38-43.
[⑤] 李正刚，张燕燕. 发达城区中小学班主任专业素养的现状、问题与对策：以上海市静安区为例［J］. 上海教育科研，2020（8）：47-52.

深入了解。另一方面，随着班主任工作性质和岗位重要性的愈发凸显，学校和区域教育行政部门开展了多样的班主任专业发展活动，力图通过多层次的培养促进班主任专业化。但是，随着新时期育人要求和育人环境的变化，班主任胜任力的研究有待进一步完善。

二、文献综述与研究框架

（一）文献综述

1. 班主任胜任力模型

表1所示是对班主任胜任力模型相关研究的梳理，虽然不同学者尝试构建班主任胜任力模型，但是目前仍存在不足。其一，对班主任胜任力内涵与外延的认识有待提升。教育内外部环境的变化对班主任素质提出了新的要求[①]，有必要在已有研究的基础上形成适用于苏州市中小学班主任的胜任力模型。其二，班主任胜任力影响因素的研究有待深化。调查表明，任教年限为11—15年、21—25年的班主任胜任力得分较高。[②] 这表明虽然班主任工作需要实践积累，但班主任胜任力并非随着教龄的增长而直线上升，影响班主任胜任力的深层次原因仍待挖掘。其三，班主任胜任力的提升有待精准施策。从已有研究来看，班主任群体中的青年班主任和乡村班主任的胜任力不足较为明显。因此，有必要立足新时代对班主任群体的要求，在对班主任胜任力及其影响因素进行调研的基础上，为提高班主任群体胜任力提供有针对性的建议。

表1 班主任胜任力研究概览

序号	班主任胜任力模型	文献来源
1	育人能力、班级管理能力、教学能力、知识结构、自我监控能力、教育观念、职业道德、成就动机、人际交往能力、心理辅导能力、情感、工作质量意识	韩曼茹，2004；韩曼茹，杨继平，2006
2	精神境界、职业道德、专业化知识技能、身心状态	周鸿敏，王涵平，2005

---

① 李正刚，张燕燕. 发达城区中小学班主任专业素养的现状、问题与对策：以上海市静安区为例 [J]. 上海教育科研，2020（8）：47-52.

② 马子媛，李春梅，张殿君. 中学班主任胜任力问卷的编制 [J]. 中国健康心理学杂志，2012，20（6）：856-858.

续表

序号	班主任胜任力模型	文献来源
3	育人能力、班级管理能力、教学能力、知识结构、自我监控能力、教育观念、职业道德、工作态度、人际交往、心理辅导能力、情感、人格魅力	叶瑾，2007
4	心理健康辅导能力、网络运用能力、德育能力、反思能力、深入沟通能力	孙静，2008
5	人际交往倾向、人格魅力、团队管理能力、认知能力、知识经验	揭水平等，2009
6	专业素养、沟通技能、服务导向、协作意识、岗位卷入	成云，2010
7	教学能力、教育能力、职业特质、个人特质	马子媛等，2012
8	教育观、教学观、学生观、合作、尊重、创新、理论素养、思维方式、行为方式	梁秀丽，2012
9	专业素养、沟通技能、服务导向、协作意识、岗位卷入	汪小凤，2014
10	知识、技能、动机、态度、能力	袁思思，2015
11	忍耐能力、协调能力、儿童立场、预见能力、研究能力、创新能力	刘永存，2015
12	学生教育、班级建设、教育合力、学生评价	汤林春，2016
13	价值观指导、学习指导、活动指导、生活指导、心理健康指导	林丹等，2017
14	学生为本、德育为先、能力为重、终身学习、班级建设、学生指导、沟通协调、师德高尚、业务精湛、专业引领、教育创新	江涛，2018
15	教育理念、专业情感和态度、专业知识、专业能力、身心素养	李正刚等，2020
16	为人师表、教育责任感、关爱学生的能力、教师教学能力、专业发展、班集体建设能力、学生发展指导能力、教育沟通协调能力。	耿申等，2020
17	成就导向、分析性思维、共情能力、教育诊断、主动性、教育激励、收集信息、管理监控能力、教育合力、灵活性、组织领导力、服务学生、问题解决	胡重庆等，2020
18	动机、态度、能力、人际关系	孙玉洁等，2020

2. 班主任胜任力的影响因素

（1）班主任管理中的政策工具运用

政策工具是政府部门为了达成一定的政策目标所使用的政策手段，可以分为自愿性政策工具、混合性政策工具和强制性政策工具。① 自愿性政策工具通过个人、家庭、社会组织和市场发挥影响，强制性政策工具利用权威或权力迫使个人采取某种行为，混合性政策工具的强制程度介于自愿性政策工具与强制性政策工具之间。② 政策工具能否促进政策目标的达成，与政策工具、政策工具的组合和政策环境密不可分。③ 就中小学班主任队伍建设的实际而言，班主任日常管理中的政策工具表现为以下三个方面。

首先，自愿性政策工具。班主任岗位"遇冷"现象十分明显。一方面，教师不愿意当班主任。研究表明，超过80%的班主任表示自己不愿意当班主任，超过60%的受访者表示如果可以自主选择，自己不会当班主任。④ 另一方面，班主任留岗意愿较低。研究表明，五分之三的班主任并不愿意担任班主任，乡村学校超过八成的班主任不愿意或害怕当班主任。⑤ 但是从实际情况来看，教师是否担任班主任并非由教师个人决定的，上海市某区的研究表明，82.18%的班主任在"学校安排"下担任班主任。⑥

其次，混合性政策工具。一是班主任津贴激励。调查表明，86.6%的班主任的津贴不足500元⑦，班主任工作的繁杂导致班主任津贴不存在比较优势⑧。二是职称评审帮助。职称评选既是学校用于激励教师从事班主任工作的手段，也是教师从事班主任工作的主要诱因。

最后，强制性政策工具。一是教学工作安排。与同学科非班主任教师相比，90.3%的班主任认为自己担任的学科教学工作量并没有减半⑨。这说明在班主任的工作内容逐渐扩展的同时，班主任的教学工作量并未变小。二是班主任任期。一般而言，不少学校对班主任工作承担时间有一定要求，教师不能自主决定自己担任班主任工作的年限。

（2）班主任职前职后的专业发展策略

中小学班主任专业化的实现，有赖于班主任职前、职初、职后一体化的发展策略：一是职前班主任工作的准备程度；二是成为班主任初期，学校是否在班主任工作方面建

---

① 迈克尔·豪利特，M. 拉米什. 公共政策研究：政策循环与政策子系统［M］. 北京：生活·读书·新知三联书店，2006.
② 曲洁. 义务教育改革与发展的政策工具研究［J］. 复旦教育论坛，2011，9（5）：9-13.
③ 李昱辉. 基于政策工具视角的日本教师研修政策分析［J］. 外国教育研究，2020，47（1）：16-30.
④ 李静美，邬志辉，王红. 新形势下中小学班主任工作状况的调查与反思［J］. 现代教育管理，2017（11）：75-81.
⑤ 易海华，罗洁. 农村中小学教师待遇问题现实解读与改善：基于湖南20个县市区24所农村学校的调查分析［J］. 湖南社会科学，2013（1）：270-274.
⑥ 李正刚，张燕燕. 发达城区中小学班主任专业素养的现状、问题与对策：以上海市静安区为例［J］. 上海教育科研，2020（8）：47-52.
⑦ 赵福江，刘京翠. 我国中小学班主任工作现状问卷调查与分析［J］. 教育科学研究，2018（11）：38-43.
⑧ 王金涛. 中小学班主任工作满意度调查与反思［J］. 当代继续教育，2014，32（2）：89-92.
⑨ 赵福江，刘京翠. 我国中小学班主任工作现状问卷调查与分析［J］. 教育科学研究，2018（11）：38-43.

立师徒制；三是职后是否建立"名师工作室"以提升班主任胜任力。

（3）班主任外部支持

就班级日常工作的开展来看，班主任的工作受到诸多"重要他人"的影响，班主任工作中受到的外部支持不仅影响班主任工作的胜任，还在一定程度上影响班主任的身份认同。

（4）班主任身份认同

身份认同是人们对我（们）是谁及他（们）是谁的理解①，而身份认同危机就是自我身份感、自我价值感和自我意义感的丧失②。已有研究表明，班主任群体面临的外在舆论压力，对班主任尤其是年轻班主任的身份认同造成负面影响③。

（二）研究框架

本研究还将探讨班主任胜任力对班主任未来职业倾向的影响，包括留岗意愿和未来职业选择两个方面，形成研究框架，如图1所示。

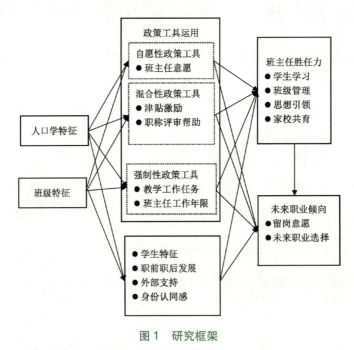

图1 研究框架

---

① 尹弘飚，操太圣. 课程改革中教师的身份认同：制度变迁与自我重构 [J]. 教育发展研究，2008，（2）：35-40.
② 容中逵. 他者规训异化与自我迷失下的乡村教师：论乡村教师的身份认同危机问题 [J]. 教育学报，2009，5（5）：83-88.
③ 张聪. 遭遇污名化的班主任：现实困境与身份认同 [J]. 基础教育，2017，14（1）：47-53.

三、研究对象与研究方法

本研究结合区域位置和办学水平，抽取苏州市 18 所公办小学和公办初中的班主任进行调查，其中小学和初中各 9 所，受调研的学校具有一定的代表性。本研究于 2021 年 12 月通过学校管理者对所有班主任进行问卷调查，共发放 1 065 份问卷，回收问卷 757 份，问卷回收率为 71.1%。回收问卷后对无效问卷进行清理，删除填答时间较短和测谎题未通过问卷 174 份，得到有效问卷 583 份，问卷有效率为 77.01%。受调研学校的信息及问卷回收情况如表 2 所示。在班主任中，男性 78 人（占比为 13.4%），女性 505 人（占比为 86.6%）；语文教师 312 人（占比为 53.5%），数学教师 107 人（占比为 18.4%），英语教师 73 人（占比为 12.5%），其他学科教师 91 人（占比为 15.6%）；职称为三级及以下 69 人（占比为 11.8%），职称为二级 230 人（占比为 39.5%），职称为一级 247 人（占比为 42.4%），职称为一级及以上 37 人（占比为 6.3%）。从从事班主任工作的时间来看，最少 1 年（包含不足 1 年），最长 36 年，均值为 8.14 年，标准差为 7.35，其中 47.5% 的班主任从事班主任工作的时间不足 5 年。

表 2 受调研学校的信息与问卷回收情况统计表

学校编号	学段	班级数/个	问卷回收数/份	有效问卷数/份	问卷有效率
1	小学	43	29	21	72.41%
2	初中	30	24	16	66.67%
3	初中	58	49	36	73.47%
4	小学	100	95	73	76.84%
5	初中	30	23	18	78.26%
6	初中	57	54	41	75.93%
7	小学	116	44	35	79.55%
8	小学	56	53	48	90.57%
9	初中	41	45	37	82.22%
10	初中	35	30	20	66.67%
11	初中	46	32	16	50.00%
12	小学	48	41	33	80.49%
13	小学	52	37	27	72.97%
14	小学	97	43	33	76.74%

续表

学校编号	学段	班级数/个	问卷回收数/份	有效问卷数/份	问卷有效率
15	小学	60	45	39	86.67%
16	初中	42	29	21	72.41%
17	小学	56	51	45	88.24%
18	初中	98	33	24	72.73%

班主任调查问卷设计主要参考了"中国教育追踪调查（2013—2014）"中的班主任问卷、国家教育宏观政策研究院开展的"中国教师发展调查"中与班主任相关的问卷[1]、已有研究使用的问卷[2][3][4]和学位论文[5]。在借鉴教师培训和教师身份认同相关研究的基础上，编制了职前职后培训有效性问卷和班主任身份认同问卷，问卷的信度和效度符合要求。班主级调查问卷的变量情况如表3所示。

表3 班主任调查问卷变量类型与定义

变量名称		变量类型/定义
个人特征	性别	1. 男；2. 女
	任教学科	1. 语文；2. 数学；3. 英语；4. 其他
	职称	1. 三级及以下；2. 二级；3. 一级；4. 高级以上
	从事班主任工作时限	连续变量
班级特征	学生数量	1. 31—45人；2. 46—55人
	学习成绩	1. 最差的；2. 中下等；3. 中等；4. 中上等；5. 最好的
	学生特征	连续变量
政策工具	担任班主任的意愿	1. 非常不愿意；2. 不愿意；3. 无所谓；4. 愿意；5. 非常愿意
	班主任津贴满意度	1. 非常不满意；2. 不满意；3. 一般；4. 满意；5. 非常满意
	职称评审帮助	1. 没有帮助；2. 有一些帮助；3. 帮助一般；4. 比较有帮助；5. 非常有帮助
	能否决定班主任工作年限	1. 不能；2. 不确定；3. 能

---

[1] 秦鑫鑫，吴晶，张猛猛. 中小学班主任留岗意愿影响因素研究：基于5065位班主任的实证调查[J]. 教育科学研究，2021（11）：54-60.

[2] 李静美，邬志辉，王红. 新形势下中小学班主任工作状况的调查与反思[J]. 现代教育管理，2017（11）：75-81.

[3] 赵福江，刘京翠. 我国中小学班主任工作现状问卷调查与分析[J]. 教育科学研究，2018（11）：38-43.

[4] 吕洪刚，梁银妹. 新时代中小学班主任专业发展驱动力调查：基于广东省21地市的实证研究[J]. 教育科学研究，2018（4）：44-49.

[5] 秦鑫鑫. 基于问题的教师专业学习研究：以上海市S校为例[D]. 上海：华东师范大学，2018.

续表

变量名称		变量类型/定义
工作特征	其他班级授课任务	1. 没有；2. 有一个；3. 有多个
	每周课时数	1. 6—10节；2. 11—15节；3. 16节及以上
	平均每天在校时间	连续变量
	每天回家后处理班级工作时间	1. 不用处理；2. 不足30 min；3. 不足1 h；4. 超过1 h
专业发展	职前职后培训的有效性	连续变量
	校外专业学习组织参加情况	1. 没有参加；2. 参加了
工作支持	管理者等的认可	连续变量
身份认同感	对班主任身份的理解与认同	连续变量
班主任胜任力	学生学习	连续变量
	班级管理	连续变量
	思想引领	连续变量
	家校共育	连续变量
未来职业倾向	留岗意愿	1. 不愿意；2. 无所谓；3. 愿意（由5点合并而成）
	未来职业选择	1. 在当前校任教；2. 换一所学校任教；3. 离开教师行业

对于数据的处理，首先，利用数据分析软件 SPSS 22.0 进行描述统计分析、差异性检验分析、多层次回归分析，探究班主任胜任力的现状、差异和影响因素；其次，在多层次回归分析的基础上，利用 Process 3.4 进行中介效应分析，检验班主任身份认同感的中介作用及效应量；最后，在了解班主任的未来职业倾向的基础上，利用多元 Logistic 回归分析，探究班主任胜任力的4个维度对班主任的未来职业倾向的影响。

四、研究发现

（一）班主任所在班级及日常工作概况

1. 班级特征

第一，从班额来看，303位班主任的所在班级学生数为31—45人（占比为52.0%），280位班主任的所在班级学生数为46—55人（占比为48.0%）。第二，相对于本校同年级其他班级学生的成绩，37位班主任表示所带班级是"最差的"（占比为6.3%），124位班主任表示所带班级为"中下等"（占比为21.3%），221位班主任表示所带班级为"中等"（占比为37.9%），179位班主任表示所带班级为"中上等"（占比为30.7%），22位班主任表示所带班级为"最好的"（占比为3.8%）。第三，结合班额大小，受调查班主任所在班级中成绩不好和行为习惯不好的学生的比例较高，超过五成的班主任认为自己所在班级有超过5个学习成绩和行为习惯不好的学生。此外，身体素质不好和心理状况不好的学生也不少。统计结果如表4所示。

表4 班主任所在班级的学生特征统计表

题项	没有	有1个	有2—3个	有4—5个	有超过5个
问题1	9（1.5）	11（1.9）	91（15.6）	142（24.4）	330（56.6）
问题2	18（3.1）	25（4.3）	114（19.6）	132（22.6）	294（50.4）
问题3	135（23.3）	90（15.4）	193（33.1）	78（13.4）	87（14.9）
问题4	211（36.2）	118（20.2）	170（29.2）	44（7.5）	40（6.9）

注：问题1指向学习成绩不好的学生，问题2指向行为习惯不好的学生，问题3指向身体素质不好的学生，问题4指向心理状况不好的学生；学生特征问卷的信度分别为0.680和0.718；学生特征在后续的回归分析中被视为连续变量，均值越高说明所在班级学生对班主任胜任能力要求越高。

2. 政策工具

第一，担任班主任的意愿。选择"非常不愿意"的有55位（占比为9.4%），选择"不愿意"的有110位（占比为18.9%），选择"一般"的有214位（占比为36.7%），选择"愿意"的有175位（占比为30.0%），选择"非常愿意"的有29位（占比为5.0%）。第二，班主任津贴满意度。选择"非常不满意"的有102位（占比为17.5%），选择"不满意"的有179位（占比为30.7%），选择"一般"的有229位（占比为39.3%），选择"满意"的有64位（占比为11.0%），选择"非常满意"的有9位（占比为1.5%）。第三，职称评审帮助。选择"没有帮助"的有76位（占比为13.0%），选择"有一些帮助"的有214位（占比为36.7%），选择"帮助一般"的有116位（占比为19.9%），选择"比较有帮助"的有141位（占比为24.2%），选择"非常有帮助"的有36位（占比为6.2%）。第四，能否决定班主任工作年限。选择"不能"的有402位（占比为69.0%），选择"不确定"的有155位（占比为26.6%），选择"能"的有26位（占比为4.5%）。

3. 工作特征

第一，从班主任的授课安排来看，有239位班主任仅承担1个班级的授课任务（占比为 41.0%），有 220 位班主任承担 2 个班级的授课任务（占比为 37.7%），有 124 位班主任承担 3 个及以上班级的授课任务（占比为 21.3%）。第二，从每周课时数来看，有 69 位班主任的课时数为 6—10 节（占比为 11.8%），有 385 位班主任的授课时数为 11—15 节（占比为 66.0%），有 129 位班主任的授课时数为 16 节及以上（占比为 22.1%）。第三，从班主任在校工作时长来看，平均在校时长为 10.47 h，标准差为 1.13，大多数班主任的在校工作时长为 10 h（占比为 44.8%）和 11 h（占比为 23.0%）。第四，从下班后的工作安排来看，仅有 8 位班主任表示不用处理班级事务（占比为 1.4%），有 172 位班主任处理班级事务的时间不足 30 min（占比为 29.5%），有 231 位班主任处理班级事务的时间不足 1 h（占比为 39.6%），有 172 位班主任表示处理班级事务的时间超过 1 h（占比为 29.5%）。这表明除了每天在校工作较长时间之外，班主任还要花费不少休息时间处理班级事务。

4. 职业发展

一方面，本研究了解了班主任从教前、从事班主任工作初期和当前从事班主任工作中所受教育和培训对胜任班主任工作的帮助程度。如表 5 所示，在问题 1 上，有 138 位和 33 位班主任分别选择"比较有帮助"和"非常有帮助"，29.3% 的班主任表示帮助程度较大。在问题 2 上，分别有 171 位和 45 位班主任选择"比较有帮助"和"非常有帮助"，占比为 37.0%。在问题 3 上，分别有 166 位和 38 位班主任选择"比较有帮助"和"非常有帮助"，占比为 35.0%。在 3 个问题的回答上，选择"没有帮助"和"有一些帮助"的比例均较高，均为 50% 左右，这表明当前班主任职前、职后的专业发展举措的有效性需要提高。另一方面，"名班主任工作室"作为班主任专业成长的载体不断涌现，468 位班主任没有参加校外专业学习组织（占比为 80.3%），115 位班主任参加了校外专业学习组织（占比为 19.7%）。对于大部分班主任而言，校内和区域层面组织的班主任专业学习是班主任专业成长的主要途径。

表 5 班主任职前职后的培训有效性各题项描述统计表

题项	没有帮助	有一些帮助	帮助一般	比较有帮助	非常有帮助
问题 1	62（10.6%）	237（40.7%）	113（19.4%）	138（23.7%）	33（5.7%）
问题 2	32（5.5%）	254（43.6%）	81（13.9%）	171（29.3%）	45（7.7%）
问题 3	29（5.0%）	259（44.4%）	91（15.6%）	166（28.5%）	38（6.5%）

注：问题 1 为"成为教师之前，您接受的教育对您胜任班主任工作是否有帮助？"；问题 2 为"成为班主任初期，您接受的班主任培训对您胜任班主任工作是否有帮助？"；问题 3 为"当前，您接受的班主任培训对您胜任班主任工作是否有帮助？"。

5. 班主任工作支持

从班主任工作支持各题项的均值（表6）来看，由高到低分别为其他任课教师、任教班级学生、其他班主任、管理者和任教班级学生家长。此外，探索性因素分析表明，从研究涉及的5个题项可以探索出一个维度，各题项的因子载荷均在0.8以上，问卷信度为0.852，问卷效度为0.931，因此在后续的回归分析时，对题项进行加总取均值处理，均值越高说明班主任感知到的支持越高。

表6 班主任工作支持各题项描述统计表

题项	几乎没有	少部分	大约一半	大部分	几乎所有
管理者	16（2.7%）	41（7.0%）	36（6.2%）	165（28.3%）	325（55.7%）
其他任课教师	10（1.7%）	28（4.8%）	33（5.7%）	166（28.5%）	346（59.3%）
其他班主任	17（2.9%）	37（6.3%）	32（5.5%）	1 644（28.1%）	333（57.1%）
任教班级学生家长	15（2.6%）	27（4.6%）	36（6.2%）	267（45.8%）	238（40.8%）
任教班级学生	12（2.1%）	18（3.1%）	33（5.7%）	241（41.3%）	279（47.9%）

6. 班主任身份认同高

从班主任身份认同感五个题项的均值（表7）来看，"我认为班主任工作对学生成长非常重要"的均值最高，为4.38分，而"我认为当班主任明显利大于弊"的均值最低，为3.19分。探索性因子分析表明，从5个题项能够探索出一个维度，各题项的因子载荷均在0.65以上，问卷信度为0.806，问卷效度为0.862。在后续的分析中，班主任身份认同被视作连续变量，均值越高说明班主任的身份认同感越强。

表7 班主任身份认同各题项描述统计表

题项	完全不同意	不同意	一般	同意	完全同意
题项1	58（9.9%）	79（13.6%）	220（37.7%）	146（25.0%）	80（13.7%）
题项2	7（1.2%）	1（0.2%）	47（8.1%）	238（40.8%）	290（49.7%）
题项3	21（3.6%）	40（6.9%）	212（36.4%）	186（31.9%）	124（21.3）
题项4	34（5.8%）	62（10.6%）	231（39.6%）	165（28.3%）	91（15.6）
题项5	10（1.7%）	12（2.1%）	150（25.7%）	252（43.2%）	159（27.3%）

注：题项1为"我认为当班主任明显利大于弊"；题项2为"我认为班主任工作对学生成长非常重要"；题项3为"我为自己是一名班主任而感到自豪"；题项4为"从事班主任工作能够实现我的人生价值"；题项5为"我满意自己的班主任工作表现"。

(二) 班主任胜任力的表现与差异现状

1. 班主任胜任力的总体表现

班主任胜任力的总均分为 4.29 分,标准差为 0.58,这表明受调研班主任的胜任程度较好。具体而言,班主任胜任力中的"班级管理"的均值最高,为 4.42 分,标准差为 0.58;"思想引领"的均值次之,为 4.21 分,标准差为 0.67;"学生学习"的均值为 4.25 分,标准差为 0.64;"家校共育"的均值为 4.21,标准差为 0.67。

2. 不同班主任胜任力的差异现状

第一,男性班主任在思想引领维度上的表现显著弱于女性班主任,他们在胜任力总均分和其他 3 个维度上的表现不存在显著差异。第二,不同学科班主任的胜任力总均分和在各维度上的表现差异均不显著。第三,除了"思想引领"外,不同职称班主任的胜任力总均分及在各维度上的表现差异均显著,一级职称班主任的胜任力表现最优。第四,班主任胜任力总均分及在各维度的表现在班额方面的差异不显著。

3. 不同学校的班主任胜任力表现与差异

不同学校的班主任胜任力总分及各维度均分存在显著差异 [($F_{学生学习}$ (17, 565) = 2.259, $p<0.01$;$F_{班级管理}$ (17, 565) = 1.906, $p<0.05$;$F_{思想引领}$ (17, 565) = 3.131, $p<0.001$;$F_{家校共育}$ (17, 565) = 2.211, $p<0.01$;$F_{班主任胜任力}$ (17, 565) = 2.559, $p<0.01$]。如图 2 所示,编号为 17 和编号为 1 的两所学校的班主任胜任力总均分较高,编号为 7 和编号为 12 的学校的班主任胜任力总均分比较低,在各维度的得分也较低。这

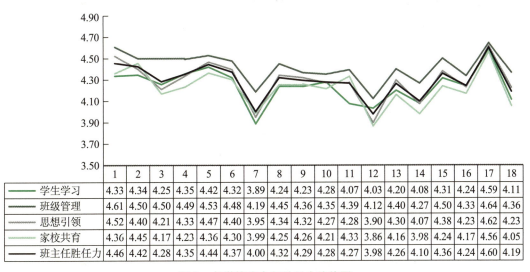

图 2 各学校班主任胜任力均值图

意味着在班主任队伍建设过程中,不同学校的班主任胜任力存在差异可能是学校层面的因素造成的,班主任胜任力表现较好的学校的经验有待总结与推广,而班主任胜任力表现不好的学校需要及时反思,要有针对性地促进学校班主任胜任力的提高。

(三) 班主任胜任力的影响因素分析

本研究以班主任胜任力总均分为因变量,以班主任个人特征等因素为自变量,建立了 8 个多元回归分析方程探究班主任胜任力的影响因素(表 8),并在此基础上探究班主任身份认同中介作用。

从模型 1 可以看出,性别、学科和工作年限对班主任胜任力的影响显著,男性班主任的胜任力比女性班主任低 0.167 分,相对于教其他学科的班主任,教语文、数学和英语学科的班主任的胜任力分别低 0.159 分、0.132 分和 0.081 分;班主任工作年限每增加 1 年,班主任胜任力提高 0.014 分。

从模型 2 可以看出,加入班级特征变量后,任教学科和班主任工作年限对班主任胜任力的影响仍显著,班级变量中的学生成绩对班主任胜任力有正向显著影响,学生成绩每提高 1 分,班主任胜任力提高 0.082 分。

从模型 3 可以看出,加入政策工具变量后,R^2 和 ΔR^2 的变化较大,担任班主任的意愿和职称评审帮助正向显著作用于班主任胜任力,担任班主任的意愿和职称评审帮助每提高 1 分,班主任胜任力分别增加 0.105 分和 0.064 分。

从模型 4 可以看出,其他班级授课任务、每周课时数、下班后工作时间均对班主任胜任力有负向影响,相对于每周课时数为 16 节及以上的班主任,每周课时数为 11—15 节的班主任的胜任力高 0.123 分。

表 8 班主任胜任力影响因素的回归分析模型摘要

	解释变量	模型 1	模型 2	模型 3	模型 4	模型 5	模型 6	模型 7	模型 8
个人特征	性别（以"女性"为参照）男性	-0.167*	-0.133	-0.178*	-0.167*	-0.155*	-0.104	-0.049	-0.070
	任教学科（以"其他"为参照）语文	-0.159*	-0.166*	-0.112	-0.030	-0.030	-0.047	-0.023	-0.023
	数学	-0.132	-0.150	-0.106	-0.018	-0.023	-0.035	-0.025	-0.029
	英语	-0.081	-0.075	-0.031	0.052	0.050	0.046	0.074	0.064
	职称（以"高级及以上为参照"）三级及以下	0.066	0.098	0.116	0.123	0.062	0.015	0.067	0.062
	二级	0.039	0.095	0.099	0.105	0.049	-0.017	0.035	0.034
	一级	0.080	0.119	0.123	0.121	0.079	0.050	0.091	0.074
	班主任年限	0.014**	0.013**	0.013**	0.014**	0.012*	0.015***	0.012**	0.013**
班级特征	班额（以"46—55 人"为参照）31—45 人		0.004	0.003	-0.021	-0.014	-0.021	-0.047	-0.044
	学生成绩		0.082**	0.065*	0.067**	0.071**	0.064***	0.053*	0.056*
	学生特征		-0.034	0.011	0.013	0.019	0.028	0.029	0.028
政策工具	担任班主任的意愿			0.105***	0.102***	0.083**	0.043	-0.051	-0.056*
	班主任津贴满意度			0.021	0.020	0.008	0.000	-0.033	-0.038
	职称评审帮助			0.064**	0.067**	0.037	0.020	-0.002	-0.001
	能否决定班主任工作年限			-0.067	-0.069	-0.076	-0.092*	-0.083*	-0.086*
工作特征	其他班级授课任务（以"有多个"为参照）没有				-0.131	-0.114	-0.126	-0.048	-0.059
	有一个				-0.123	-0.108	-0.135	-0.080	-0.081
	每周课时数（以"16 节以上"为参照）6—10 节				0.021	0.031	-0.001	-0.105	-0.095

续表

	解释变量	模型 1	模型 2	模型 3	模型 4	模型 5	模型 6	模型 7	模型 8
工作特征	11—15 节				0.123*	0.123*	0.096	0.066	0.071
	平均每天在校时间				0.003	0.003	0.019	0.019	0.018
	每天回家后处理班级工作时间（以"超过 1 h"为参照） 不足 30 分钟				−0.042	−0.036	−0.057	−0.094	−0.084
	不足 1 h				−0.034	−0.025	−0.052	−0.073	−0.065
专业发展	职前职后培养的有效性					0.094**	0.076**	0.019	0.014
	校外专业学习组织参加（以"没有"为参照）					−0.005	−0.003	0.044	0.049
其他变量	外部支持						0.238***	0.127***	0.151***
	身份认同感							0.404***	0.417***
	外部支持*身份认同感								0.031***
	常数	4.269***	4.101***	3.507***	3.431***	3.356***	2.507***	2.030***	1.897***
	R^2	0.045	0.068	0.133	0.148	0.164	0.259	0.388	0.392
	ΔR^2	0.032	0.050	0.110	0.115	0.128	0.226	0.359	0.362
	F	3.396***	3.811***	5.802***	4.433***	4.545***	7.788***	13.536***	13.258***

注：*** 表示 $p<0.001$，** 表示 $p<0.01$，* 表示 $p<0.05$；为了节省空间，此处汇报的为非标准化回归系数

从模型 5 可以看出,职前职后培养有效性对班主任胜任力的影响显著,职前职后培养的有效性每增加 1 分,班主任胜任力增加 0.094 分。

从模型 6 可以看出,外部支持对班主任胜任力有正向显著影响,外部支持每增加 1 分,班主任胜任力提高 0.238 分。

从模型 7 可以看出,班主任身份认同正向显著影响班主任胜任力,身份认同每增加 1 分,班主任胜任力增加 0.404 分。此外,在回归模型中加入班主任身份认同后,外部支持的非标准化回归系数由模型 6 中的 0.238 降为模型 7 中的 0.127,这说明身份认同在外部支持对班主任胜任力的影响中可能起到了中介作用。

为了检验班主任身份认同的中介效应是否存在,研究者将外部支持和身份认同感个变量进行标准化处理,将两者的交乘项纳入回归分析,形成了模型 8。结果显示,交乘项对班主任胜任力有正向显著影响,这表明班主任身份认同的中介效应存在。

为了进一步探究中介效应是否存在及中介效应的大小,本研究首先将自变量、中介变量和因变量进行标准化处理。在控制其他变量的前提下,利用 Process 3.4 插件的 Model 4 进行中介效应检验。结果表明,外部支持、身份认同能够显著预测班主任胜任力,$R^2=0.31$,SE = 0.23,$F=131.93$,$p<0.001$。方杰等学者认为可以通过中介效应区间是否包括 0 判断中介效应是否存在,区间不包括 0 则表示中介效应显著[①]。偏差校正的百分位 Bootstrap 检验结果显示,班主任身份认同感在外部支持对班主任胜任力的影响中起到的中介作用显著。外部支持对班主任胜任力影响的总效应显著($\beta=0.3721$,CI [0.2965, 0.4477],$p<0.001$),包括外部支持对班主任胜任力的直接影响效应($\beta=0.1340$,CI [0.0561, 0.2188],$p<0.001$)和通过身份认同感起到的间接影响效应($\beta=0.2381$,CI [0.1815, 0.3031],$p<0.001$)。在控制了其他变量之后,外部支持和身份认同解释了 31% 的班主任胜任力变化,外部支持的直接效应占比为 36.01%,通过班主任身份认同产生的间接效应占比为 63.99%。

(四)班主任胜任力对未来职业倾向的影响

1. 班主任的未来职业倾向的基本概况

在 583 位有效班主任样本中,当被问及"做完这一个班的班主任后,您未来是否还愿意再当班主任?"时,290 位班主任选择"非常不愿意"或"不愿意"(占比共计为

---

① 方杰,温忠麟,张敏强,等. 基于结构方程模型的多重中介效应分析 [J]. 心理科学,2014,37(3):735-741.

49.7%），在回归分析中被合并为"不愿意"；102位班主任选择"一般"（占比为17.5%）；191位班主任选择"愿意"或"非常愿意"（占比共计为32.8%），在回归分析中被合并为"愿意"。由此可见，受调研班主任的留岗意愿较低，近半数不愿意继续担任班主任，班主任留岗意愿低于基于全国5 000余位班主任调查得出的比例。[①]

本研究通过"未来三年内，您是否会做出以下职业改变?"一题反映班主任的学校归属感和职业归属感，其中406位班主任选择"仍在当前学校任教"（占比为69.6%），77位班主任选择"换一所学校任教"（占比为13.2%），100位班主任选择"离开教师行业"（占比为17.2%），有流动意愿和流失意愿的班主任比例较高。

2. 班主任胜任力对未来职业倾向的影响

如表9所示，具有不同留岗意愿的班主任在胜任力总分及各维度上的表现均存在显著差异。总体而言，班主任胜任力越高，留岗意愿越强。选择"仍在当前学校"的班主任的胜任力显著高于选择"换一所学校"和选择"离开教师行业"的班主任，而选择"离开教师行业"的班主任的胜任力总分及各维度表现均处于最低水平。

表9 具有不同未来职业倾向的班主任的胜任力现状及差异统计表

变量		学生学习		班级管理		思想引领		家校共育		班主任胜任力	
		M	SD	M	SD	M	SD	M	SD	M	SD
留岗意愿	不愿意	4.12	0.64	4.32	0.58	4.16	0.62	4.05	0.68	4.16	0.58
	一般	4.29	0.62	4.49	0.56	4.34	0.57	4.25	0.63	4.34	0.54
	愿意	4.43	0.62	4.54	0.55	4.47	0.58	4.44	0.61	4.47	0.55
	F	13.99***		7.70***		16.04***		20.61***		17.37***	
未来职业选择	离开教师行业	4.03	0.62	4.31	0.55	4.13	0.56	3.93	0.65	4.10	0.52
	换一所学校	4.13	0.69	4.34	0.64	4.17	0.64	4.14	0.71	4.19	0.63
	仍在当前学校	4.33	0.64	4.47	0.56	4.35	0.61	4.30	0.65	4.36	0.58
	F	10.44***	4.19*	6.83**	13.47***	9.75***					

注：*** 表示 $p<0.001$，** 表示 $p<0.01$，* 表示 $p<0.05$。

本研究分别以班主任留岗意愿和班主任未来职业选择为因变量，以班主任胜任力的4个维度为解释变量，建立两个多元Logistic回归分析模型，分别为模型Ⅰ和模型Ⅱ。由于班主任胜任力的4个维度之间的相关性较高，同时作为自变量被放入回归方程时存在

[①] 秦鑫鑫，吴晶，张猛猛. 中小学班主任留岗意愿影响因素研究：基于5065位班主任的实证调查[J]. 教育科学研究，2021（11）：54-60.

共线性现象，本研究将班主任胜任力的4个维度分别用来解释班主任的未来职业倾向。如表10所示，班主任胜任力的各个维度均能正向显著作用于班主任的留岗意愿和留任意愿。具体而言，当"学生学习"增加1个单位时，班主任选择"愿意"的概率是选择"不愿意"的概率的2.231倍，班主任选择"仍在当前学校"的概率是选择"离开教师行业"的概率的2.017倍。

表10 班主任胜任力对未来职业倾向影响的回归模型摘要

变量及类型		模型Ⅰ				模型Ⅱ			
		一般		愿意		换一所学校		仍在当前学校	
		B	Exp(B)	B	Exp(B)	B	Exp(B)	B	Exp(B)
班主任胜任力	学生学习	0.425	1.529*	0.803	2.231***	0.201	1.223	0.701	2.017***
	班级管理	0.529	1.697*	0.720	2.055***	0.084	1.088	0.473	1.605*
	思想引领	0.480	1.616*	0.913	2.492***	0.093	1.097	0.567	1.764***
	家校共育	0.442	1.556*	0.953	2.594***	0.425	1.530	0.810	2.249***

注：*** 表示 $p<0.001$，** 表示 $p<0.01$，* 表示 $p<0.05$。

五、研究结论与建议

（一）研究结论

首先，从班主任的个人特征来看，班主任中女性占比较高，从事语文学科教学的班主任占比最高，数学学科次之。半数左右班主任的职称为二级及以下，半数左右的班主任从事班主任工作不足5年。从班主任的工作特征来看，六成的班主任在担任班主任工作之外，还承担了至少一个班级的教学任务。多数班主任每天在学校的工作时间超过10 h，接近三成的班主任每天下班后要花1 h以上的时间处理班级事务，这说明班主任普遍面临较长的工作时间，班主任工作也占用了下班后的休息时间。

其次，班主任胜任力及各维度表现较好，不同性别、不同职称的班主任的班主任胜任力及下属维度表现存在显著差异，不同学科及不同班额的班主任的班主任胜任力不存在显著差异。

再者，班主任胜任力主要受到职前职后培养的有效性、外部支持、身份认同、从事班主任工作年限、从事班主任的意愿和职称评审帮助的影响。中介效应检验结果表明，外部支持、身份认同对班主任胜任力的预测作用较大，身份认同在外部支持对班主任胜任力的影响中起到了中介作用。

最后，班主任留岗意愿较低，班主任流动和流失的可能性较高，班主任胜任力各维度均会对班主任的留岗意愿和未来职业倾向产生影响。

(二) 研究建议

首先，营造良好的教育生态体系。其一，建立良好的政校关系，减少外部非教学事务对班主任的干扰。学校应杜绝随意向班主任摊派任务的行为，从源头减轻班主任的工作负担。其二，加速推进学校治理体系与能力现代化，提高学校组织运行效率。学校应以立德树人为根本，为班主任工作赋权增能。其三，完善区域班主任队伍建设规章制度，包括班主任荣誉制度、职称激励制度、津贴激励制度，以宏观制度建设吸引优秀教师、意愿较高的教师从事班主任工作。

其次，完善班主任队伍管理体系。一方面，完善学校内部班主任遴选制度。从参与本研究班主任的特征来看，年轻教师、职称较低和未担任行政工作的教师是班主任队伍的"主力军"，他们的平均班主任工作年限较少。在班主任工作对教师吸引力不足的前提下，势必存在"不得不担任班主任工作"的现象。学校应该激励骨干教师担任班主任，发挥他们的示范和引领作用；综合利用激励举措，提高教师从事班主任工作的意愿。另一方面，做好分班与班主任配置工作。从班额来看，受调查所有班级学生数均在55人以下，但是调研中有班主任表示存在按照学生成绩分班的现象。因此，学校应该在分班、班主任与任教班级分配上做到公平公正。

再者，优化班主任专业发展体系。其一，建立多层次、差异化的班主任专业发展体系，根据班主任的工作实际与班主任专业发展规律，注重对不同发展阶段班主任的差异化培育。其二，革新班主任专业发展的内容，围绕立德树人的具体要求与学生发展的实际需要，形成班主任专业发展的具体模块。其三，增强班主任专业发展的成效。不少班主任认为从事班主任工作初期和当前接受的培训对胜任班主任工作的帮助不大，同时是否参加校外专业学习组织对班主任胜任力的影响不显著，这表明当前班主任专业发展的实效性有待提升。其四，注重经验提炼并加以推广。在班主任胜任力水平整体较高的同时，不同学校之间存在显著差异，因此学校和区域教育部门可以组织以编号1和编号17为代表的学校总结、提炼、宣传本校班主任队伍建设经验，加强学校间班主任队伍建设经验的辐射。

最后，健全班主任工作支持体系。其一，加强学校管理者对班主任工作的支持力度，包括制度支持、专业支持、情感支持等。其二，在现实工作中，多数班主任成为学生德育和管理工作的"唯一实施者"而非"主要实施者"①，应该创新学校德育工作和班级管理工作体系，形成以班主任为主，任课教师、家长、学校多主体共同参与的局面。此外，学校应该建章立制，引导除班主任之外的科任教师参与学生日常管理，自觉主动增强"补位意识"，减轻班主任的工作负担。其三，引导学生家长有序参与班级管理工作，形成良好的家校共育环境。

参考文献：

[1] 韩曼茹. 中学班主任胜任力研究［D］. 大同：山西大学，2004.

[2] 韩曼茹，杨继平. 中学班主任胜任力的初步研究［J］. 教育理论与实践，2006（1）：59-61.

[3] 周鸿敏，王涵平. 论班主任专业化素质及其培养［J］. 平顶山学院学报，2005（6）：97-98，104.

[4] 叶瑾. 中学班主任胜任特征研究［D］. 兰州：西北师范大学，2007.

[5] 孙静. 新时期初中班主任能力结构初探［D］. 上海：上海师范大学，2008.

[6] 揭水平，马红宇，周宗奎，等. 小学优秀班主任素质结构研究［J］. 西南大学学报（社会科学版），2009，35（2）：139-142.

[7] 成云. 普通高中班主任胜任力差异研究［J］. 教育研究与实验，2010（1）：84-87.

[8] 马子嫒，李齐，薛继婷. 中学班主任胜任力的现状研究［J］. 现代教育科学（普教研究），2012（1）：62-63，81.

[9] 马子嫒，李春梅，张殿君. 中学班主任胜任力问卷的编制［J］. 中国健康心理学杂志，2012，20（6）：856-858.

[10] 梁秀丽. 提升班主任专业化水平：基于校本的探索［J］. 中小学管理，2012（11）：52-53.

[11] 汪小凤. 普通高中班主任胜任力模型的构建［J］. 商洛学院学报，2014，28（4）：75-78.

[12] 袁思思. 小学班主任胜任力探究［J］. 当代教育理论与实践，2015，7（2）：33-35.

---

① 张胜辉. "双班主任制"：搭档互补提升班主任职业效能感［J］. 中小学管理，2019（9）：44-45.

［13］刘永存.小学优秀班主任核心能力的实证研究［J］.上海教育科研，2015（8）：47-50.

［14］汤林春.班主任核心素养框架设想及其意义［J］.江苏教育，2016（2）：48-49.

［15］林丹，卜庆刚.回归"育人"之初心：论"学生发展指导"作为班主任核心素养的探究［J］.教育科学研究，2017（3）：29-34.

［16］江涛.班主任核心素养及专业标准体系建构：基于德尔菲法的研究［J］.教育科学研究，2018（12）：78-87.

［17］李正刚，张燕燕.发达城区中小学班主任专业素养的现状、问题与对策：以上海市静安区为例［J］.上海教育科研，2020（8）：47-52.

［18］耿申，魏强，江涛，等.班主任的专业素养：基于实证研究的体系建构［J］.中国教育学刊，2020（12）：94-98.

［19］胡重庆，闵学良，黄培凤.中职教师胜任力模型建构［J］.中国特殊教育，2020（12）：83-88.

［20］孙玉洁，翟之月.幼儿教师班级管理胜任力指标体系构建［J］.陕西学前师范学院学报，2020，36（2）：77-84.

（本文由苏州市教育质量监测中心、华东师范大学教育学部提供，撰稿人：秦鑫鑫、沈健）

"双减"背景下区域中小学生
作业质量提升的成效与思考
——基于2019—2021年苏州市义务教育学业质量监测数据

一、研究背景

2021年1月至4月,教育部陆续出台中小学生作业、睡眠、手机、读物、体质五项管理政策文件(以下简称"五项管理");2021年7月,中共中央办公厅、国务院办公厅印发《关于进一步减轻义务教育阶段学生作业负担和校外培训负担的意见》(以下简称"'双减'政策"),对减轻学生过重的作业负担、提高作业质量、健全作业管理机制等方面提出了具体而明确的要求。

"五项管理"和"双减"政策实施后,各地、各校积极响应,从教育教学实践出发,进行了一系列作业减负增效提质的实践探索。但是,各校在实践过程中不可避免地面临着在作业减量的同时如何保证质量的困惑。

本研究从数据实证的角度,呈现"五项管理"政策实施后苏州市中小学生作业时间投入的现状与变化,并试图通过分析教师作业实施质量与学生学业成绩之间的关系,学生的主观作业负担感受与学业成绩、主观幸福感之间的关系,作业时间投入与学业成绩、学业增值、学习品质之间的关系等,探寻科学提升中小学生作业质量的策略。

二、研究设计:对2019—2021年苏州市义务教育
学业质量监测数据的分析

(一)数据来源与研究框架

本研究的数据主要来源于2021年9月苏州市义务教育学业质量监测数据。本次监测对象为苏州市10个市(区)所有初中学生,共计参测学校285所,学生306 917人,

有效参测比例为 99.6%。其中，初一 110 704 人参测，初二 102 245 人参测，初三 93 968 人参测。通过将 2021 级初一年级新生信息与 2021 届小学六年级毕业生信息进行比对后倒追，共追踪到苏州市 2021 届小学六年级毕业生 106 814 名，涉及小学共 501 所。在增值分析时，会用到 2019 年和 2020 年的监测数据，进行追踪比较研究。因此，本研究主要呈现 2019 年、2020 年和 2021 年学生作业时间投入、作业质量的相关指标，侧重于分析学生作业时间投入、教师作业实施质量、学生主观作业负担感受与学生学业成绩之间的关系。"作业质量"指标体系及指标解释如表 1 所示。

表 1 "作业质量"指标体系及指标解释

主要指标	主要监测点	指标解释
学生作业时间	校内作业时间	学生平均每天完成教师布置的书面作业总时间，包括周一至周五校内作业时间和周末完成学校布置的作业的时间。其中，校内完成书面作业情况是指学生在学校完成教师当天布置的书面作业情况
	校外作业时间	学生平均每天完成家长、校外辅导班和补习班、家教等布置的作业的时间，包括周一至周五校外作业时间和周末校外作业时间
教师作业实施	作业设计	学科教师布置个性化作业、重复性作业和惩罚性作业的情况
	作业批改	学科教师对学生作业和作业订正进行批改的情况
	作业讲解	学科教师给学生进行作业讲解的情况
学生作业负担	作业负担感受	学生对作业量、作业难度及做作业行为的主观感受情况
学生学业成绩	语文、数学、英语和科学学科的学业成绩	四门学科成绩均经过标准化处理，学科之间具有可比性

（二）数据处理与呈现方式

本研究采用描述统计、相关性分析、增值评价等多种统计方法，相关数据的呈现方式如下：

① 由于本次监测是在 9 月学生刚开学两周时实施的监测，调查的是学生上学期的情况，文中的小学六年级、初一和初二年级的数据分别是 2021 年初一、初二和初三年级学生的监测数据。当初一和初二年级数据相差不大时，直接用"初中"表示。

② 学业成绩以苏州市均分为 500 分、标准差为 100 分的标准化量尺分数形式呈现。

③ 对于文中的相关因素维度，除了调查题以百分比的形式呈现外，其余维度均被

转换成标准分呈现。标准分的转化过程：将原始分转化成以 0 分为平均分、1 分为标准差的 Z 分数；再转换成以 5 分为平均分、2 分为标准差的标准分（T 分数），即 $T = 5 + 2Z$。转换 T 分数后的苏州市平均得分为 5 分。本研究对各维度得分均做了同趋化处理，即标准分（T 分数）分数越高，表明在该指标上的状况越好，如在"学习品质"上的得分越高，表明学生的学习品质越好；在"学业负担"上的得分越高，表明学生的学业负担越轻。

④ 本研究将学生各维度的得分做同趋化处理，并按照四个水平划分，即将学生的学业成绩或相关因素上的得分由低到高排序后，依次划分为Ⅰ、Ⅱ、Ⅲ、Ⅳ 四个水平（人数各占25%），得分最低的25%为水平Ⅰ，得分最高的25%为水平Ⅳ，得分越高表示状况越好。

三、研究发现：学生作业情况影响成绩的原因极其复杂

（一）学生作业时间减少情况校内外差异较大

1. 校内作业时间有所缩短

从同一年级作业时间变化来看，2021 年苏州市小学六年级、初一和初二年级学生平均每天校内作业时间与 2020 年相比均有所缩短，分别平均缩短了 0.2 h、0.18 h、0.13 h。从 2019 年到 2021 年近三年的数据来看，苏州市小学六年级和初中两个年级学生的校内书面作业时间超时比例较前两年均明显降低。

从监测数据可以看出，苏州市在落实"五项管理""双减"政策上初显成效，但是小学六年级学生周一至周五平均每天校内作业时间比国家标准超出 0.47 h，初一和初二年级学生周一至周五平均每天校内作业时间比国家规定时间分别超出 0.42 h 和 0.78 h，由此可见，苏州市落实"五项管理""双减"政策仍然任重道远。

2. 校外作业时间仍然较长

监测结果显示，2021 年苏州市小学六年级、初一和初二年级学生周一至周五平均每天校外作业时间分别是 0.83 h、0.78 h 和 0.79 h；三个年级学生的周末平均每天校外作业时间分别是 1.20 h、1.15 h 和 1.16 h，三个年级学生的平均每天校外作业时间相差不大（图1）。

不管是周一至周五还是周末，学生平均每天校外作业时间仍然较长，因而苏州市需

要继续推进落实"双减"政策,切实避免"校内减负,校外增负"的现象出现。

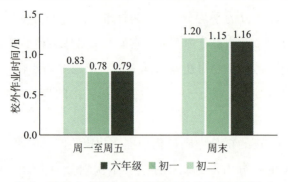

图1 2021年苏州市各年级学生校外作业时间情况

(二) 认为教师作业实施质量高的学生的学业成绩更好

在本研究中,教师作业实施维度是通过向学生做问卷调查了解教师在作业设计、作业批改和作业讲解方面的情况。以2021年初一年级为例,教师作业设计质量高,学生的学业成绩更好;教师作业批改质量高,学生的学业成绩更好;教师作业讲解质量高,学生的学业成绩更好(图2)。由此可见,提高中小学教师作业实施质量是减轻学生作业负担、提高教育质量的重要抓手。

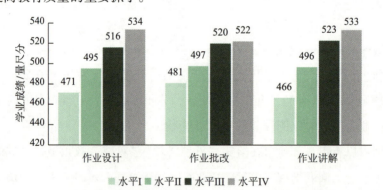

图2 教师作业实施质量不同水平的学生的学业成绩

(三) 作业负担感受轻的学生的学业成绩更好、主观幸福感更强

学生作业负担感受是指学生对作业量、作业难度和做作业的主观感受等,得分越高表示学生作业负担感受越轻。以2021年初二年级为例,作业负担感受水平Ⅰ的学生的学业成绩是472分,作业负担感受水平Ⅳ的学生的学业成绩是531分,两者相差59分。作业负担感受水平Ⅰ的学生的主观幸福感得分是3.82分,作业负担感受水平Ⅳ的学生的主观幸福感得分是6.38分,两者相差2.56分。小学六年级、初一和初二年级的

监测结果是一致的,说明作业负担感受轻的学生的学业成绩更好,学生的主观幸福感更强(图3)。由此可见,减轻学生作业负担不仅要减轻学生的客观作业负担,还要关注学生的主观作业负担感受。

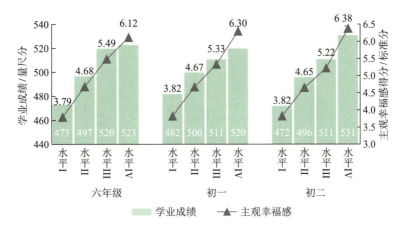

图3 作业负担感受不同水平学生的学业成绩和主观幸福感

(四)学生作业时间长短与学业成绩之间呈现复杂的关系

1. 学生非周末校内作业时间与学业成绩基本呈现倒U型的关系

监测结果显示,2021年苏州市小学六年级、初一和初二年级学生平均每天校内作业时间均较长。以小学六年级学生为例,周一至周五平均每天校内作业时间为1~1.49 h的学生的学业成绩是506分;平均每天校内作业时间为1.5 h及以上的学生的学业成绩反而较低(图4)。由此可以看出,在周一至周五,小学六年级、初一和初二年级学生平均每天校内作业时间与学业成绩均呈现倒U型关系。这说明并不是每天校内作业时间越长,学生的学业成绩就越好。

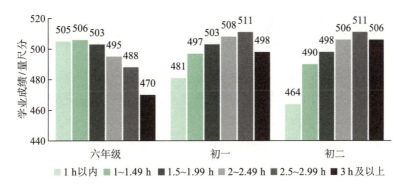

图4 2021年苏州市各年级学生校内作业时间与学业成绩(周一至周五)

2. 周末校内作业时间投入较多的初中生的学业成绩更好

监测结果显示，在周末，小学六年级学生的平均每天校内书面作业时间与学业成绩呈现微弱的倒 U 型。当初一和初二年级学生的平均每天校内书面作业时间在 1 h 以内时，学生的学业成绩分别是 453 分和 436 分；当平均每天校内书面作业时间在 3 h 及以上时，学生的学业成绩均是 511 分（图 5）。这说明，对于初一和初二年级来说，周末校内作业时间投入较多的学生的学业成绩更好。

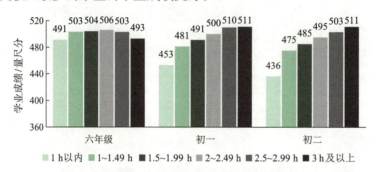

图 5 2021 年苏州市各年级学生校内作业时间与学业成绩（周末）

3. 学生校外作业时间与学业成绩之间基本呈现负向关系

监测结果显示，在周一至周五，当苏州市小学六年级和初二年级学生的平均每天校外作业时间在 0.5 h 以内时，学生的学业成绩分别是 516 分和 511 分；当初一年级学生的平均每天校外作业时间为 0.5~0.99 h 时，学生的学业成绩是 512 分。在周末，当小学六年级、初一年级和初二年级学生的平均每天校外作业时间为 0.5~0.99 h 时，学生的学业成绩分别是 515 分、517 分和 517 分（图 6、图 7）。

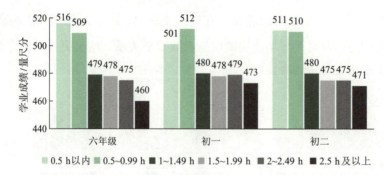

图 6 2021 年苏州市各年级学生校外作业时间与学业成绩（周一至周五）

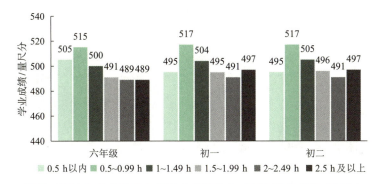

图 7　2021 年苏州市各年级学生校外作业时间与学业成绩（周末）

从以上监测结果可以看出，当小学六年级、初一年级和初二年级学生的平均每天校外作业时间在 1 h 以内时，学生学业成绩相对较好。

（五）学业起点较高水平学生的作业时间对学业成绩影响不大

为探究学业起点同水平学生的作业时间与学业成绩之间的关系，本研究将 2021 年初二年级和 2020 年初一年级同一学生、同一学科的监测成绩进行匹配，共追踪到 16 604 名学生的相关数据。"学业起点同水平学生"是指以 2020 年初一年级学生的学业成绩（标准分）作为学业起点成绩，将处于 Ⅰ、Ⅱ、Ⅲ、Ⅳ 四个水平中同一水平的学生定义为"学业起点同水平学生"。

监测结果显示，无论是周一至周五还是周末，当处于学业起点同水平的水平 Ⅳ、水平 Ⅲ 和水平 Ⅱ 学生的平均每天校内作业时间不同时，2021 年他们的学业成绩差距均微弱，这说明作业时间对这些学生的学业成绩影响不大。

只有对于水平 Ⅰ 的学生，当周一至周五校内作业时间在 1 h 以内时，2021 年的学业成绩是 363 分；当校内作业时间为 2.5~2.99 h 时，学业成绩是 404 分，两者相差 41 分。对于周末，同样的两个数据相差 55 分。相关情况如图 8、图 9 所示。这说明仅对于学业起点水平低的学生来说，作业时间较长，学业成绩较好。

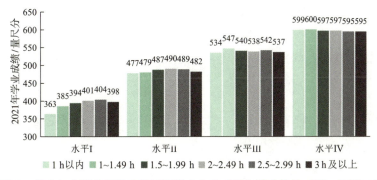

图 8　学业起点同水平学生的不同校内作业时间与学业成绩（周一至周五）

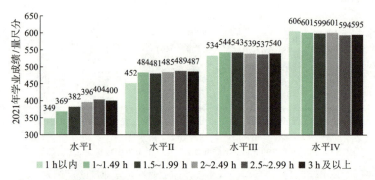

图9 学业起点同水平学生的不同校内作业时间与学业成绩（周末）

（六）学生作业时间投入与心理健康、学习品质和人际支持之间的关系密切

监测结果显示，作业时间投入处于水平Ⅰ的学生在心理健康、学习品质和人际支持维度上的得分均低于水平Ⅳ的学生。以心理健康为例，作业时间投入处于水平Ⅰ的学生在学习倦怠、主观幸福感和学习压力感受上的得分分别比水平Ⅳ的学生低0.91分、1.14分和1.62分（图10）。作业时间投入过多，学生的学习压力感受较大。由此可以看出，作业时间投入少的学生在心理健康、学习品质和人际支持方面表现得更好，而作业时间投入多的学生表现较差，尤其是学习压力感受更重。

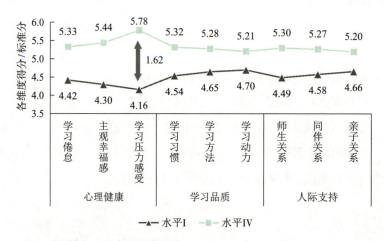

图10 作业时间投入不同水平的学生在心理健康、学习品质和人际支持维度的得分

四、对策建议：四方合力共同解决瓶颈问题

监测数据显示，"五项管理"政策在减轻学生作业负担上初见成效，但依然任重道

远。目前无论是校内还是校外作业总量，均显过大，且各项监测数据显示，这些过重的作业负担对学生的学业发展和全面发展具有较大的负面影响。在"双减"政策持续深化推进的背景下，只有深化教育行政部门、学校、教师和家长对作业减负意义与价值的理解，校内外协同联动、同向同行，才能切实减轻学生的过重作业负担。

（一）严控校内外作业总量，着力提高作业效能

从 2019—2021 年近三年的监测数据来看，小学六年级和初中两个年级学生的校内书面作业时间有所减少，但三个年级学生的平均每天校内作业时间均超过国家规定的警戒线，校内作业时间仍较长。不管是周一至周五还是周末，学生平均每天校外作业时间仍然较长，并且学生校外作业时间与学业成绩之间基本呈现负向关系。因此，区域教育行政部门和学校要建立作业管理长效工作机制，在"压总量、控时间"的基础上，注重"调结构、提质量"，严控校内作业总量；学校要建立学生校内作业总量常态化监管机制和监测预警机制，加强年级组、学科组作业统筹协调，保障学生校内作业时间总量不超标。在严控校外作业方面，教育行政部门要按国家有关规定，坚决防止校外培训机构给中小学生留作业，切实避免"校内减负、校外增负"；学校应引导家长树立科学教育观念，合理安排孩子的课余生活，避免盲目给孩子报补习班或额外给孩子布置其他作业，为孩子营造更加健康的成长环境。

（二）提高作业设计质量，强化作业批改与讲解

监测结果显示，认为教师作业设计质量高的学生的学业成绩更好；认为教师作业批改质量高的学生的学业成绩更好；认为教师作业讲解质量高的学生的学业成绩更好。对于学业起点低水平学生来说，作业时间长，学业成绩较高；作业时间对其他学生的学业成绩影响不大。因此，提高中小学教师作业实施质量是减轻学生作业负担、提高教育质量的重要抓手。首先，学校应深入开展优质作业设计与展示交流活动，广泛汇聚、共享优质作业资源。其次，教师要提高作业设计水平，综合考虑作业目标、时间、难度、数量、分层等因素，为学习能力较弱的学生提供巩固学习的保障，给学习能力中等的学生留有思考空间，引领学习能力较强的学生发展思维能力，通过分层布置作业，满足学生的个性化需求。最后，教师要对布置的学生作业进行全批全改，作业批改要正确规范、评语恰当；通过作业精准分析学情，采取集体讲评、个别讲解等方式进行有针对性的及时反馈，特别要强化对学习有困难学生的辅导帮扶。

(三) 加强作业完成指导，提高学生学习品质

监测结果显示，主观作业负担感受轻的学生的学业成绩更好、主观幸福感更强；作业时间投入少的学生在心理健康、学习品质和人际支持方面表现得更好。因此，减轻学生作业负担不仅要减轻学生的客观作业负担，还要关注学生的主观作业负担感受。首先，教师在指导学生高质量完成作业的过程中，还要关注学生学习品质的培养和提升；要充分利用课堂教学时间和课后服务时间，培养学生的自主学习能力和时间管理能力。其次，家长要为孩子完成家庭作业创造良好的环境，要帮助孩子在完成作业的过程中养成良好的学习习惯，提高孩子的自主学习能力。

(本文由苏州市教育质量监测中心提供，撰稿人：罗强、周利)

大数据揭示高质量家庭教育密码
——基于苏州市初中生学业质量监测与家庭教育调查数据的关联分析

一、引言

家庭教育是青少年健康发展的起点和基础，是国民教育的重要组成部分。2022年，我国首部与家庭教育相关的法律文件《中华人民共和国家庭教育促进法》（以下简称《家庭教育促进法》）颁布实施，将家庭教育由传统的"家事"上升为新时代的"国事"。在"双减"背景下，如何落实《家庭教育促进法》，做好家庭教育、促进儿童青少年健康成长是需要思考的重大问题。面对快速变化的社会，由于教育对象较少，缺乏可借鉴的经验，教育反馈的时效较长，纠错挽回较难，许多家长对家庭教育倍感迷茫和焦虑：应该如何通过改变家庭教育因素来促进孩子的成长发展？

本研究将苏州市初中生家庭教育调查数据和学业质量监测数据进行关联分析，探索和剖析影响孩子成长的家庭教育因素，旨在揭示科学的家庭教育理念和行为，引导家长树立科学育儿观念，缓解家长的盲目焦虑，提升家庭教育水平，为学校推进家校共育提供有力支持，为行政部门完善政策提供参考依据。

二、研究设计与方法

苏州市自2015年起每年都启动实施义务教育学业质量监测项目，采用"学校全覆盖，学生全参与，学科等比例抽样"的组织方式，对全市初中三个年级的学生进行连续追踪监测，构建以学生发展为核心的具有"结构意义"的质量指标，累积"全覆盖、多维度、追踪式"的学业质量监测大数据。2021年10月，苏州市组织开展了义务教育阶段学生家庭教育调查项目，全市三年级、六年级、八年级共138 728名学生及家长参与了问卷调查，样本兼顾了不同区域学校类型、规模和质量等因素。调查内容主要包括

"基本信息""家庭教育资源环境""家长教育行为""家长教育心态""家校共育"等5个一级指标和39个二级指标。

本研究将50 826名八年级学生家长的问卷调查数据与同期实施的学业质量监测数据进行匹配关联,分析家庭教育因素对学生学业质量及相关因素方面的影响状况和机制。本研究中的学业成绩是通过学生作答的学科监测卷获取的,以苏州市均分为500分、标准差为100分的形式呈现。学生的心理健康、学习品质等相关因素指标得分是通过面向学生进行的问卷调查获取的,均被转换成以5分为平均分、2分为标准差的标准分(T分数),即$T=5+2Z$,标准分数越高表明在该指标上的表现越好。本研究中所有的试题及量表均严格按照标准化流程进行研发,各项量化指标均符合测量学要求,具有良好的信度和效度。

三、实证研究结果

本研究首先将家长问卷调查数据与对应的学生监测数据进行匹配,在控制个体人口学变量和家庭社会经济地位等变量后,通过偏相关分析和多层回归分析,提取家庭教育因素,对学生学业和相关因素发展中具有显著预测作用的变量进行直观呈现,结果如下。

(一)家庭早餐情况、学习空间和藏书量是影响学生学业成绩的重要环境因素

在控制学生个体变量和家庭社会经济地位等变量后,回归分析结果显示,家庭早餐、学习空间和藏书量情况对学生学业成绩具有显著影响($\beta=0.231$,$p<0.001$;$\beta=0.192$,$p<0.001$;$\beta=0.297$,$p<0.001$)。

1. 每天吃家人做的早餐的学生的学业成绩更好

学生平均每周吃家人做的早餐的天数与学业成绩成正相关(相关系数为0.235,$p<0.001$)。如图1所示,每天都吃家长做的早餐的学生的学业成绩为513分,而每天都吃不到家人做的早餐的学生学业成绩为450分,两者相差63分。这说明每周吃家人做的早餐的次数较多的学生的学业成绩更好。

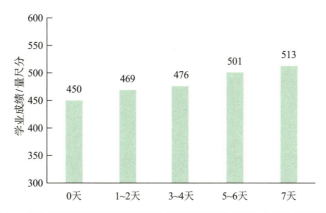

图 1　学生平均每周吃到家人做的早餐的天数与学业成绩之间的关系

2. 在安静的独立空间中学习的学生的学业成绩更好

将学生的家庭学习空间按照独立性和安静程度两个维度划分为四种类型：安静的独立空间、安静的开放空间、干扰的独立空间、干扰的开放空间。在不同类型的家庭学习空间中学习的学生的学业成绩存在显著差异（$F=101.56$，$p<0.001$）。如图 2 所示，能在安静的独立空间中学习的学生的学业成绩为 508 分，而在干扰的开放空间中学习的学生的学业成绩为 479 分，两者相差 29 分。

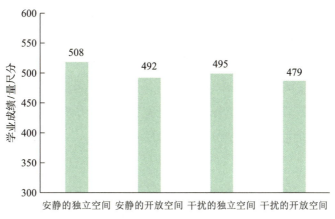

图 2　家庭学习空间情况与学生学业成绩之间的关系

3. 家庭藏书量多的学生的学业成绩更好

家庭藏书量与学生的学业成绩成正相关（相关系数为 0.329，$p<0.001$）。如图 3 所示，家庭藏书量超过 200 本的学生的学业成绩为 550 分，比家庭藏书量仅为 0~25 本的学生的学业成绩高 109 分。

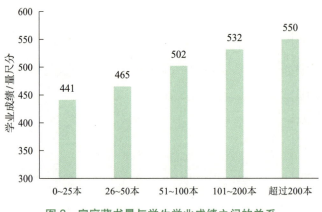

图 3 家庭藏书量与学生学业成绩之间的关系

(二) 家长的教养方式、陪伴程度和榜样行为对孩子的心理健康和学习品质有显著影响

1. 家长采用权威型教养方式的学生的心理健康状况、学习品质更好

根据家长对孩子"支持"(通过交流沟通、关心、陪伴支持满足孩子特定的需要)和"要求"(通过行为规范、活动监督等方式对孩子进行管教)两个维度上的得分,通过聚类分析(K-Means),将父母教养方式分为四种类型,分别是权威型(高支持,高要求)、专制型(低支持,高要求)、宽容型(高支持,低要求)和放任型(低支持,低要求)。家长教养方式不同的学生在心理健康、学习品质指标上的得分存在显著差异($F=195.017$,$p<0.001$;$F=275.158$,$p<0.001$),如图4所示。家长采用权威型教养方式的学生的心理更健康、学习品质更好,其次是宽容型教养方式,而家长采用专制型和放任型教养方式的学生的心理健康状况和学习品质较差。

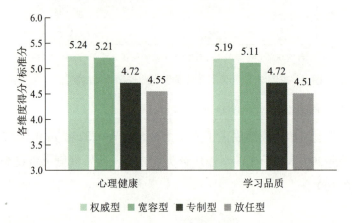

图 4 家长采用不同教养方式与学生的心理健康状况、学习品质之间的关系

2. 父母共育、情感陪伴程度较高的学生的心理健康状况和学习品质更好

本次家庭教育问卷调查显示,初中生的主要陪伴者和教育者是母亲的比例为46%,是父亲的比例为17.0%,为父母共育的比例为28.5%,是祖辈或其他人的比例是8.5%。学习陪伴者不同的学生在心理健康、学习品质上的得分存在显著差异($F=150.806$,$p<0.001$;$F=102.365$,$p<0.001$),如图5所示。父母共育的孩子的心理健康状况和学习品质更好,其次是母亲或父亲单方面陪伴的孩子,而祖辈和其他人陪伴的孩子的心理健康状况和学习品质均较差。

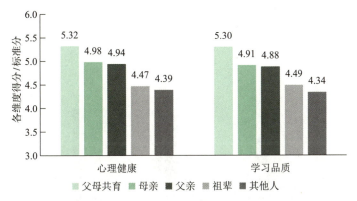

图5 不同学习陪伴者与学生的心理健康状况、学习品质之间的关系

在本研究中,家长陪伴分为学习陪伴、生活陪伴和情感陪伴。在控制学生个体变量和家庭社会经济地位等变量的情况下,回归分析结果显示,学习陪伴、生活陪伴和情感陪伴程度对孩子的心理健康具有正向影响($\beta=0.030$,$p<0.05$;$\beta=0.143$,$p<0.001$;$\beta=0.316$,$p<0.001$),对学习品质也具有正向影响($\beta=0.055$,$p<0.05$;$\beta=0.127$,$p<0.001$;$\beta=0.252$,$p<0.001$),其中情感陪伴对孩子的心理健康状况和学习品质的影响更为显著。将家长对孩子的学习陪伴、生活陪伴和情感陪伴程度的得分从低到高排序,并划分为四个水平,得分最低的25%为水平Ⅰ,得分最高的25%为水平Ⅳ。如图6和图7所示,家长情感陪伴程度高的初中生的心理健康状况和学习品质均更好,家长的情感陪伴和生活陪伴对初中生的心理发展和学业进步的促进作用大于学习陪伴。

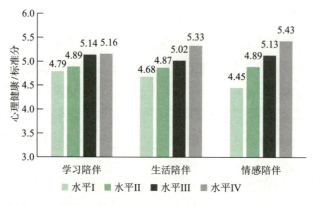

图 6　不同家长陪伴程度与学生的心理健康状况之间的关系

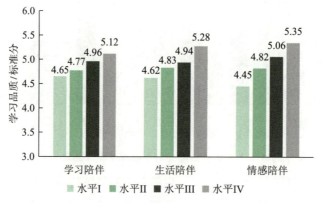

图 7　不同家长陪伴程度与学生的学习品质之间的关系

3. 家长在家中使用智能电子设备少、阅读和学习时间多的孩子的心理健康状况和学习品质更好

在控制学生个体变量、家庭社会经济地位等变量的情况下，回归分析结果显示，家长在孩子面前使用智能电子设备的时长对孩子的心理健康状况和学习品质具有显著的负向影响（$\beta=-0.150$，$p<0.001$；$\beta=-0.167$，$p<0.001$），家长平均每日在家阅读和学习提升的时长对孩子的心理健康状况和学习品质也具有显著的正向影响（$\beta=0.148$，$p<0.001$；$\beta=0.157$，$p<0.001$）。将家长在家中使用电子设备的时长和进行阅读、学习提升的时长由短到长划分为四个水平，时长最短的25%为水平Ⅰ，时长最长的25%为水平Ⅳ。如图8所示，家长在家中使用智能电子设备的时间越少，孩子的心理健康状况和学习品质越好；家长在家中进行阅读、学习提升的时间越多，孩子的心理健康状况和学习品质越好。

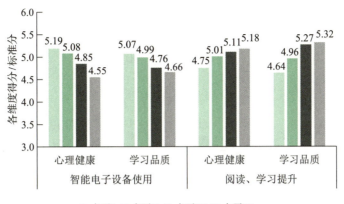

图 8　家长在家中使用智能电子设备、进行阅读学习提升的时长与学生心理健康、学习品质之间的关系

（三）家长的教育心态对学生的学习倦怠和主观幸福感有显著影响

家长教育心态是家长在教育子女过程中的心理状态，在本研究中主要包括家长教育焦虑、教育攀比和教育期望。在控制学生个体变量、家庭社会经济地位等变量的情况下，回归分析结果显示，家长教育焦虑、教育攀比程度对孩子的学习倦怠具有显著的正向影响（$\beta=0.320$，$p<0.001$；$\beta=0.222$，$p<0.001$），对孩子的主观幸福感具有显著的负向影响（$\beta=-0.262$，$p<0.001$；$\beta=-0.215$，$p<0.001$）。将家长教育焦虑和教育攀比指标上的得分从低到高排序，并划分为四个水平，得分最低的25%为水平Ⅰ，得分最高的25%为水平Ⅳ。如图9所示，家长的教育焦虑和教育攀比程度越高，孩子的学业倦怠程度越高，主观幸福感越弱。

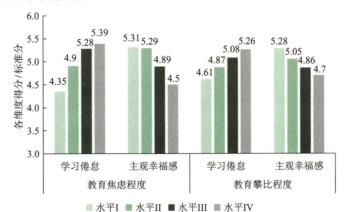

图 9　家长的教育焦虑、攀比程度与学生的学习倦怠和主观幸福感之间的关系

将家长教育期望水平划分为"很高""较高""适中""较低""很低"五个水平进

行研究后,如图 10 所示,家长教育期望水平与学生的学习倦怠和主观幸福感之间分别呈现 U 型和倒 U 型关系,家长教育期望水平适中的学生的学习倦怠程度最低,主观幸福感最强,而家长过高的教育期望会加剧学生的学习倦怠,降低学生的主观幸福感。

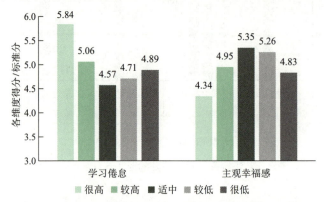

图 10　家长教育期望与学生的学习倦怠和主观幸福感之间的关系

(四) 家校合作对家长的教育责任感、教育效能感、教育焦虑程度和教育满意度有显著影响

在控制学生个体变量、家庭社会经济地位等变量的情况下,本研究以家校合作效果为自变量,对家长的教育责任感、教育效能感、教育焦虑程度和教育满意度进行多个回归分析,发现家校合作效果可以正向预测家长的教育责任感($\beta=0.236$,$p<0.001$)、教育效能感($\beta=0.282$,$p<0.001$)和教育满意度($\beta=0.635$,$p<0.001$),负向预测家长的教育焦虑程度($\beta=-0.231$,$p<0.001$)。将家校合作效果指标得分从低到高排序,并划分为四个水平,得分最低的 25% 为水平 I,得分最高的 25% 为水平 IV。如图 11 所示,

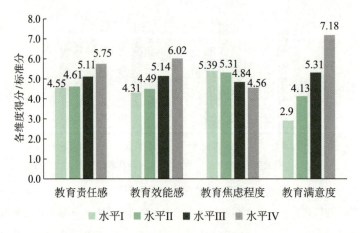

图 11　家校合作效果与家长的教育责任感、教育效能感、教育焦虑程度和教育满意度之间的关系

家校合作效果得分为水平 Ⅳ 的家长的教育责任感、教育效能感和教育满意度均更高，教育焦虑程度更低。

四、结论与建议

以上研究结果表明，每日吃好早餐、有独立安静的学习空间和丰富的书籍资源是学生学习的重要环境条件；家长权威型的教养方式、全方位的亲子陪伴、良好的榜样示范，对学生的心理和学业发展更有利；家长合理期望、缓解焦虑、减少攀比，有助于学生学习倦怠的缓解和主观幸福感的提升；高效的家校合作，有助于提升家长的教育责任感、教育效能感和教育满意度，缓解家长的教育焦虑。基于上述研究发现，本研究建议从以下几个方面入手，提升家庭教育质量。

（一）家长应切实履行育人职责，转变教育方式，提升家庭教育能力

"双减"政策和《家庭教育促进法》的出台，明确了家庭教育的主体责任和根本任务，家长作为家庭教育的主要责任人与实施者，需要进一步承担起家庭教育的主体责任，当好孩子的第一任教师。

一是要遵循孩子的成长规律进行科学育儿。家长应了解孩子在不同年龄段的表现和成长特点，读懂孩子言行背后的内心需求，树立全面的教育质量观和成才观，合理设置教育期望，调节教育心态，减少教育焦虑、盲目攀比等，及时给孩子提供他们需要的支持和帮助。

二是要给予孩子高质量的亲子互动与陪伴。父母双方应发挥教育合力，避免角色缺位，采用理性且民主的权威型教养方式，尽心照顾孩子的起居饮食，营造良好的学习、生活环境，加强亲子间的情感交流，适度控制对孩子的学业干预，做好孩子的守护者、支持者、陪伴者，构建和谐的亲子关系，营造民主平等、快乐幸福的家庭氛围。

三是要提升自身的家庭教育能力。家长应积极配合学校的教育工作，加强与学校教师的沟通合作，全面学习和更新家庭教育知识，系统掌握家庭教育科学理念和方法，注意自身言行举止对孩子潜移默化的影响，尽量在孩子面前少玩智能电子设备、多读书和学习，言传身教，以身作则，给孩子树立良好的榜样。

（二）学校应加强家校沟通合作，做好家庭教育服务指导，打造新型家校共育共同体

家庭与学校是不可分割的育人伙伴，学校要充分发挥其在家庭教育中的指导和服务作用。一是要完善家校沟通联络机制，通过信息化平台实现家校沟通、信息传达、学情数据共享、家校精准协作，开展便捷化、定制化家校服务；要重视家委会作用的发挥，让家长和教师成为密切合作的管理者，按照职责分工，有序参与孩子的教育教学与管理工作，建立家校管理共同体。二是要清晰界定学校教育和家庭教育的职责，适度地"放权"给家长，引导父母陪伴子女时注重策略，开展丰富多彩的亲子活动，加强父母与子女的情感链接，推动家庭教育回归生活。三是要建立高水平家庭教育指导教师队伍，组织开展家庭教育讲座、培训和交流活动，开发和提供家庭教育课程学习资源，聚焦家庭教育难题，为家长提供科学的理念、指导和建议，引导家长在教育期望、亲子交流、学习陪伴等方面提升理念，有效缓解家长的教育"内卷"和焦虑情绪。

（三）社会各方各尽其责、统筹资源、形成合力，共建家、校、社协同育人机制

习近平总书记在 2018 年全国教育大会上强调教育、妇联等部门要统筹协调社会资源支持、服务于家庭教育。家庭教育不仅是家庭内部事务，还涉及社会公共福祉，因此要动员社会各界力量，统筹各方资源来为家庭教育赋能。一是要构建有组织、强管理、全覆盖的家庭教育支持和服务体系。充分动员更广泛的社会力量，争取专门经费支持，推进家庭教育指导队伍建设，发挥家委会、家长学校、活动中心、社区等服务阵地的作用，建设资源共享服务平台，增加优质家庭教育资源服务的覆盖面，提高优质家庭教育资源服务的利用率和针对性，尤其对有特殊需求的家庭教育给予指导和关爱帮扶。二是充分利用社区活动中心、少年宫等场地资源和"互联网+"的优势，组织开展亲子活动，举办相关讲座和培训，广泛宣传家庭教育知识，宣传优秀家庭教育案例，营造"注重家教"的社会氛围，提供科学高效的家庭教育指导，共建家、校、社协同共育新样态。

（本文由苏州市教育质量监测中心供稿，撰稿人：陆云、罗强）

2021 年苏州市初中青年教师职业状态专题分析报告

一、引言

党的十八大以来,党中央将教师队伍建设摆在突出位置,做出了一系列重大决策部署。2018 年 1 月,中共中央、国务院颁布了《关于全面深化新时代教师队伍建设改革的意见》,提出要把教师工作置于教育事业发展的重点支持战略领域,优先谋划教师工作,优先保障教师工作投入,优先满足教师队伍建设需要。2019 年 12 月,中共中央、国务院办公厅颁布了《关于减轻中小学教师负担进一步营造教育教学良好环境的若干意见》,进一步营造全社会尊师重教的浓厚氛围,为教师安心、静心、舒心从教创造更加良好的环境。这些政策文件充分体现了国家对教师队伍建设工作的高度重视。

在苏州市目前的初中学校教师队伍中,35 岁以下的青年教师占比为 36.8%,是教师队伍的重要组成部分。在学校里,青年教师承担着大量的教学和科研工作,他们良好的身心健康和职业状况对学生的培养与发展具有重要的作用。目前,许多调查都显示,我国青年教师的身心健康和职业状况有待改善,他们面对的各种工作压力和生活压力,诸如专业发展、职称评定、学生管理、考核评定、衣食住行、成家立业等,都不同程度地制约着青年教师的健康成长。此外,虽然青年教师学历较高、专业知识较丰富、职业期望较高、工作积极性较强,但工作年限短、相对缺乏奉献精神、抗压能力不强等因素制约了青年教师的成长。因此,关注青年教师、促进青年教师健康成长是学校教育发展的重中之重。

二、研究方法与变量说明

(一)数据来源与调查对象

2021 年 9 月,苏州市教育质量监测中心组织实施了第七次全市义务教育学业质量监测，本研究将该监测数据作为基础数据。本次监测主要由学业水平测试、学生相关因素问卷和教师相关因素问卷调查三个部分构成：学业水平测试涵盖语文、数学、英语和科学四门学科；学生相关因素问卷包括学生的一般学习行为、身心健康、学习品质、学业负担、学业支持等维度，以及影响学生发展的个体、学校、家庭、社会等多方面因素；教师相关因素问卷包括教师的职业动机、工作负担、主观幸福感、学校满意度、教学工作等维度。初中三个年级所有学科的教师均参与教师相关因素问卷调查，共计参测学校277所、参测教师21 369人，剔除372份无效问卷，有效参测人数共计20 997人，有效参测比例为98.3%。

本研究将30岁及以下青年教师称为新手型教师，将30—35岁的青年教师称为成长型教师，将35岁以上的非青年教师称为成熟型教师。在有效参测教师中，共有35岁及以下青年教师7 732人、35岁以上非青年教师13 265人。苏州市不同类型和不同区域的青年教师分布情况如表1、图1、表2、图2所示。

表1 苏州市不同类型青年教师分布表　　　　　　　　　　　　　单位：人

性别		职称			学历	
男	女	未定级	二级	一级及以上	本科及以下	研究生
1 743	5 989	1 761	4 186	1 785	5 214	2 518
编制		是否为师范生		是否为班主任		
事业编制	非事业编制	师范生	非师范生	班主任	非班主任	
3 954	3 778	5 759	1 973	3 022	4 710	

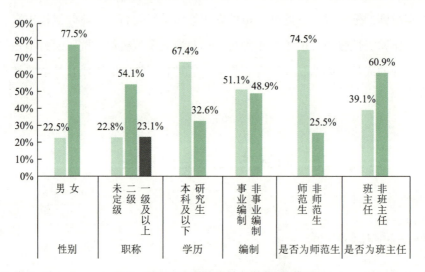

图1 苏州市不同类型青年教师分布图

表2 苏州市不同区域青年教师分布表　　　　　　　　　　　　　单位：人

区域	30岁及以下（新手型教师）	30—35岁（成长型教师）	合计（青年教师）
张家港市	515（21.7%）	209（8.8%）	724（30.5%）
常熟市	274（10.8%）	122（4.8%）	396（15.6%）
太仓市	228（17.6%）	126（9.7%）	354（27.3%）
昆山市	1 095（38.4%）	395（13.8%）	1 490（52.2%）
吴江区	678（26.0%）	303（11.6%）	981（37.6%）
吴中区	570（28.6%）	263（13.2%）	833（41.8%）
相城区	332（22.6%）	160（10.9%）	492（33.5%）
工业园区	844（37.4%）	365（16.2%）	1 209（53.6%）
高新区	528（36.2%）	166（11.4%）	694（47.6%）
市直属	334（16.6%）	151（7.5%）	485（24.1%）
其他学校	45（32.4%）	29（20.9%）	74（53.3%）
苏州市	5 443（25.9%）	2 289（10.9%）	7 732（36.8%）

图2　苏州市不同区域青年教师分布图

（二）变量说明

本研究基于苏州市义务教育学业质量监测教师问卷指标体系，选取了与教师职业状态密切相关的职业动机、工作负担、主观幸福感、学校满意度、教学工作等指标（表3）。

表3 变量设置说明

一级维度	二级维度	监测点	变量说明
职业动机	内部动机	内部动机	连续变量，取值范围：1—4
	外部动机	外部动机	连续变量，取值范围：1—4
	职业认同	职业认同	连续变量，取值范围：1—4
工作负担	主观压力感受	总体压力感受①	连续变量，取值范围：1—7
		各压力来源大小	连续变量，取值范围：1—7
	客观时间投入	完全周工作总时长	连续变量
		周一至周五平均每天校内工作时长	连续变量
		周一至周五平均每天校外工作时长	连续变量
		周末校内工作总时长	连续变量
		周末校外工作总时长	连续变量
主观幸福感	主观幸福感	主观幸福感	连续变量，取值范围：1—7
学校满意度	学校环境满意度	学校环境满意度	连续变量，取值范围：1—4
	学校管理满意度	学校管理满意度	连续变量，取值范围：1—4
	教学风气满意度	教学风气满意度	连续变量，取值范围：1—4
	总体满意度	总体满意度	连续变量，取值范围：1—4
教学工作	教学方式	因材施教	连续变量，取值范围：1—5
		参与式教学	
		引导探究	
		教学反馈与调整	
	教学研究	教研活动	连续变量，取值范围：1—5
		课题研究	
		命题活动	
	作业实施	作业设计	连续变量，取值范围：1—5
		作业批改	
		作业反馈	

职业动机包括内部动机、外部动机和职业认同，内部和外部动机共由10个题项构成，采用李克特4点计分，1分和4分分别为"不重要"和"非常重要"，分数越高表明该动机越强；职业认同由2个题项构成，采用李克特4点计分，分数越高表明对该职

---

① 总体压力感受得分和各压力来源大小得分互相独立。

业的认同感越强。

工作负担包括教师的主观压力感受和客观时间投入。主观压力感受包括教师总体的压力感受和教师在各压力来源上的压力大小，采用李克特 7 点计分，1 分和 7 分分别为"压力非常大"和"没有压力"，分数越高表明压力越小；客观时间投入包括教师完全周工作总时间①、周一至周五平均每天校内外工作时间和周末平均每天校内外工作时间。

主观幸福感共由 9 个题项构成，采用李克特 7 点计分，1 分和 7 分分别为"非常不满意"和"非常满意"，分数越高表明主观幸福感越强。

学校满意度包括学校环境满意度、学校管理满意度、教学风气满意度和总体满意度，共由 15 个题项构成，采用李克特 4 点计分，1 分和 4 分分别为"非常不同意"和"非常同意"，得分越高表明对学校的满意度越高。

教学工作包括教师的教学方式、教学研究和作业实施。教学方式包括因材施教、参与式教学、引导探究和教学反馈与调整，共由 12 个题项构成，采用李克特 5 点计分，1 分和 5 分分别为"从不"和"总是"，分数越高表明教学方式越丰富；教学研究包括教研活动、课题研究和命题活动，共由 11 个题项构成，采用李克特 5 点计分，分数越高表明教学研究状况越好；作业实施包括作业设计、作业批改和作业反馈，采用李克特 5 点计分，1 分和 5 分分别为"从不"和"总是"，分数越高表明作业实施情况越好。

三、研究结果

（一）青年教师与其他教师在各变量上的差异

本研究对 30 岁及以下的新手型教师、30—35 岁的成长型教师和 35 岁以上的成熟型教师进行对比分析，研究不同年龄段的教师在各变量上的差异，得出以下结论。

1. 青年教师的完全周工作总时长相对较长，其中新手型教师最长，为 54.0 h

调查结果显示，新手型教师的完全周工作总时长最长，为 54.0 h，其次为成长型教师，其完全周工作总时长为 52.9 h，成熟型教师的完全周工作总时长为 51.4 h，均高于

---

① 完全周指的是不包含请假、公共假期等的工作周。工作总时间包括教学、备课、批改作业、与其他教师合作、参加工作会议、参加专业发展和做其他工作花费的时间，也包括晚上、周末及其他课外时间等花费在工作上的时间。

TALIS 2018 上海初中教师的 45.3 h 的完全周工作总时间。此外，不同年龄教师群体的周一至周五的校内外工作时长差异不大，但周末工作时长存在较大差异，其中新手型教师的周末校外工作总时长相对较长，而成熟型教师的周末校内工作总时长相对较长（图3）。

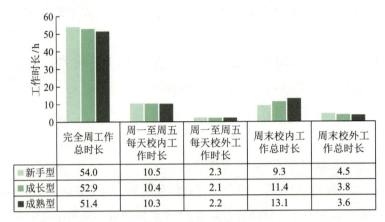

图3　不同年龄教师群体的工作时长

2. 青年教师对学校的满意度相对更高

调查结果显示，不同年龄教师群体在学校环境满意度、学校管理满意度和教学风气满意度维度的得分均高于量表中间值2.5分（图4），这表明教师总体上对学校还是较为满意的。其中，青年教师在各维度得分均高于成熟型教师，这表明青年教师对学校的满意度相对更高。

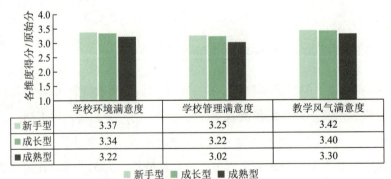

图4　不同年龄教师群体的学校满意度得分

3. 青年教师的主观幸福感相对较强，其中新手型教师的总体压力相对较小，但是来自课堂教学、个人发展和学生管理方面的压力相对较大

调查结果显示，不同年龄教师群体的主观幸福感得分均高于量表中间值 4 分（图5），这表明苏州市教师的主观幸福感总体较强，其中青年教师的主观幸福感相对更强。

不同年龄群体教师的总体压力感受和在各压力来源上的得分均低于量表中间值 4 分（图5），这表明苏州市教师的压力总体较大。从各年龄段来看，新手型教师的总体压力相对较小；在各压力来源上，新手型教师在课堂教学、个人发展和学生管理方面的得分相对较低，这表明新手型教师在这几个方面压力相对较大。

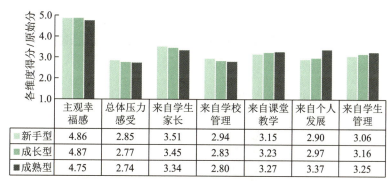

图5　不同年龄教师群体的主观幸福感和压力感受得分

4. 青年教师选择教师职业的内部动机和外部动机得分均相对较高，且内部动机得分相对更高，其中新手型教师的职业认同感相对较弱

调查结果显示，不同年龄群体教师的选择教师职业的内部动机、外部动机和对教师的职业认同得分均高于量表中间值 2.5 分（图6），这表明苏州市初中教师选择教师职业的内部动机和外部动机均相对较强。从各年龄段来看，青年教师选择教师职业的内部动机和外部动机均较强，且内部动机相对更强。此外，新手型教师对教师的职业认同得分相对较低，为 3.38 分，在具体题项"您对未来职业最理想的目标是"上，选择"离开教育行业"的青年教师比例相对较高，新手型教师为 2.9%，成长型教师为 1.8%（图7）；在具体题项"假如您的孩子在读高中，您是否希望您的孩子未来从事教师职业"上，青年教师选择"非常希望"和"比较希望"的比例相对较低，新手型教师分别为 5.7% 和 21.4%，成长型教师分别为 7.9% 和 26.8%，均低于成熟型教师的 9.7% 和 27.6%（图8）。

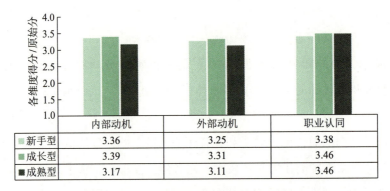

图 6　不同年龄教师群体的职业动机得分

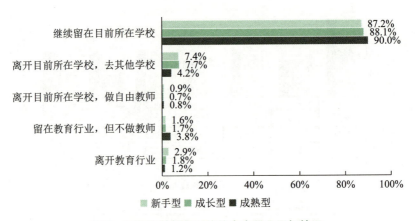

图 7　不同年龄教师群体的未来职业目标情况

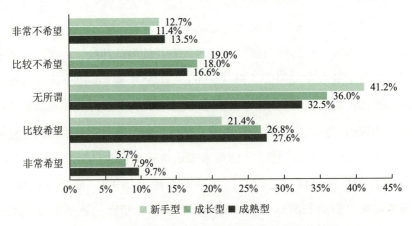

图 8　不同年龄教师群体希望孩子从事教师职业情况

5. 青年教师的教学方式和教学研究状况相对较好

调查结果显示，不同年龄教师群体的教学方式、教学研究和作业实施得分均高于量表中间值3分（图9），这表明苏州市初中教师的教学工作做得相对较好。从各年龄段来看，青年教师的教学方式和教学研究状况相对更好，而各年龄段教师在作业实施维度上的得分差异不大。

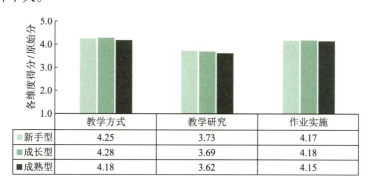

图9　不同年龄教师群体的教学工作得分情况

（二）不同人口学变量的青年教师在各变量上的表现情况

以35岁及以下青年教师为研究对象，性别、学历、职称、编制情况、师范生情况及班主任任职情况不同的教师在完全周工作总时长、学校满意度、主观幸福感、总体压力感受、内部动机、外部动机及职业认同维度上的差异情况如图10所示。

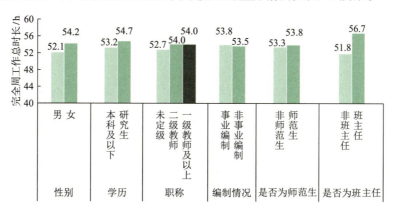

图10　不同人口学变量的青年教师的完全周工作总时长

1. 女教师的完全周工作总时间相对较长，对学校的满意度和主观幸福感相对较低，总体压力相对较大，职业内部动机、外部动机和对教师的职业认同均相对较弱

把青年教师分为男教师、女教师进行差异分析，独立样本 t 检验结果显示，不同性

别的教师在各变量上均存在显著差异。具体而言，女教师的完全周工作总时长为54.2 h，显著高于男教师的52.1 h，这表明女教师的完全周工作总时长相对更长（图10）；女教师对学校的满意度得分为3.33分，显著低于男教师的3.38分，这表明女教师对学校的满意度更低；女教师的主观幸福感得分为4.81分，显著低于男教师的5.04分，这表明女教师的主观幸福感更低；女教师的总体压力感受得分为2.78分，显著低于男教师的2.97分，这表明女教师的总体压力感受更强；女教师选择教师职业的内部动机、外部动机和对教师的职业认同得分分别为3.36分、3.25分和3.37分，显著低于男教师的3.41分、3.33分和3.51分，这表明女教师选择教师职业的内部动机、外部动机和对教师职业的职业认同均相对较弱（图11）。

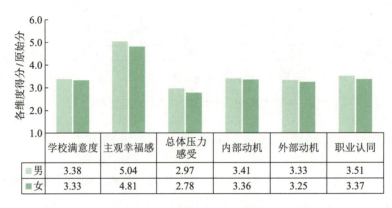

图 11　不同性别的青年教师在各维度上的得分情况

2. 研究生学历教师的完全周工作总时长相对较长，总体压力相对较大，职业认同度相对较低

在青年教师中，学历为大专及以下的教师人数占比不足1%，故本报告将大专及以下学历教师和本科学历教师进行合并研究。独立样本 t 检验结果显示，不同学历的青年教师在完全周工作总时长、总体压力感受和职业认同上存在显著差异，在学校满意度、主观幸福感、内部动机和外部动机上不存在显著差异。具体而言，研究生学历教师的完全周工作总时长为54.7 h，显著高于本科及以下学历教师的53.2 h，这表明研究生学历教师的完全周工作总时长相对更长（图10）；研究生学历教师的总体压力感受得分为2.72分，显著低于本科及以下学历教师的2.87分，这表明研究生学历教师的总体压力相对更大；研究生学历教师的职业认同得分为3.38分，显著低于本科及以下学历教师的3.41分，这表明研究生学历教师对教师职业的认同度相对较低（图12）。

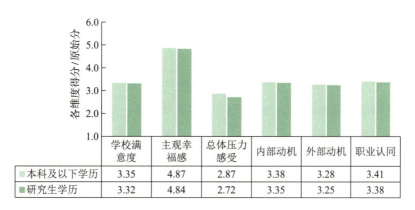

图 12　不同学历的青年教师在各维度上的得分情况

3. 未定级教师的完全周工作总时长最短，主观幸福感最强，二级教师选择教师职业的内部动机、外部动机及对教师职业的认同最弱

在青年教师中，职称为一级以上的教师人数占比不足 1%，故本报告将一级职称教师和一级以上职称教师进行合并研究。方差分析结果显示，不同职称的教师在完全周工作总时长、主观幸福感、内部动机、外部动机和职业认同上存在显著差异，在学校满意度、总体压力感受上不存在显著差异。具体而言，未定级教师的完全周工作总时长为 52.7 h，显著低于二级教师和一级及以上教师的 54.0 h，这表明未定级教师的完全周工作总时长最短（图 10）；未定级教师的主观幸福感得分为 4.99 分，显著高于二级教师和一级及以上教师的 4.82 分和 4.83 分，这表明未定级教师的主观幸福感最强；二级教师对选择教师职业的内部动机、外部动机和对教师职业的认同得分分别为 3.35 分、3.25 分和 3.37 分，均显著低于一级及以上教师在对应变量上的得分，这表明二级教师选择教师职业的内部动机、外部动机及对教师职业的认同最弱（图 13）。

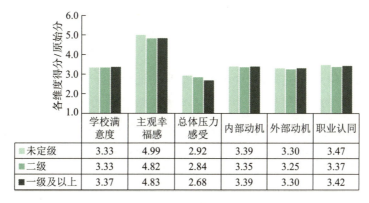

图 13　不同职称的青年教师在各维度上的得分情况

4. 事业编制教师的主观幸福感相对较低，总体压力相对较大，对教师职业的认同度相对较低

把青年教师分为事业编制教师和非事业编制教师进行差异分析，独立样本 t 检验结果显示，事业编制教师和非事业编制教师在主观幸福感、总体压力感受与职业认同上存在显著差异，在完全周工作总时长、学校满意度、内部动机和外部动机上不存在显著差异。具体而言，事业编制教师的主观幸福感得分为 4.79 分，显著低于非事业编制教师的 4.93 分，这表明事业编制教师的主观幸福感相对较低；事业编制教师的总体压力感受得分为 2.78 分，显著低于非事业编制教师的 2.86 分，这表明事业编制教师的总体压力相对较大；事业编制教师对教师的职业认同得分为 3.38 分，显著低于非事业编制教师的 3.42 分，这表明事业编制教师对教师的职业认同度相对较低（图 14）。

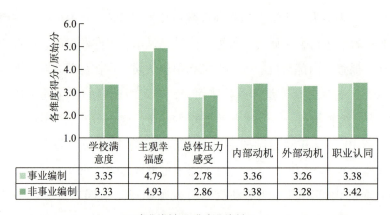

图 14　有无事业编制的青年教师在各维度上的得分情况

5. 师范生教师的完全周工作总时长相对较长，主观幸福感相对较低，对教师职业的认同度也相对较低

把青年教师分为师范生教师和非师范生教师两类进行差异分析，独立样本 t 检验结果显示，两类青年教师在完全周工作总时长、主观幸福感和职业认同上存在显著差异，在学校满意度、总体压力感受、内部动机和外部动机上不存在显著差异。具体而言，师范生教师的完全周工作总时长为 53.8 h，显著高于非师范生教师的 53.3 h，这表明师范生教师的完全周工作总时长相对较长（图 10）；师范生教师的主观幸福感得分为 4.84 分，显著低于非师范生教师的 4.92 分，这表明师范生教师的主观幸福感相对较低；师范生教师对教师职业认同的得分为 3.38 分，显著低于非师范生教师的 3.47 分，这表明师范生教师对教师职业的认同度相对较低（图15）。

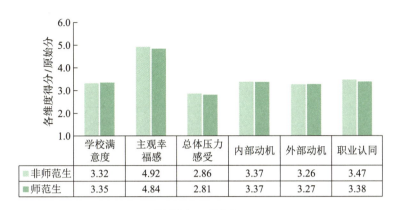

图15 是否为师范生毕业的青年教师在各维度上的得分情况

6. 担任班主任的青年教师的完全周工作总时长相对较长，对学校的满意度和主观幸福感相对较低，总体压力相对较大，选择教师职业的内部动机、外部动机及对教师职业的认同也相对较弱

把青年教师分为担任班主任和不担任班主任的两类教师进行差异分析，独立样本 t 检验结果显示，担任班主任和不担任班主任的教师在各变量上均存在显著差异。具体而言，班主任教师的完全周工作总时长为 56.7 h，显著高于非班主任教师的 51.8 h，这表明班主任教师的完全周工作总时长相对较长（图10）；班主任教师对学校的满意度得分为 3.32 分，显著低于非班主任教师的 3.36 分，这表明班主任教师对学校的满意度相对较低；班主任教师的主观幸福感得分为 4.74 分，显著低于非班主任教师的 4.94 分，这表明班主任教师的主观幸福感相对较低；班主任教师的总体压力感受得分为 2.58 分，显著低于非班主任教师的 2.98 分，这表明班主任教师的总体压力感受相对较强；班主任教师选择教师职业的内部动机、外部动机及对教师的职业认同得分分别为 3.34 分、3.25 分和 3.32 分，显著低于非班主任教师的 3.39 分、3.28 分和 3.46 分，这表明班主任教师选择教师职业的内部动机、外部动机和对教师职业的认同均相对较弱（图16）。

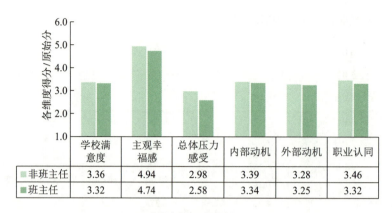

图 16　担任班主任与否的青年教师在各维度上的得分情况

（三）2021 年各区域的青年教师在部分变量上的表现情况

本部分着眼于区域特征，从教师的完全周工作总时长、学校满意度、主观幸福感、总体压力感受、内部动机、外部动机及职业认同这几个方面来比较各区域青年教师的职业状况，如表 4 所示。

除了学业质量外，各指标均按照各市（区）在相应指标上的数值从高到低进行排位，排位为"1"代表该市（区）在该指标上数值最大，表现最好；排位为"10"代表该市（区）在该指标上数值最小，表现最差。需要特别说明的是，苏州市教师的整体工作时长较长，为了提倡减负，减少工作量，故在完全周工作总时长上，将时长最长的区域排名为"10"，时长最短的区域排名为"1"。学业质量为各区域初三学生的语文、数学、英语和科学四门学科平均百分等级。

结果显示，工业园区、相城区和张家港市教师的完全周工作总时长相对较长，吴江区、常熟市和吴中区教师的完全周工作总时长相对较短；工业园区、昆山市和张家港市教师对学校的满意度相对较高，常熟市、吴中区和吴江区教师对学校的满意度相对较低；工业园区、昆山市和高新区教师的主观幸福感相对较强，常熟市、太仓市和相城区教师的主观幸福感相对较低；吴江区、昆山市和太仓市教师的总体压力相对较小，工业园区、张家港市和高新区教师的总体压力相对较大；工业园区、昆山市和市直属教师选择教师职业的内部动机和外部动机相对较强，常熟市、太仓市和吴中区教师选择教师职业的内部动机和外部动机均相对较弱；吴江区、吴中区和昆山市教师的职业认同度相对较高，张家港市、太仓市和工业园区教师的职业认同度相对较低；工业园区和昆山市教师的教学工作得分相对较高，吴江区和常熟市教师的教学工作得分相对较低。

此外，各指标也呈现出一些区域特点。常熟市教师在学校满意度、主观幸福感、选择教师职业的内部动机和外部动机方面得分均最低，在教学工作方面得分也相对较低；太仓市教师的主观幸福感、选择教师职业的内部动机和外部动机及对教师的职业认同得分在所有区域排名倒数第二；昆山市教师的职业状态整体相对较好；工业园区教师的完全周工作总时长最长，压力最大，对职业认同度也不高。

表4 不同区域在各维度上的排序情况及学业质量百分等级得分

区域	工作负担		学校满意度	主观幸福感	职业动机			教学工作			学业质量
	完全周工作总时长	压力感受			内部动机	外部动机	职业认同	教学方式	教学研究	作业实施	四科平均分
张家港市	8	9	3	7	6	6	10	3	3	4	46.6
常熟市	2	6	10	10	10	10	7	8	10	9	49.1
太仓市	5	3	6	9	9	9	9	6	6	7	43.8
昆山市	4	2	2	2	2	2	3	2	2	2	52.0
吴江区	1	1	8	6	5	4	1	10	9	10	47.1
吴中区	3	4	9	5	8	8	2	9	7	8	40.6
相城区	9	5	7	8	7	7	4	7	8	6	47.5
工业园区	10	10	1	1	1	1	8	1	1	1	61.6
高新区	7	8	5	3	4	5	6	5	4	5	55.1
市直属	6	7	4	4	3	3	5	4	5	3	55.1

（四）2019—2021年各区域青年教师在部分变量上的追踪情况

2019—2021年各区域青年教师的完全周工作总时长、学校满意度、总体压力感受和主观幸福感的追踪情况如下：

各区域青年教师的完全周工作总时长呈逐年增加趋势，但各区域增幅不同。其中，2021年张家港市较2020年增加最多，为4.5 h；高新区较2020年增加最少，为1.6 h（图17）。

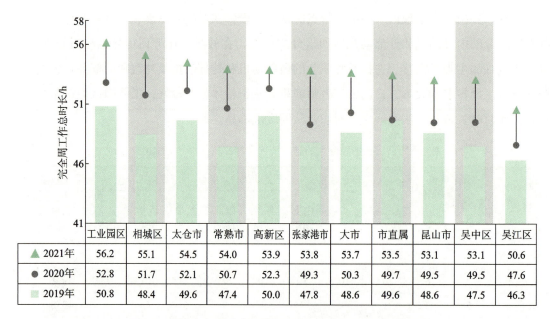

图 17　苏州市各区域青年教师各年完全周工作总时长情况

2021年，各区域青年教师的学校满意度得分与2020年相比基本保持稳定，但是较2019年均有不同程度的下降（图18）。

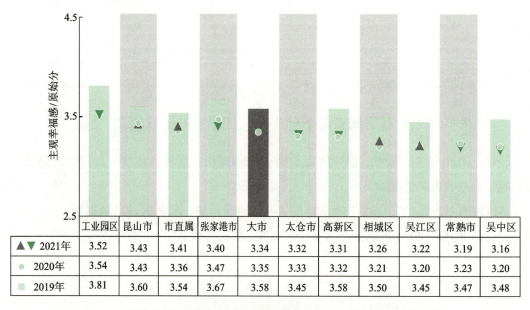

图 18　苏州市各区域青年教师各年学校满意度得分情况

2021年，各区域青年教师的总体压力感受得分较2020年均有不同程度的下降，这表明各区域青年教师的压力都有所增大，其中张家港市青年教师的总体压力较2020年增大最多，相城区青年教师增加幅度最小（图19）。

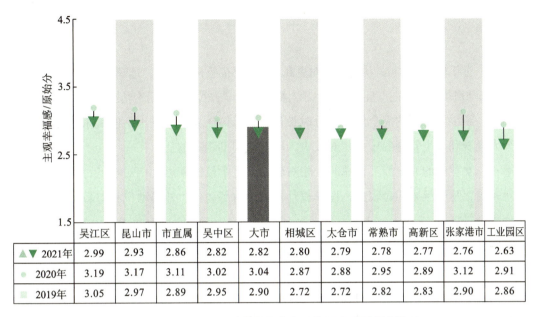

图19　苏州市各区域青年教师各年总体压力感受得分情况

2021年，各区域青年教师的主观幸福感得分较2020年均有不同程度的下降，其中工业园区青年教师的主观幸福感得分较2020年下降最多，太仓市青年教师的主观幸福感得分下降最少（图20）。

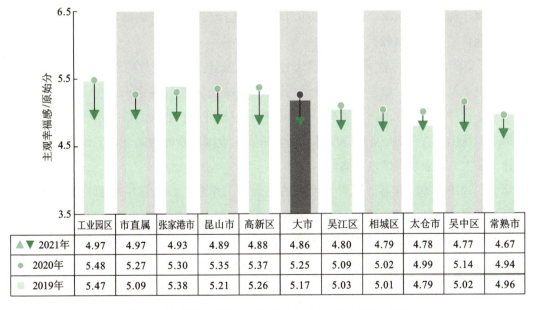

图20　苏州市各区域青年教师各年主观幸福感得分情况

四、主要结论

第一,青年教师对学校的满意度相对更高、主观幸福感相对较强,选择教师职业的内部动机和外部动机均相对较强,且内动机相对更强,教学方式和教学研究情况也相对较好。

第二,新手型教师的完全周工作总时长最长,总体压力相对较小,但是来自课堂教学、个人发展和学生管理的压力相对较大,职业认同度相对较低。

第三,女教师的完全周工作总时长相对较长,对学校的满意度相对较低,主观幸福感相对较弱,总体压力相对较大,选择教师职业的内部动机、外部动机相对较弱,职业认同度相对较低。

第四,研究生学历的教师完全周工作总时长相对较长,总体压力相对较大,职业认同度相对较低。

第五,未定级教师的完全周工作总时长最短,主观幸福感最强,二级教师选择教师职业的内部动机、外部动机最强,职业认同度最低。

第六,事业编制教师的主观幸福感相对较弱,总体压力相对较大,职业认同度相对较低。

第七,师范生教师的完全周工作总时长相对较长,主观幸福感相对较弱,职业认同度也相对较低。

第八,担任班主任的青年教师的完全周工作总时长相对较长,对学校的满意度相对较低,主观幸福感相对较弱,总体压力相对较大,选择教师职业的内部动机、外部动机较强,职业认同度也相对较低。

第九,2021年各区域教师的职业状态存在一定差异。常熟市教师对学校的满意度较高,主观幸福感较强,选择教师职业的内部动机和外部动机均最强;太仓市教师的主观幸福感,选择教师职业的内部动机、外部动机和对教师的职业认同情况在所有区域排倒数第二;昆山市教师的职业状态整体相对较好;工业园区教师的完全周工作总时长最长,压力最大,职业认同度也不高。

第十,2019—2021年各区域青年教师的完全周工作总时长呈逐年增加趋势,张家港市增加最多,高新区增加最少。2021年各区域青年教师的学校满意度与2020年相比基本保持稳定,但是较2019年均有不同程度的下降;2021年各区域青年教师的压力较2020年都有所增大,张家港市增加最多,相城区增加最少;各区域青年教师的主观幸福感较2020年均有不同程度的减弱,其中工业园区减弱最多,太仓市减弱最少。

(本文由苏州市教育质量监测中心提供,撰稿人:冯杰)

2021 年苏州市义务教育学业质量监测心理健康发展状况专题分析报告

一、研究背景

初中生处于身心发展的重要时期，与成年人相比，他们的心理相对脆弱，易受到外界环境的影响，因此关注学生的心理健康发展是实现学生身心健康成长的必然要求。教育部在《中小学心理健康教育指导纲要（2012年修订）》（以下简称《纲要》）中指出，中小学心理健康教育的主要内容包括普及心理健康知识，树立心理健康意识，了解心理调节方法，认识心理异常现象，掌握心理保健常识和技能。其重点是认识自我、学会学习、人际交往、情绪调适、升学择业及生活和社会适应等方面的内容。根据《纲要》，学生心理健康教育的主要内涵为：帮助学生达成自我意识的健康发展，形成较强的学习适应性、较好的人际交往状况、有效的情绪管理、职业规划意识和较好的社会适应性。

苏州市义务教育学业质量监测自 2015 年起就持续关注初中生的心理健康发展状况，在每年的监测中选择心理健康相关维度，监测各区域、各群体的相关指标的发展状况。基于《纲要》中的心理健康教育内涵，考虑到初中全样本的大规模监测，以及初中生这个群体的特征，我们在监测中更多地选择了发展性及与学业相关的指标，前者包括主观幸福感、学校归属感，后者包括学习品质、学习压力、学习倦怠等，同时调查了与心理健康教育内容密切相关的人际关系、家庭教育等，宏观描述区域中学生在这些维度上的发展状况和影响因素，旨在为各区域了解本区域学生的心理发展状况、提升学生的心理健康发展水平提供参考。

二、监测简介

2021年9月,苏州市教育质量监测中心组织实施了第七次全市义务教育学业质量监测。本次监测主要由学业水平测试、学生相关因素问卷和教师相关因素问卷调查三个部分构成,学业水平测试内容包括语文、数学、英语和科学四门学科,相关因素问卷包括学生身心健康、学习品质、一般学习行为、学业负担、学业支持等维度,以及影响学生发展的个体、学校、家庭、社会等多方面因素。

本次监测覆盖苏州市10个市(区)全部初中学校(包括公办和民办初中,不含特殊教育),采用学科抽测和相关因素全测的方式采集样本,共有285所初中校、306 917名学生及21 369名教师参测。通过对初一年级学生倒追至小学的方式,共追踪到苏州市2021届小学毕业生106 814人,涉及小学共501所。小学教师未参测。参测学生的人口学变量如表1所示。需要注意的是,由于本次监测时间为9月,学生刚刚升入新的年级,因此监测结果呈现的是初一年级学生在六年级,初二年级学生在初一,初三年级学生在初二时的状况。

表1 2021年苏州大市三个年级学生的基本信息①

单位:%

类别		2021年初一	2021年初二	2021年初三
性别	男	53.6	53.1	53.5
	女	46.4	46.9	46.5
独生/非独生	独生子女	33.9	35.8	37.6
	非独生子女	66.1	64.2	62.4
流动情况	流动儿童	28.3	28.9	31.3
	非流动儿童	71.7	71.1	68.7
父亲学历	本科及以上	20.7	22.2	21.2
	本科以下	79.3	77.8	78.8
母亲学历	本科及以上	18.3	19.4	18.2
	本科以下	81.7	80.6	81.8
父母至少一方在本科以上		25.1	26.7	25.4

■ 大市

① 对父母学历情况作答为"不清楚"的学生没有被纳入计算。

三、监测指标

苏州市义务教育学业质量监测学生相关因素问卷的指标体系主要包括"成长背景""一般学习行为""身心健康""学习品质""学业负担""学业支持"等6个一级维度。本报告主要呈现与学生心理健康发展密切相关的指标。本次相关因素监测指标、问卷经过了多轮次试测和研磨，各项量化指标均符合测量学要求，具有良好的信度和效度，相关情况如表2所示。

表2 学生心理健康发展相关指标说明

一级指标	二级指标	指标解释
心理健康	学习倦怠	指学生缺乏学习兴趣与学习动力时，迫于多方面的压力而被动学习，从而导致的身心俱疲、消极面对学习的现象。分数越高表示学习倦怠程度越高
	主观幸福感	指人们对自身生活满意程度的认知评价，包括生活满意度和情感体验两个基本成分。分数越高，表示主观幸福感越强
	学校归属感	主要关注学生的学校归属感。分数越高表示学校归属感越强
	学习压力	主要关注学生的学习压力感受。分数越高表示压力越大
	学习动机	主要关注内部学习动机和外部学习动机。分数越高表示动机越强

四、监测结果

（一）学习倦怠

1. 苏州大市参测学生的总体学习倦怠程度较轻，各区域存在一定差异

苏州市各区域参测年级学生的得分均低于量表的中间值2.5分，这表明苏州市学生的学习倦怠程度总体较低。

无论是苏州大市还是各区域，均出现随着年级升高，学生的学习倦怠程度加剧的情况。

从各区域来看，L区、E区和M区参测学生的学习倦怠程度相对较低，G区、I区的学生学习倦怠程度相对较高。

相关情况如表3所示。

表3 苏州市各区域2021年学生的学习倦怠得分

区域	六年级	初一	初二	总体
I区	1.80	1.90	1.99	1.89
G区	1.79	1.88	1.99	1.88
K区	1.68	1.80	1.89	1.79
P区	1.68	1.79	1.89	1.78
T区	1.66	1.83	1.85	1.77
D区	1.62	1.83	1.88	1.76
大市	1.65	1.76	1.82	1.74
M区	1.46	1.70	1.74	1.71
C区	1.64	1.74	1.73	1.70
B区	1.64	—		1.64
E区	1.54	1.66	1.68	1.62
L区	1.45	1.55	1.63	1.54

注：学习倦怠以1—4分计分，中间值为2.5分，分数越高表示学习倦怠程度越高。

2. 从群体差异来看，男生的学习倦怠程度比女生更高；年级越高的学生，其学习倦怠程度越高；学业成绩低分组的学生比高分组的学生有着更高的学习倦怠程度

在男生、女生的学习倦怠情况方面，女生的得分低于男生，其学习倦怠程度低于男生。

在三个年级学生的学习倦怠情况方面，随着年级的升高，学生的学习倦怠程度呈现上升的趋势。

本研究将学生按学业成绩分为高、中、低三个组，排名为前27%的学生为高分组，排名为后27%的学生为低分组，其余学生为中分组。低分组学生的学习倦怠程度最高，中分组学生次之，高分组学生的学习倦怠程度最低。

相关情况如图1所示。

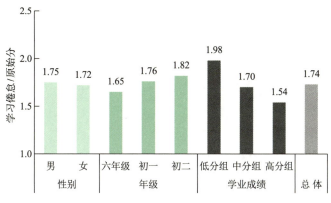

图1 不同学生群体的学习倦怠差异情况

（二）主观幸福感

1. 苏州大市参测学生的总体主观幸福感较强，各区域存在一定差异

苏州市各区域参测年级得分均高于量表的中间值3分，这表明学生的主观幸福感总体较强。

无论是苏州大市还是各区域，随着年级升高，学生的主观幸福感得分逐渐降低。

从各区域来看，L区、M区、E区的学生的主观幸福感相对较强，而I区、G区、P区学生的主观幸福感相对较弱。

相关情况如图2、图3、图4所示。

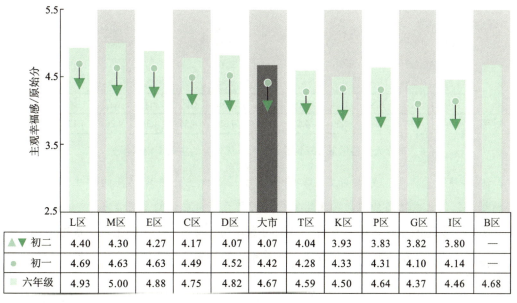

注：主观幸福感以0—6分计分，中间值为3分，分数越高表示主观幸福感越强。

图2 苏州大市各区域初中2019级学生三年的主观幸福感得分

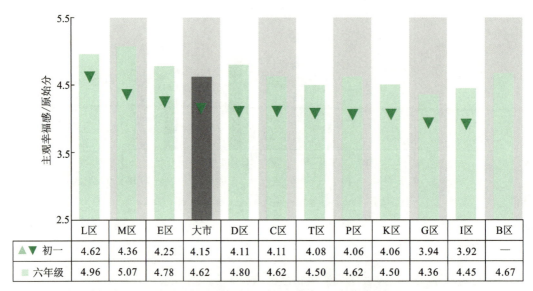

图3 苏州大市各区域初中2020级学生两年的主观幸福感得分

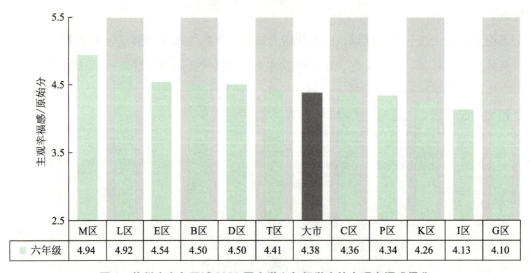

图4 苏州大市各区域2021届小学六年级学生的主观幸福感得分

2. 从群体差异来看,男生的主观幸福感程度强于女生;年级越高的学生,其主观幸福感越弱;学业成绩高分组的学生比低分组的学生有着更强的主观幸福感

在男生、女生的主观幸福感方面,男生的得分高于女生,男生的主观幸福感更强。

在三个年级学生的主观幸福感方面,随着年级的升高,学生的主观幸福感得分呈现下降趋势。

将学生按学业成绩分为高分组、中分组、低分组三个组,低分组学生的主观幸福感最弱,中分组的学生次之,高分组学生感受到的主观幸福感程度最高。

相关情况如图 5 所示。

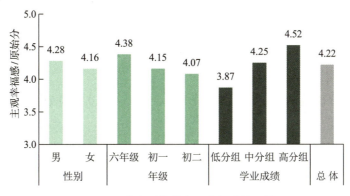

图 5　不同学生群体的主观幸福感差异情况

3. 从年度比较来看，2017—2019 年参测年级学生的主观幸福感呈现缓慢上升趋势，从 2020 年开始，参测年级学生的主观幸福感呈现缓慢下降趋势

从 2017 年开始，我们对苏州市中小学生的主观幸福感维度进行了持续监测，结果如下：

对五年来各年级学生的主观幸福感发展趋势进行比较可以发现，在 2019 年存在一个拐点，2017—2019 年各年级学生的主观幸福感均呈现逐年缓慢上升的趋势，但在 2020—2021 年呈现一定的下降趋势（图 6）。出现这种现象的原因有待于进一步调查和分析。

需要注意的是，2020 年 9 月的监测中对主观幸福感的测量，调查的是学生上学期的情况，也就是 2020 年春季学期的情况，而在此学期开始，社会层面比较重大的变化则是新冠病毒感染疫情的暴发。结合新冠病毒感染疫情下学生心理健康的各类调查结果，我们或许可以推测，这样的下降趋势与新冠病毒感染疫情下学生学习和生活的改变有一定的关系，但具体原因还需要进一步考证。

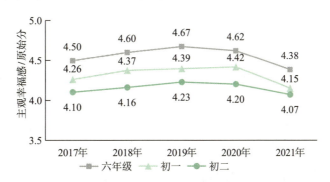

图 6　三个年级学生五年的主观幸福感发展趋势

（三）学校归属感

1. 苏州大市参测学生的学校归属感较强，各区域存在一定差异

学校生活是学生生活的主体部分，学生的学校归属感可以在一定程度上反映出学生对学校生活的适应程度。

从表4可以看出，苏州大市的总体得分为3.36分，超过中间分，学生的学校归属感总体较强。

各区域的得分范围为3.20—3.56分，L区、E区、M区得分较高，G区、I区的得分相对较低。

表4　不同区域学生的学校归属感得分

单位：分

区域	六年级	初一	初二	总体
L区	3.62	3.56	3.47	3.56
B区	3.47	—	—	3.47
E区	3.54	3.45	3.42	3.47
M区	3.61	3.43	3.37	3.42
C区	3.39	3.34	3.36	3.36
大市	3.43	3.34	3.29	3.36
D区	3.48	3.32	3.26	3.35
K区	3.40	3.33	3.25	3.33
P区	3.40	3.30	3.22	3.31
T区	3.41	3.27	3.23	3.31
I区	3.31	3.22	3.17	3.24
G区	3.29	3.20	3.12	3.20

注：学校归属感以1—4分计分，中间值为2.5分，分数越高表示学校归属感越强。

2. 从群体差异来看，女生的学校归属感比男生略强；年级越高的学生，其学校归属感越弱；学业成绩高分组的学生比低分组的学生有着更强的学校归属感

在男生、女生的学校归属感差异方面，女生的得分略高于男生，这说明女生的学校归属感较强。

在三个年级学生的学校归属感差异方面，随着年级的升高，学生的学校归属感得分呈现逐渐下降的趋势。

分析学业成绩不同的学生的学校归属感可以看出，高分组学生的学校归属感最强，中分组学生次之，低分组学生的学校归属感最弱。

相关情况如图7所示。

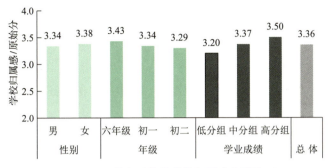

图7 不同学生群体的学校归属感差异情况

(四) 学习压力感受及来源

1. 总体学习压力感受

(1) 苏州大市参测学生压力感受总体尚可,各区域存在一定差异

压力感受是指学生目前感受到的学习压力的程度,以1—7分计分。1分表示没有压力;4分为中间值,表示压力一般;7分表示压力非常大。分数越高表示压力越大。

从表5可以看出,苏州大市学生的总体压力感受得分均分为4.38分,略高于中间值,这表明苏州大市初中生的压力感受总体尚可。

无论是苏州大市还是各区域,随着年级的升高,学生的学习压力都在增大。

各区域的总体压力感受得分为3.17—4.56分,都处于压力尚可的得分区间。

表5 苏州大市各区域学生的压力感受得分

单位:分

区域	六年级	初一	初二	总体
G区	4.34	4.54	4.85	4.56
K区	4.29	4.57	4.85	4.56
I区	4.33	4.53	4.84	4.55
T区	4.14	4.51	4.78	4.45
P区	4.13	4.45	4.68	4.41
C区	4.16	4.45	4.62	4.39
大市	4.11	4.41	4.67	4.38
M区	3.94	4.32	4.60	4.28
L区	3.87	4.29	4.67	4.24
D区	3.86	4.31	4.50	4.20
E区	3.92	4.19	4.42	4.17
B区	3.95	—	—	3.95

（2）从群体差异来看，女生比男生有着更强的学习压力感受；年级越高的学生，其学习压力感受也更强烈；学业成绩低分组的学生比高分组的学生有着更强的学习压力感受

分析男生、女生之间的学习压力感受差异（图8）可以看出，女生的压力感受得分高于男生，其压力感受强于男生。

分析三个年级学生的压力感受差异可以看出，随着年级的升高，学生的压力感受呈现上升的趋势。

将学生按学业成绩分为高分组、中分组、低分组三个组，低分组学生感受到的学习压力最大，中分组学生次之，高分组学生感受到的学习压力最小。压力感受测量的是学生的主观感受，高分组学生主观感受到的学习压力最小。

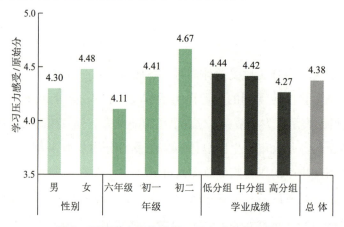

图8　不同学生群体的学习压力感受差异情况

（3）从年度比较来看，2018—2021年四年间参测的各年级学生的学习压力感受呈现在波动中缓慢下降的趋势

从2018年开始，我们对学生自身的总体压力感受进行了持续监测。由图9可以看出，四年以来，六年级、初一年级和初二年级三个年级学生的总体学习压力感受呈现在波动中缓慢下降的趋势。

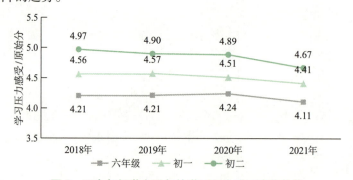

图9　三个年级学生四年的学习压力感受变化趋势

2. 学习压力来源分析

本次监测除了调查学生的总体学习压力感受外，还调查了学生感受到的来源于自我要求、同伴竞争、父母要求、学校教师四个方面的学习压力情况。

（1）苏州大市参测学生的学习压力感受来源从强到弱分别是同伴竞争、学校教师、自我要求、父母要求，不同区域存在差异

各学习压力来源以1—7分计分，1分表示没有压力，4分表示压力一般，7分表示压力非常大，分数越高说明学习压力越大。需要注意的是，学习压力来源和总体学习压力感受是独立进行提问的，并不是计算各项压力来源得分均值得到的。分析结果显示，各项外部压力总体均处于"压力一般（4分）"及以下区间，学生学习上的自我要求压力得分为3.80分，同伴竞争压力得分为4.07分，父母要求压力得分为3.71分，学校教师压力得分为3.89分，相对来说，同伴竞争产生的学习压力最大（表6）。

表6 不同区域学生的学习压力来源差异分析

单位：分

区域	自我要求压力	来自同伴竞争压力	来自父母要求压力	来自学校教师压力
P区	3.70	3.99	3.73	3.96
K区	4.03	4.38	3.88	4.05
L区	3.94	4.12	3.62	3.71
C区	3.82	4.12	3.72	3.85
M区	3.92	4.12	3.72	3.71
D区	3.60	3.85	3.61	3.72
G区	3.75	4.07	3.79	4.11
I区	3.75	4.07	3.82	4.09
T区	3.79	4.10	3.74	4.03
E区	3.66	3.90	3.48	3.68
大市	3.80	4.07	3.71	3.89

（2）从学习压力的群体差异来看，女生比男生有着更强的自我要求压力和同伴竞争压力；学业成绩高分组学生有着更大的自我要求压力，而中分组学生感受到的父母要求压力比低分组学生和高分组学生更大

分析男生、女生的学习压力来源得分差异可以看出，女生的自我要求压力显著大于男生；女生的同伴竞争压力也显著大于男生，达到4.34分；女生感受到的父母要求压力也大于男生；只有在学校教师压力维度，男生的得分略高于女生（图10）。

在男生层面，学习压力从大到小依次是学校教师压力、父母要求压力、同伴竞争压力、自我要求压力；在女生层面，学习压力从大到小依次是同伴竞争压力、自我要求压力、学校教师压力、父母要求压力。

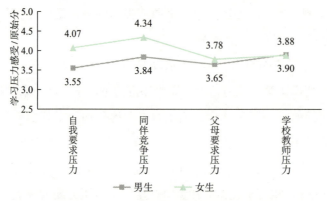

图 10　男生、女生的压力来源得分差异情况

分析不同年级学生的学习压力来源可以看到，随着年级的升高，学生的自我要求压力、同伴竞争压力、父母要求压力、学校教师压力均越来越大（图 11）。

从年级层面看，三个年级学生的学习压力感受均呈现出父母要求压力最小、同伴竞争压力最大的状态。

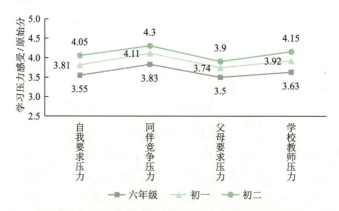

图 11　不同年级学生的学习压力来源得分差异情况

分析学业成绩不同的学生的压力来源可以看出，在自我要求压力上，低分组学生的自我要求压力最小，中分组学生次之，高分组学生的自我要求压力最大。同伴竞争压力的情况也类似。在父母要求压力上，低分组学生和高分组学生感受到的父母要求压力较小，中分组学生感受到的父母要求压力最大。在学校教师压力上，低分组学生感受到的学校教师压力最大，中分组学生次之，高分组学生感受到的学校教师压力最小。相关情况如图 12 所示。

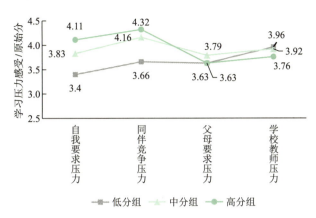

图 12 学业成绩不同的学生的压力来源得分差异分析

（五）学习动机

1. 苏州大市参测年级学生的内部学习动机和外部学习动机都较强，各区域存在差异

学习动机分为内部动机和外部动机，以 1—4 分计分，中间值为 2.5 分，分数越高表明学习动机越强。从表 7 可以看出，苏州大市总体得分为 3.18 分，超过中间值，这说明学生的学习动机总体较高。

从各区域的得分来看，内部动机的得分为 3.05—3.38 分，L 区、E 区、M 区得分较高，G 区、I 区得分较低。外部动机的得分为 3.11—3.28 分，L 区、E 区、M 区得分较高，G 区、I 区得分较低。

表 7 不同区域学生的学习动机差异分析

单位：分

区域	内部动机	外部动机	学习动机
L 区	3.38	3.28	3.34
E 区	3.30	3.22	3.27
M 区	3.23	3.2	3.22
C 区	3.19	3.2	3.19
D 区	3.20	3.16	3.19
大市	3.19	3.18	3.18
K 区	3.15	3.19	3.16
P 区	3.15	3.16	3.15
T 区	3.14	3.17	3.15
G 区	3.05	3.12	3.08
I 区	3.05	3.11	3.08

2. 从群体差异来看，女生的学习动机比男生强，男生的内部动机强于外部动机，女生的外部动机强于内部动机；年级越低的学生的内部动机越强；学业成绩高分组学生的学习动机最强，他们的内部动机强于外部动机，而中分组和低分组学生的外部动机则与内部动机强度差异不大。

如图 13、图 14 所示，不同学生群体的学习动机差异如下：

女生的内部动机和外部动机均强于男生，双方的外部动机的差异更大；随着年级的升高，学生的内部动机越来越弱，外部动机呈现微弱的上升趋势；学业成绩高分组学生的内部动机和外部动机最强，中分组学生次之，低分组学生的内部动机和外部动机均最弱。

男生的内部动机得分高于外部动机，女生的外部动机得分高于内部动机；六年级学生的内部动机得分高于外部动机，初一年级学生的内部动机和外部动机强度没有显著差异，初二年级学生的外部动机得分高于内部动机；学业成绩低分组学生的外部动机得分高于内部动机，中分组学生呈现出一样的趋势，高分组学生的内部动机得分高于外部动机。

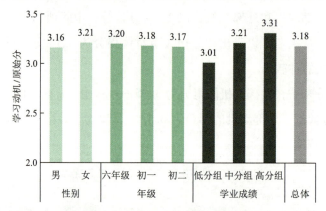

图 13　不同学生群体的学习动机差异

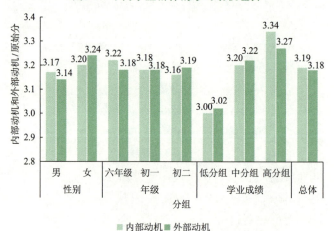

图 14　不同学生群体的内部动机和外部动机差异分析

五、学生心理健康的影响因素

家庭和学校是青少年活动的两大环境,在现有研究中,人际支持是影响学生心理状况的重要因素。学生的学习品质也被证明深刻地影响着学生的心理状态。在体育领域相关研究中,体育锻炼也被证明能显著缓解压力,改善个体的心理状态。本次监测发现人际支持、学习习惯和体育锻炼习惯与爱好均能显著影响青少年的主观幸福感和学业倦怠情况[①]。

本报告对监测数据进行了回归分析,在控制了学生的性别、年级和学业成绩后,人际关系、学习习惯和体育锻炼习惯与爱好对学生的主观幸福感和学习倦怠均存在显著影响(p 值均小于 0.001)。在控制了学生的性别、年级等变量后,学业成绩也对学生的学习倦怠情况有显著的影响。回归系数值越大,影响越大。

(一)人际关系状况越好、学习习惯越好、体育锻炼习惯与爱好越好,学生的主观幸福感越强

本次监测用师生关系、同伴关系和家长陪伴来测量学生的总体人际关系状况,得分越高表明人际状况越好。对监测数据进行回归分析,以主观幸福感为因变量,在控制了学生的性别、年级、学业成绩之后,师生关系越好,学生的主观幸福感越强($\beta = 0.227$,$p<0.001$)[②];同伴关系越好,学生的主观幸福感越强($\beta = 0.347$,$p<0.001$);家长陪伴状况越好,学生的主观幸福感越强($\beta = 0.265$,$p<0.001$)。这表明在所有人际关系中,同伴关系对学生的主观幸福感影响最大(β 值最大),家长的生活陪伴和师生关系次之。人际关系对学生的主观幸福感差异的解释率达到 49.9%。

对监测数据进行回归分析,以主观幸福感为因变量,在控制性别、年级、学业成绩之后,学生的学习习惯越好,学生的主观幸福感越强($\beta = 0.566$,$p<0.001$),学习习惯对学生的主观幸福感差异的解释率达到 33.8%。以主观幸福感为因变量,在控制性别、年级、学业成绩之后,体育锻炼习惯与爱好越好,学生的主观幸福感越强($\beta = 0.314$,$p<0.001$)。以学习倦怠为因变量,在控制了性别、年级、学业成绩之后,体育锻炼习惯对学生的主观幸福感差异的解释率达到 14.7%。

---

① 本次监测中学校归属感和学习动机与人际关系、学习习惯和体育锻炼习惯调查不属于同一份问卷,故此处没有对它们做关联或回归分析。
② 标准化回归系数 β 越大,表明自变量对因变量的影响越大。$p<0.001$ 表明存在极其显著的统计学差异。

相关情况如图15所示。

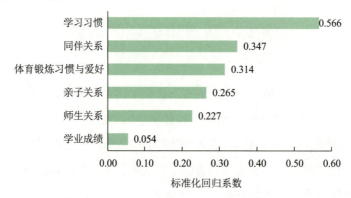

图 15　人际关系、学习习惯和体育锻炼习惯与爱好对主观幸福感的回归系数

（二）人际关系状况越好、学习习惯越好、体育锻炼习惯与爱好越好，学生的学习倦怠程度越轻

对监测数据进行回归分析，以学习倦怠为因变量，在控制了性别、年级、学业成绩之后，师生关系越好（$\beta=-0.294$，$p<0.001$），学生的学习倦怠程度越轻；同伴关系越好（$\beta=-0.165$，$p<0.001$），学生的学习倦怠程度越轻；家长的生活陪伴状况越好（$\beta=-0.263$，$p<0.001$），学生的学习倦怠程度越轻。这表明在所有人际关系中，师生关系对学生的学习倦怠影响最大，家长的生活陪伴和同伴关系次之。人际关系对学生学习倦怠差异的解释率达到44%。

以学习倦怠为因变量，在控制了性别、年级、学业成绩之后，学生的学习习惯越好（$\beta=-0.425$，$p<0.001$），学生的学习倦怠程度越低。学习习惯对学生的学习倦怠差异的解释率达到61.8%。以学习倦怠为因变量，在控制了性别、年级、学业成绩之后，体育锻炼习惯与爱好越好（$\beta=-0.321$，$p<0.001$），学生的学习倦怠程度越低。体育锻炼习惯与爱好对学生的学习倦怠差异的解释率达到20.6%。

相关情况如图16所示。

图 16　人际关系、学习习惯和体育锻炼习惯与爱好对学习倦怠的回归系数

六、对策与建议

（一）重视学生良好心理素养的培养，关注初中毕业年级学生的心理状态

从本次监测结果来看，初中生的心理在监测指标上的总体状况较好，但高年级学生在各指标上的状况均不如低年级学生。新初三学生与低年级学生相比，有着更强的学习倦怠和更大的学习压力、更弱的主观幸福感和学校归属感。新初三学生首次体验到升学的压力，心理状态出现波动属于正常现象，但家长、学校要高度重视这一时期学生的心理状态，不可唯分数论，应采用多元评价的方式评价学生，同时开展多样化的心理健康辅导方式，帮助学生平稳应对毕业年级的学习生活。

学校可适当减轻学生的学业负担，控制作业时间；开展有针对性的心理健康教育活动，将心理元素渗透于课堂教学，帮助学生掌握调节压力的方式，营造轻松的学习氛围。同时，以此为契机帮助学生提升应对压力的能力，将有压力视为提升自我的机会，教师还应及时关注学生的心理波动，及时对需要帮助的学生进行心理疏导。家长则应实施鼓励式教育，引导学生正确看待学业成绩。家长要主动学习心理健康知识，注重培养学生的抗挫折能力、情绪调节能力、心理弹性等，提升学生应对压力的能力，以使学生成功应对当下和未来来自不同学习和生活情境的挑战。

（二）针对男女生的身心发展差异，开展差异化的心理健康教育和活动

从本次监测结果来看，男生的学习倦怠程度强于女生，女生的主观幸福感比男生

弱、学习压力感受比男生强,这与现有的研究基本一致。由于生理、心理和社会层面的多种因素,初中阶段的女生有着更低的自尊水平、更弱的幸福感,也更容易感受到学习压力。从压力来源来看,女生比男生有着更大的自我要求压力和同伴竞争压力,也有着更强的外部学习动机,这提示学校和家长在对青春期的学生进行教育的过程中,应进行有针对性的、差异化的教育,对女生应更多地采用鼓励教育,帮助女生培养更高的自尊水平和更强的压力应对能力,同时引导她们正确看待学业成绩、培养兴趣爱好,提升她们的主观幸福感。

男生的学业倦怠程度比女生高,学业倦怠与学习品质、学业成绩等密切相关,学业成绩低分组学生的学业倦怠程度显著高于高分组学生。而对男生、女生各学科成绩的比较显示,在语文学科和英语学科上,与女生相比,男生显示出明显的劣势,因此学校和家长应更加关注男生在语文和英语学科上的学习,激发他们的学习兴趣,引导他们掌握科学的学习方法,进而缓解学习倦怠。本次监测还对男生、女生的内部学习动机和外部学习动机进行了监测,结果显示,女生的外部动机强于内部动机,而男生的内部动机强于外部动机。这说明,与女生相比,男生的内部动机有着更强大的作用。家长和教师可通过激发男生的内部动机,培养其学习兴趣,进一步提升男生的学习品质,改善他们在语文、英语等学科上的学业表现。

(三) 帮助学生建立良好的人际支持,培养良好的学习品质,养成良好的体育锻炼习惯

从本次监测结果来看,人际支持、学习习惯和体育锻炼习惯与爱好均是影响学生心理状态的重要因素,这与现有研究结果一致。人际支持是影响个体心理健康的重要因素,有着更好的亲子关系、同伴关系和师生关系的学生,他们的心理健康状况整体更好。因此,家长、教师应主动与学生建立良好的关系,同时引导学生主动建立和谐的同伴关系,培养学生建立和维持良好人际关系的能力,引导他们在必要的时候主动寻求和提供人际支持。此外,学习表现、学习品质等也影响着学生的心理状态。基于此,家长和教师应培养学生的良好学习品质,同时引导他们正确认识学习成绩,注重德智体美劳全面发展。

需要注意的是,学业成绩低分组学生在心理健康相关指标上的状况均比高分组学生要差,家长和学校应特别关注这部分学生的心理状态,做到评价学生不唯分数,在他们遇到学习或生活上的困难时提供支持;鼓励他们培养广泛的兴趣爱好,并在学习、生活中提升自信。学业成绩高分组学生则表现出面对的自我要求压力和同伴竞争压力较大,家长和学校应引导这部分学生正确看待学业成绩和自己与同学之间的竞争。

学生的体育锻炼习惯与爱好也与心理健康各指标之间存在显著的正向关系。这与体育领域的现有研究结果也类似。学校、家长和学生都应该认识到体育锻炼不仅仅是一种生活习惯，还深刻地塑造着一个人的意志品质和生活态度。在心理学领域，体育锻炼被广泛认为是缓解压力和抑郁情绪、保持心理健康的一种有效方式。因此，学校应保证学生每天在校内进行 1 h 的体育锻炼，保证体育课开齐、开足、开好，营造良好的体育运动氛围；家长应培养学生的运动兴趣，督促学生保持良好的运动习惯；学生也应从小培养运动意识、习惯和能力，最终实现身心协调健康发展。

（本文由苏州市教育质量监测中心提供，撰稿人：羊子轶）

2021 年苏州市中小学生自身压力感受状况专题分析报告

一、研究背景

学生的学业状况、"五项管理"、"五育"发展、自身压力感受等情况,一直以来受到家长和社会的普遍关注。近年来,随着国家"双减"政策的持续落实和推进,学生的学习压力、心理健康等情况的研究热度不减。本文对家庭经济地位、同伴关系、师生关系、家长陪伴、补习负担、艺术活动、家庭劳动等方面与学生的自身压力感受状况之间的关系进行深入研究,是一种对热点问题的先行先试,具有开拓性价值。

二、监测简介

2021 年 9 月,苏州市教育质量监测中心组织实施了第七次全市义务教育学业质量监测。本次监测主要由学业水平测试、学生相关因素问卷和教师相关因素问卷调查三个部分构成。本次监测对象为苏州市 10 个市(区)所有初中学生,共计参测学校 285 所,学生 306 917 人,有效参测比例为 99.6%。其中,初一 110 704 人参测,初二 102 245 人参测,初三 93 968 人参测。

通过将 2021 级七年级新生信息与 2021 届小学六年级毕业生信息进行比对后倒追,共追踪到苏州市 2021 届小学六年级毕业生 106 814 名,涉及小学 501 所。未追踪到的学生包括本省外市学生、外省学生及信息不匹配的学生,共 4 821 名,不纳入计算。

三、监测指标

本报告重点探究学生的自身压力感受状况,以及与重要指标、体艺劳等科目的关系。主要指标说明如表 1 所示。

表 1 指标说明

相关指标	指标说明
自身压力感受	指学生目前在学习方面承受的压力的总体主观感受。得分越高表明学生感受到的压力越小。本报告采用原始分呈现数据,计分方式为 0—6 分,中间值为 3 分
家庭社会经济地位	简称 SES,是结合经济学和社会学关于某个家庭基于收入、教育、职业等因素相对于其他家庭的经济和社会地位的总体衡量,由父母的职业和受教育程度两个指标合成
同伴关系	主要指学生同龄人之间或心理发展水平相当的个体在交往过程中建立和发展起来的一种人际关系
师生关系	指教师和学生在教育教学活动中为完成一定的教育任务,以"教"和"学"为中介而形成的一种特殊的社会关系,包括彼此的所处地位、作用和态度等
家长陪伴	主要指家长参与孩子学习、与孩子讨论与学习有关的事情、与孩子交流、与孩子共同进行娱乐活动等方面。得分越高表明家长对学生的陪伴状况越好。
学习倦怠	指学生缺乏学习兴趣与学习动力时,又迫于多方面的压力而被动学习,从而导致的身心俱疲、消极面对学习的现象。得分越高表明学生的学习倦怠越轻
作业负担	指做作业时间长、作业量大给学生造成的负担和压力,包括作业总时间和学科作业时间两方面的内容。得分越高表明学生的作业负担越轻
补习负担	指学生参加课外补习带来的身心方面的负担和压力感受,包括补习总时间和学科补习时间两方面的内容。得分越高表明学生的补习负担越轻

注:学生的体艺劳状况以调查题的形式呈现。

四、数据处理

本报告采用 Excel 表进行数据处理,主要进行描述性统计。本报告对所有指标得分都做了同趋化处理,即分数越高,指标状况越好。

五、研究结果

（一）自身压力感受基本状况：男生的自身压力感受状况好于女生；独生子女的自身压力感受状况好于非独生子女；非流动学生的自身压力感受状况略好于流动学生；家庭社会经济地位低的学生的自身压力感受状况好于家庭社会经济地位高的学生；六年级[①]学生的自身压力感受状况好于初一、初二学生

将学生的家庭社会经济地位得分，按照从低到高的顺序划分为三个水平，依次为低水平组、中水平组、高水平组，其中后27%为低水平组，中间46%为中水平组，前27%为高水平组。其他指标也参照此标准分为低水平组、中水平组、高水平组。

监测结果显示，男生的自身压力感受得分高于女生0.28分；独生子女学生的自身压力感受得分高于非独生子女学生0.08分；非流动学生的自身压力感受得分高于流动学生0.05分；家庭社会经济地位低的学生的自身压力感受得分高于家庭社会经济地位高的学生0.14分；六年级学生的自身压力感受得分比初一年级学生高0.28分，比初二年级学生高0.6分（图1）。

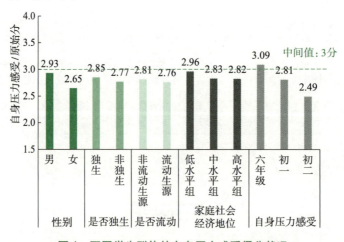

图1 不同学生群体的自身压力感受得分状况

---

① 六年级、初一年级、初二年级学生的数据，分别对应监测时七年级、八年级、九年级三个年级学生的数据。因为监测时间安排在每年9月新学期开学时，测试的是学生上学期应当达到的知识与能力水平，所以采用六年级、初一年级、初二年级的说法，下文同。

(二) 自身压力感受与重要指标关系探究

1. 不同年级学生的师生关系与自身压力感受之间的关系不同

在六年级学生群体中,师生关系得分越高,学生的自身压力感受状况越好;在初一、初二年级,师生关系得分居中的学生的自身压力感受状况相对更好(图2)。

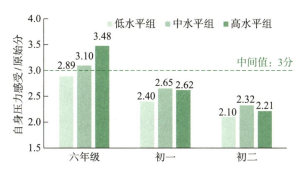

图2 不同师生关系状况学生的自身压力感受情况

2. 同伴关系好的学生的自身压力感受状况更好

无论是六年级还是初一、初二年级,同伴关系维度得分越高,学生的自身压力感受状况越好,两者成正向关系(图3)。这说明同伴关系好的学生的自身压力感受状况更好。

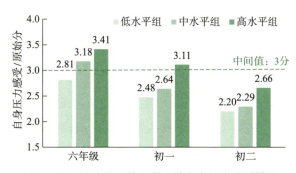

图3 不同同伴关系状况学生的自身压力感受情况

3. 家长陪伴状况好的学生的自身压力感受状况更好

无论是六年级还是初一、初二年级,家长陪伴维度得分越高,学生的自身压力感受得分越高,两者成正向关系(图4)。这说明家长陪伴状况好的学生的自身压力感受状况更好。

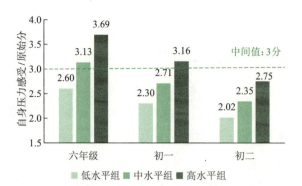

图 4　不同家长陪伴状况学生的自身压力感受情况

4. 学习倦怠程度轻的学生的自身压力感受状况更好

无论是六年级学生还是初一、初二年级学生，学习倦怠维度得分越高，其自身压力感受得分越高，两者成正向关系（图5）。这说明学习倦怠程度轻的学生的自身压力感受状况更好。

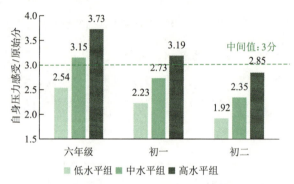

图 5　不同学业倦怠状况学生的自身压力感受情况

5. 作业负担轻的学生的自身压力感受状况更好

无论是六年级学生还是初一、初二年级学生，作业负担维度得分越高，其自身压力感受得分越高，两者成正向关系（图6）。这说明作业负担轻的学生的自身压力感受状况更好。

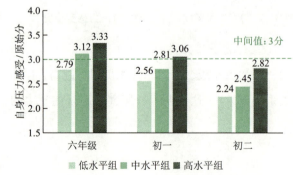

图 6　不同作业负担水平学生的自身压力感受情况

6. 补习负担适中的学生的自身压力感受状况更好

对六年级、初一年级、初二年级学生而言，均是补习负担维度得分为中等的群体的自身压力感受得分较高（图7）。这说明补习负担适中的学生的自身压力感受状况更好。

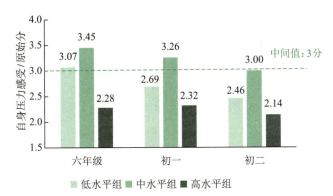

图 7　不同补习负担水平学生的自身压力感受情况

（三）自身压力感受与体艺劳之间的关系探究

1. 自身压力感受与体育之间的关系

（1）参与校内体育活动天数多的学生的自身压力感受状况更好

从三个年级来看，每周参加校内 60 min 体育锻炼或 20 min 剧烈体育活动天数多的学生的自身压力感受明显好于其他学生，即参加校内体育活动天数多的学生的自身压力感受状况更好，如图8、图9所示。

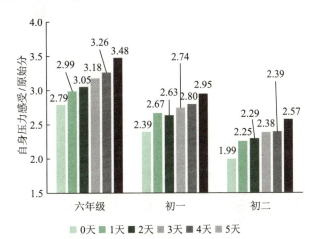

图 8　学生每周参加校内 60 min 体育锻炼天数与自身压力感受之间的关系

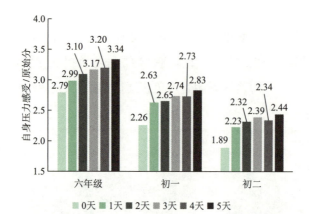

图 9　学生每周参加校内 20 min 剧烈体育活动天数与自身压力感受之间的关系

（2）经常参加校外体育锻炼的学生的自身压力感受状况更好

从三个年级来看，学生参加校外体育锻炼的次数、每次锻炼时间、出汗次数与自身压力感受之间呈正向关系，即参加校外体育锻炼的次数、每次锻炼时间、出汗次数相对较多的学生的自身压力感受得分也相对较高（图10、图11、图12）。这表明经常参加校外体育锻炼的学生的自身压力感受状况更好。

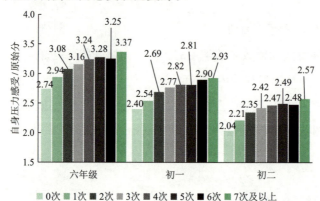

图 10　学生每周参加校外体育锻炼次数与自身压力感受之间的关系

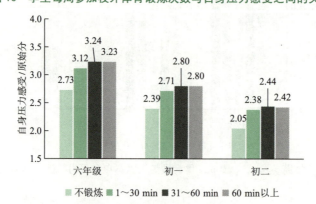

图 11　学生每次参加校外体育锻炼时间与自身压力感受之间的关系

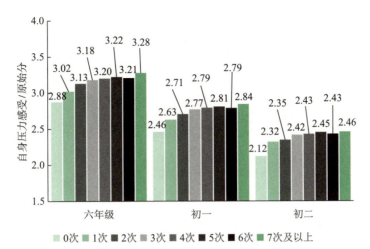

图 12　学生连续做 30 min 运动且身体出汗次数与自身压力感受之间的关系

2. 自身压力感受与艺术之间的关系

（1）艺术欣赏活动参与度高的学生的自身压力感受状况更好

从三个年级的数据来看，总是参加艺术欣赏活动的学生的自身压力感受得分明显高于其他学生（图13）。这表明经常参加艺术欣赏活动的学生的自身压力感受状况更好。

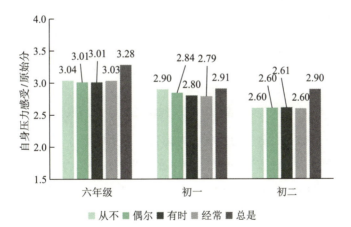

图 13　学生参加艺术欣赏活动的频率与自身压力感受之间的关系

（2）艺术实践活动参与度高的学生的自身压力感受状况相对更差

从三个年级的数据来看，总是参加艺术实践活动的学生的自身压力感受得分略低于其他学生（图14）。这表明艺术实践活动参与度高的学生的自身压力感受状况相对更差。

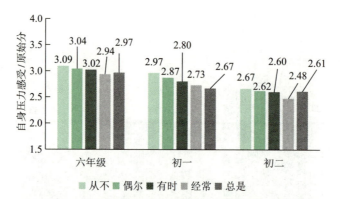

图 14　学生参加艺术实践活动的频率与自身压力感受之间的关系

（3）无美术爱好、特长的学生的自身压力感受状况更好

从三个年级的数据来看，没有美术爱好、特长的学生的自身压力感受得分明显高于有美术爱好、特长的学生（图15）。这表明有美术爱好、特长的学生更容易感受到学习压力。

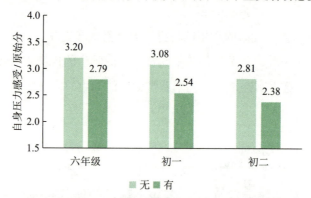

图 15　学生有无美术爱好、特长与自身压力感受之间的关系

（4）无音乐爱好、特长的学生的自身压力感受状况更好

从三个年级的数据来看，没有音乐爱好、特长的学生的自身压力感受得分明显高于有音乐爱好、特长的学生（图16）。这表明有音乐爱好、特长的学生更容易感受到学习压力。

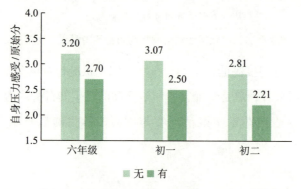

图 16　学生有无音乐爱好、特长与自身压力感受之间的关系

3. 自身压力感受与劳动之间的关系

从三个年级的数据来看，总是参加家庭劳动的学生的自身压力感受得分低于其他学生（图17）。这表明参与过多家庭劳动的学生更容易感受到学习压力。

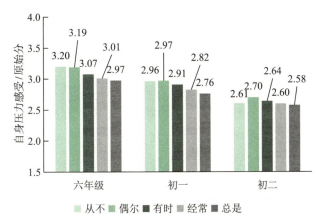

图 17 学生参与家庭劳动的频率与自身压力感受之间的关系

六、对策与建议

（一）关注人际关系，形成良好人际效应

根据监测数据，同伴关系比较好的学生的自身压力感受状况更好，六年级学生群体中师生关系好的学生的自身压力感受状况更好。因此，家长和教师应该给予孩子充足的尊重和支持，并帮助其构建和谐的人际关系网络。除了履行养育责任外，家长还应重视和支持孩子培育和谐的同伴关系。教师应主动与学生建立良好的师生关系，同时也要促使学生与同伴友爱互助、共同成长。

（二）重视亲子关系，提升家长陪伴质量

学生成长中最重要的交往系统是家庭，良好的亲子关系在孩子成长过程中有着非常重要和特殊的意义。研究表明，家长陪伴状况好的学生的自身压力感受状况更好。这说明有效的家长陪伴符合学生健康成长的需要。因此，家长应真诚地陪同孩子生活和学习，拉近亲子之间的心理距离；重视孩子的合理需要，平等对待孩子，关心和爱护孩子，尽可能地提高陪伴质量，满足孩子的心理需求。

（三）落实减负增效，促进学生全面发展

2021 年 7 月 24 日，中共中央办公厅、国务院办公厅印发了《关于进一步减轻义务教育阶段学生作业负担和校外培训负担的意见》，明确提出要减轻学生过重的作业负担和补习负担。监测数据表明，作业负担相对较轻和补习负担适中的学生的自我压力感受状况较好。因此，对于家长而言，要认识到过重的作业负担会影响孩子的身心健康，要避免额外增加孩子的作业负担，尽可能保证孩子具有充足的睡眠和规律的作息，同时要帮助孩子提高学习效率。对于学校而言，一是要全力推进"双减"政策落地落实，严控书面作业总量，不断提升作业质量，同时提高教学效率，特别是学生课堂学习效率；二是要加强和家长的合作，形成家校教育合力，切实减轻学生的作业负担。

（四）加强体育教育，保障学生身心健康

2021 年 1 月至 4 月，教育部针对中小学生体质管理，出台了《关于进一步加强中小学生体质健康管理工作的通知》，对学生身体素质方面做出了详细的要求和规定。监测数据显示，参加校内外体育锻炼次数多的学生的自身压力感受状况更好。加强体育锻炼，不仅可以提高学生的身体素质，还可以缓解学生的心理压力，促进学生的心理健康发展。因此，对于家长而言，应该带动孩子适当参加体育锻炼，尽可能地增强孩子的身体素质；对于学校而言，要确保学生在校期间每天锻炼 1 h，落实国家的学生阳光体育政策。

（五）贯彻教育方针，科学开展艺术、劳动教育

党的教育方针明确要求教育总目标为"培养德智体美劳全面发展的社会主义建设者和接班人"。坚持德智体美劳五育并举，促进学生全面发展，是教育方针的明确指向。监测数据表明，经常参与艺术实践活动与家务劳动，会使学生感受到更沉重的学习压力。在当前教育形势下，学生学业负担过重、教育焦虑情绪弥漫的现象普遍存在，无论是学校、家长还是学生，都感到较大的心理压力。在这一背景下，学生频繁参与艺术活动和劳动活动，自然会挤占掉有限的学习时间，从而导致压力感倍增。如何扭转不正确的教育观念，更加科学有效地开展艺术教育与劳动教育，探索五育有机融合的新路径，是教育工作应当深入思考的问题。

（本文由苏州市教育质量监测中心提供，撰稿人：许士中）

不同学业起点的学生何以实现学业跃进
——基于苏州市义务教育学业质量监测数据的研究

一、研究背景

教育应当坚持有教无类,让每一个学生得到充分而自由的发展。在"双减"背景下,如何尊重学生差异、精准施策,促进不同学业起点的学生取得进步,是每一个教育工作者都应该认真思考的问题。如果能够借助教育大数据的力量,揭示教学行为背后的真相与规律,对不同学业起点的学生群体特点进行归纳总结,探寻促进各类学生学业进步的有效路径,进而开展大规模的因材施教,那么教育势必会产生事半功倍的积极效能。

苏州市从2015年起正式启动全市义务教育学业质量监测项目,采用"学校全覆盖,学生全参与,学科等比例抽样"的组织方式,开展各年级学生学习情况全过程纵向评价、德智体美劳全要素横向评价。苏州市的学业质量监测既严格按照国家标准规范实施,又立足苏州本土实际开展实践探索,以"培养德智体美劳全面发展的社会主义建设者和接班人"为目标,努力克服"唯分数、唯升学"的"顽瘴痼疾",通过构建以素质教育为导向的学业质量评估监测体系,助推全市义务教育的健康发展。

本研究采用追踪监测数据的方法,将参与2019年、2020年苏州市义务教育学业质量监测的初二、初三年级学生进行信息匹配,最终追踪到39 250名初中生的测评数据,根据学业成绩的变化情况将这些初中生划分为"学业跃进学生"与"非学业跃进学生"。通过计算不同学业起点的学生群体中学业跃进学生与非学业跃进学生的占比,并对两者进行相关因素差异分析,可以发现哪类学生群体更容易实现学业成绩的跃进。而后,进一步分析学业跃进学生具备哪些显著特征,提炼出影响不同学业起点学生实现学业跃进的关键因素,探索如何实施适合不同学业起点学生的教育策略,助力各类学生获得学业发展与健康成长。

二、研究对象与方法

（一）研究对象

本文使用的全部数据来源于 2019 年、2020 年苏州市义务教育学业质量监测结果。以初二、初三年级学生的姓名、性别和就读学校为线索，将 2019 年和 2020 年同一学生同一学科的监测成绩进行匹配，最终追踪到 39 250 名初中生的测评数据。

（二）数据处理

本文中的学业成绩以苏州市均值为 500 分、标准差为 100 分的形式呈现。本文中的相关因素维度，即学习品质（含学习习惯、学习方法、学习动力三个子维度）、人际支持（含学校归属感、师生关系、同伴关系三个子维度）、一般学习行为（含阅读兴趣和电子设备使用时间两个子维度）、家长陪伴及客观学业负担，均转换成以苏州市均值为 5 分、标准差为 2 分的形式呈现。分数越高表明在该维度上的状况越好，如在"学习习惯"上得分越高表明学生的学习习惯越好；在"客观学业负担"上得分越高表明学生的学业负担越轻。

（三）概念界定

我们将 39 250 名初中生按照 2019 年的监测成绩由低到高平均划分为低水平组、中水平组、高水平组（三个水平组人数各占总人数的 1/3），作为学生的学业起点水平。计算初二、初三两个年级可追踪到的学生的 2019 年和 2020 年两年成绩的差值，并求得这组差值的标准差（65.58）与平均值（-0.87），将其中差值大于"1 个标准差与平均值之和（64.71）"的学生界定为"学业跃进学生"，将其他学生界定为"非学业跃进学生"。

三、研究结果

（一）更容易实现学业跃进的学生群体

1. 不同学业起点的学生实现学业跃进的人数占比存在差异

计算三个不同学业起点的学生群体中学业跃进学生与非学业跃进学生的占比，得出结果：低水平组中实现学业跃进的学生人数占比为21.5%，中水平组中实现学业跃进的学生人数占比为13.9%，高水平组中实现学业跃进的学生人数占比为6.4%（图1）。

结论1：低水平组中实现学业跃进的学生人数占比最高，中水平组次之，高水平组最低。

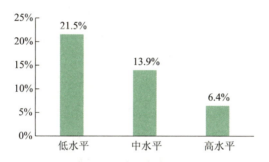

图1 不同水平组的学业跃进学生人数占比

2. 不同学业起点的男女生实现学业跃进的可能性存在差异

在低水平组中，男生占比为60.7%，女生占比为39.3%；在中水平组中，男生占比为52.1%，女生占比为47.9%；在高水平组中，男生占比为46.8%，女生占比为53.2%。由此可见，低、中水平组中的男生占比更高，高水平组中的女生占比更高。

在低水平组中，学业跃进学生中的男生占比低于非学业跃进学生中的男生占比，两者相差1.4个百分点；在中水平组中，学业跃进学生中的男生占比低于非学业跃进学生中的男生占比，两者相差3.9个百分点；在高水平组中，学业跃进学生中的男生占比略高于非学业跃进学生中的男生占比，两者相差0.5个百分点。女生的情况与男生的情况相反。相关情况如图2所示。

结论2：低、中水平组中男生实现学业跃进的可能性小于女生；高水平组中男生实现学业跃进的可能性与女生相差不大。

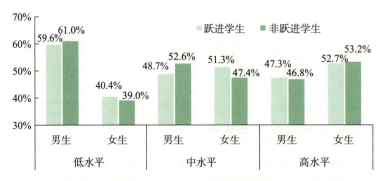

图 2　不同性别的学业跃进学生与非学业跃进学生的人数占比

3. 父母学历情况不同的学生实现学业跃进的可能性存在差异

在低水平组中,父母至少一方为本科及以上学历的学生的占比为 12.5%,父母均为本科以下学历的学生的占比为 87.5%;在中水平组中,父母至少一方为本科及以上学历的学生的占比为 21.5%,父母均为本科以下学历的学生的占比为 78.5%;在高水平组中,父母至少一方为本科及以上学历的学生的占比为 38.3%,父母均为本科以下学历的学生的占比为 61.7%。由此可见,高水平组中父母至少一方为本科及以上学历的学生占比最高,中水平组次之,低水平组最低。

在低水平组中,学业跃进学生中父母至少一方为本科及以上学历的学生的占比高于非学业跃进学生中父母至少一方为本科及以上学历的学生的占比,两者相差 4.7 个百分点;在中水平组中,学业跃进学生中父母至少一方为本科及以上学历的学生的占比,高于非学业跃进学生中父母至少一方为本科及以上学历的学生的占比,两者相差 8.8 个百分点;在高水平组中,学业跃进学生中父母至少一方为本科及以上学历的学生的占比,高于非学业跃进学生中父母至少一方为本科及以上学历的学生的占比,两者相差 11.5 个百分点。父母均为本科以下学历的学生的情况与父母至少一方为本科及以上学历的学生的情况相反。相关情况如图 3 所示。

结论 3:无论在高、中、低哪个水平组,父母至少一方为本科及以上学历的学生实现跃进的可能性均高于父母均为本科以下学历的学生。

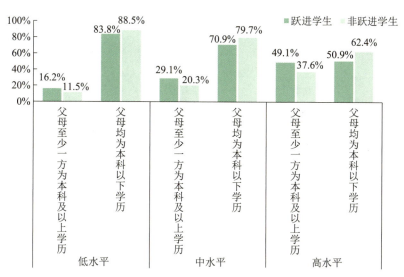

图3 父母学历情况不同的学业跃进学生与非学业跃进学生人数占比

（二）不同学业起点的学业跃进学生的特征

在不区分学业起点水平的情况下，对比学业跃进学生与非学业跃进学生在各相关因素维度上的得分，结果显示：除了"客观学业负担"维度外，学业跃进学生在各相关因素维度上的得分均显著高于非学业跃进学生，相差最大的三个维度依次为"学习习惯""学习动力""阅读兴趣"（表1）。由此可见，学业跃进学生具备更优秀的学习品质、更好的一般学习行为、更强的人际支持获得感、更高的家长陪伴质量。而学业跃进学生和非学业跃进学生在学习时间投入上的差距不大。

需要注意的是，这里从整体上对两类学生群体的特征进行对比分析，会忽略掉不同学业起点学生的差异，导致很多有价值信息的丢失和数据意义的模糊，得出的结论将缺乏精确性。下文依据不同学业起点水平，对学生进行划分后，再对学业跃进学生与非学业跃进学生的特征进行对比，能够更加精准地描述不同学业起点的学业跃进学生的显著特征。

表1 学业跃进学生与非学业跃进学生在各相关因素维度上得分差异独立样本 t 检验

维度	分类	均值	标准差	t 值
学习习惯	学业跃进学生	5.41	1.76	8.543***
	非学业跃进学生	5.10	1.80	
学习动力	学业跃进学生	5.25	1.70	8.820***
	非学业跃进学生	5.04	1.69	

续表

维度	分类	均值	标准差	t 值
阅读兴趣	学业跃进学生	5.16	1.89	4.485***
	非学业跃进学生	4.97	2.02	
学校归属感	学业跃进学生	5.30	1.93	4.852***
	非学业跃进学生	5.11	1.98	
家长陪伴	学业跃进学生	5.28	1.95	4.491***
	非学业跃进学生	5.10	2.00	
学习方法	学业跃进学生	5.24	1.96	5.961***
	非学业跃进学生	5.07	2.00	
师生关系	学业跃进学生	5.29	1.91	3.987***
	非学业跃进学生	5.13	1.98	
电子设备使用时间	学业跃进学生	5.10	1.31	3.449**
	非学业跃进学生	5.00	1.38	
同伴关系	学业跃进学生	5.19	1.99	2.321*
	非学业跃进学生	5.10	2.01	
客观学业负担	学业跃进学生	5.01	1.41	0.509
	非学业跃进学生	5.00	1.45	

注：*** 表示 $p<0.001$，** 表示 $p<0.01$，* 表示 $p<0.05$。

1. 低水平组的学业跃进学生与非学业跃进学生在各相关因素维度上的得分存在显著差异

独立样本 t 检验结果显示，在低水平组中，学业跃进学生与非学业跃进学生在各相关因素维度上的得分均存在显著差异。两类群体得分相差最大的三个维度依次为"学习习惯""学习方法""学习动力"，得分相差最小的三个维度依次为"客观学业负担""同伴关系""师生关系"。其中，学业跃进学生在"客观学业负担"上的得分低于非学业跃进学生 0.13 分（表2），这说明学业跃进学生投入的学习时间更长。

表2 低水平组中学业跃进学生与非学业跃进学生在相关各维度上的得分差异独立样本 t 检验

维度	分类	均值	标准差	t 值
学习习惯	学业跃进学生	4.92	1.76	8.965***
	非学业跃进学生	4.44	1.79	

续表

维度	分类	均值	标准差	t 值
学习方法	学业跃进学生	4.84	2.00	10.074***
	非学业跃进学生	4.39	2.11	
学习动力	学业跃进学生	4.98	1.79	11.810***
	非学业跃进学生	4.54	1.77	
阅读兴趣	学业跃进学生	4.83	1.96	6.559***
	非学业跃进学生	4.40	2.16	
学校归属感	学业跃进学生	4.93	1.99	5.504***
	非学业跃进学生	4.59	2.06	
家长陪伴	学业跃进学生	4.88	1.98	4.911***
	非学业跃进学生	4.58	2.01	
电子设备使用时间	学业跃进学生	4.96	1.43	5.903***
	非学业跃进学生	4.67	1.62	
师生关系	学业跃进学生	4.97	1.98	4.239***
	非学业跃进学生	4.70	2.11	
同伴关系	学业跃进学生	4.92	1.99	2.126*
	非学业跃进学生	4.79	2.05	
客观学业负担	学业跃进学生	5.07	1.45	-3.855***
	非学业跃进学生	5.20	1.52	

注：*** 表示 $p<0.001$，** 表示 $p<0.01$，* 表示 $p<0.05$。

2. 中水平组的学业跃进学生与非学业跃进学生在大部分相关因素维度上的得分存在显著差异

独立样本 t 检验结果显示，在中水平组中，学业跃进学生与非学业跃进学生除了在"客观学业负担"得分上不存在显著差异外，在其他各维度的得分上均存在显著差异。两类群体得分相差最大的三个维度为"阅读兴趣""学习习惯""学习方法"，得分相差最小的三个维度依次为"客观学业负担""同伴关系""电子设备使用时间"。其中，学业跃进学生与非学业跃进学生在"客观学业负担"上的得分差值仅为 0.03 分（表3）。

表3 中水平组中学业跃进学生与非学业跃进学生在各相关因素维度上的得分差异独立样本 t 检验

维度	分类	均值	标准差	t 值
阅读兴趣	学业跃进学生	5.51	1.73	8.568***
	非学业跃进学生	4.85	1.99	
学习习惯	学业跃进学生	5.72	1.61	10.228***
	非学业跃进学生	5.13	1.72	
学习方法	学业跃进学生	5.54	1.82	9.827***
	非学业跃进学生	5.07	1.90	
学习动力	学业跃进学生	5.48	1.55	10.568***
	非学业跃进学生	5.05	1.63	
学校归属感	学业跃进学生	5.53	1.84	6.083***
	非学业跃进学生	5.14	1.94	
家长陪伴	学业跃进学生	5.45	1.86	5.450***
	非学业跃进学生	5.10	1.97	
师生关系	学业跃进学生	5.46	1.84	5.296***
	非学业跃进学生	5.12	1.93	
电子设备使用时间	学业跃进学生	5.28	1.11	4.857***
	非学业跃进学生	5.03	1.33	
同伴关系	学业跃进学生	5.33	1.96	3.377**
	非学业跃进学生	5.11	1.98	
客观学业负担	学业跃进学生	4.95	1.38	0.697
	非学业跃进学生	4.92	1.43	

注：***表示 $p<0.001$，**表示 $p<0.01$，*表示 $p<0.05$。

3. 高水平组的学业跃进学生与非学业跃进学生在大部分相关因素维度上的得分存在显著差异

独立样本 t 检验结果显示，在高水平组中，学业跃进学生与非学业跃进学生除了在"客观学业负担"与"电子设备使用时间"得分上不存在显著差异外，在其他各维度的得分上均存在显著差异。两类群体得分相差最大的三个维度依次为"家长陪伴""阅读兴趣""学习习惯"，得分相差最小的三个维度依次为"客观学业负担""电子设备使用时间""学习动力"。其中，学业跃进学生与非学业跃进学生在"客观学业负担"上的得分差值仅为0.03分（表4）。

表4 高水平组中学业跃进学生与非学业跃进学生在各相关因素维度上的得分差异独立样本 t 检验

维度	分类	均值	标准差	t 值
家长陪伴	学业跃进学生	5.96	1.79	4.475***
	非学业跃进学生	5.58	1.89	
阅读兴趣	学业跃进学生	5.83	1.63	3.544***
	非学业跃进学生	5.46	1.81	
学习习惯	学业跃进学生	6.02	1.72	4.588***
	非学业跃进学生	5.67	1.68	
学习方法	学业跃进学生	5.93	1.83	4.630***
	非学业跃进学生	5.62	1.82	
学校归属感	学业跃进学生	5.82	1.75	3.071**
	非学业跃进学生	5.57	1.83	
同伴关系	学业跃进学生	5.63	1.95	2.797**
	非学业跃进学生	5.38	1.96	
师生关系	学业跃进学生	5.77	1.74	2.863**
	非学业跃进学生	5.53	1.83	
学习动力	学业跃进学生	5.68	1.54	4.205***
	非学业跃进学生	5.44	1.57	
电子设备使用时间	学业跃进学生	5.33	1.09	1.861
	非学业跃进学生	5.21	1.18	
客观学业负担	学业跃进学生	4.92	1.31	0.555
	非学业跃进学生	4.89	1.39	

注：*** 表示 $p<0.001$，** 表示 $p<0.01$，* 表示 $p<0.05$。

结论4：无论学生处于哪个学业起点水平，对比非学业跃进学生，学业跃进学生均具备更优秀的学习品质、更好的一般学习行为、更强的人际支持获得感、更高的家长陪伴质量。

结论5：在不同学业起点的学生群体中，学业跃进学生得分高于非学业跃进学生的前三项维度存在差异。在低水平组中，学业跃进学生的得分高于非学业跃进学生的前三项维度是"学习习惯""学习方法""学习动力"；在中水平组中，学业跃进学生的得分高于非学业跃进学生的前三项维度是"阅读兴趣""学习习惯""学习方法"；在高水平组中，学业跃进学生的得分高于非学业跃进学生的前三项维度是"家长陪伴""阅读兴趣""学习习惯"。在"客观学业负担"上，中、高水平组的学业跃进学生与非学业跃进学生的得分差异不大；在低水平组中，学业跃进学生投入的学习时间更长。

四、讨论与分析

（一）针对结论1、结论2、结论3的讨论与分析

第一，低水平组的学生起点低，进步空间大，更容易取得学业上的进步，因此跃进学生人数占比最高，中水平组的学生次之。高水平组的学生在学业发展上已经处于比较高的水平，较难实现大幅度的学业进步，因此跃进学生人数占比最低。

第二，在低、中水平组中，男生实现跃进的可能性之所以小于女生，可能是因为女生比男生早熟，女生在语言表达能力、逻辑思维能力等方面的发展领先于男生。此外，初中阶段学习内容以基础性知识为主，死记硬背和反复练习有利于知识的掌握，听话乖巧、学习刻苦的女生比调皮捣蛋、耐不住性子学习的男生更具有优势。

第三，父母至少一方为本科及以上学历的学生实现跃进的可能性之所以高于父母均为本科以下学历的学生，可能是因为父母的遗传因素、家庭的营养状况、早期教育开始的时间等会影响孩子的学习能力。同时，孩子独立、思辨及专心的学习习惯与父母的教育方式和家庭氛围密不可分，高学历的父母在智力水平、家庭学习氛围营造、支持性资源提供等方面更具有优势，这些有利条件能帮助孩子取得更好的学业发展。

（二）针对结论4的讨论与分析

在学习品质方面，大量实证研究表明，学生的学习习惯、学习策略、学习动机等学习品质与学业表现具有非常密切的关系。本研究也证实，学业跃进学生具有更良好的学习习惯、更有效的学习方法、更强的学习动力。教育的影响须通过获得学生的积极回应才能达到预期效果。优良的学习品质能够促使学生对学习活动进行自我调节、自我监控和自我教育，从而省时省力、高效学习。

在人际支持和家长陪伴方面，根据心理韧性动态模型理论，学生在成长过程中具有安全、爱与归属等心理需要，这些需要的满足依赖于学校、家长、同伴群体等。在心理需要得到满足后，学生将进一步发展出拥有自我效能、目标与志向等特质，这些特质将促使学生获得良好的发展。根据这一理论，本研究中在师生关系、同伴关系、学校归属

感、家长陪伴维度上得分高的学生，获得了更多的支持性资源和心理安全感，这促使其获得更好的学业发展。

在一般学习行为方面，阅读不仅使学生开阔视野、增长知识，促使学生形成良好的自学能力和阅读能力，还能帮助学生将课内外知识融会贯通起来，形成牢固的知识体系，因此阅读兴趣高的学生更容易实现学业进步；学生的注意力资源是有限的，如果学生把太多注意力放在电子产品上，会影响正常的学习生活，因此电子设备使用时间长的学生更难实现学业进步。

(三) 针对结论5的讨论与分析

在不同学业起点的学生群体中，学业跃进学生的得分高于非学业跃进学生的前三项维度存在差异，这说明影响不同学业起点的学生的学业发展的关键因素是不同的。对于低水平组的学生而言，影响他们学业进步的关键因素依次是学习品质、阅读兴趣、人际支持与自律程度，学习投入也起一定的作用；对于中水平组的学生而言，阅读兴趣成为最重要的影响因素，其次是学习品质、人际支持、自律程度等，学习投入不是关键影响因素；对于高水平组的学生而言，家长陪伴是最关键的影响因素，其次是阅读兴趣、学习品质、同伴关系、师生关系、自律程度等，学习投入不是关键影响因素。

在客观学业负担方面，有研究发现，学业成绩与学业负担之间并非简单的线性关系，即并不是做作业和补习时间越长，学生的学业成绩就越好。只有将学习投入控制在符合个体条件的合理阈值内，才能使学习投入最大限度地发挥效益。本研究表明，对大部分学生而言，学习投入并不是学业进步的关键因素，只能对低水平组的学生略微起到一点促进作用，这也印证了前人的研究结论。

五、对策与建议

(一) 正视学生差异，找准助力不同学业起点的学生发展的关键因素

本研究表明，性别不同、父母学历情况不同的学生在学业发展上是存在差异的，同时在学习品质、人际支持、学习投入等方面表现不同的学生的学习结果也不同。依据心理学理论，个体能力的形成与发展是遗传、环境、主观能动性等多种因素交互作用的结果。也就是说，造成学生学业成绩差异的既有先天因素，如学生的天资、性别等，也有

后天因素，如家庭教育环境的营造、学生学习习惯的养成、学生自身的努力等。

对于先天因素，我们不应刻意回避，而应正视和尊重客观差异的存在，提高对差异特点的正确认识，做到因势利导、循循善诱。对于后天因素，我们应当加以重视，积极探索并找准助力不同学业起点的学生学业发展的关键因素，进而从解决造成差异的因素入手，通过改变教育行为、学习环境等来帮助学生调整学习状态，助推学生的学业发展与健康成长。

（二）面向全体学生，通过大规模因材施教大面积提高教育质量

根据结论4，不论处于哪个学业起点水平的学业跃进学生，均具有更优秀的学习品质、更好的一般学习行为、更强的人际支持获得感、更高的家长陪伴质量。因此，我们应该面向全体学生，着眼于全面发展，帮助他们形成良好的学习品质、建立亲密的人际关系、塑造正确的学习行为等。

在实施共性教育的同时，我们也应当实施差异化教育。根据结论5，影响不同学业起点学生学业发展的关键因素存在差异，因此想要提升不同学业起点学生的学业成绩，教育引导的侧重点应有所不同。

对低起点水平的学生来说，最重要的是培养学生良好的学习习惯，引导学生找到合适的学习方法，激发学生的学习动力和兴趣，也就是说，要重点提升低起点水平学生的学习品质；对于中起点水平的学生来说，阅读兴趣是最重要的影响因素，阅读不仅能帮助学生开阔视野、活跃思维，还是促进中起点水平学生实现学业跃进的最有效方式；对于高起点水平的学生来说，家长陪伴是最重要的影响因素，即学业成绩优秀的学生更需要来自家长的倾心陪伴与情感支持。

本研究还证实，中、高起点水平的学业跃进学生与非学业跃进学生在客观学业负担上的情况没有明显差异，仅是低起点水平的学业跃进学生在学习时间上的投入比其他同起点水平的学生略多一些。因此，针对中、高起点水平的学生，我们应当适当减轻其学业负担；针对低起点水平的学生，我们应当督促其勤奋努力、适度增加学习投入。

（本文由苏州市教育质量监测中心提供，撰稿人：于飞飞、罗强）

学生个体和学校在学生实现学业抗逆中的作用
——基于苏州市初中 71 948 名处境不利学生的分析

一、引言

家庭社会经济地位是指一个家庭的社会地位或社会等级,通常以父母受教育水平、父母职业、家庭收入三个指标来衡量。① 美国社会学家科尔曼早在 20 世纪 60 年代就提出学生的家庭背景对学生的发展有重要的影响。② 有研究认为,家庭社会经济地位与学生学业成绩有密切关系③,在一定程度上能够正向预测学生的学业成绩④,即家庭社会经济地位高的学生,其学业水平也往往较高。但是有一部分学生,他们的家庭社会经济地位较差,但是却能克服家庭条件的不利因素,取得优秀的学业成绩,PISA(国际学生评估项目)2009 年的报告称这类学生为"学业抗逆学生"⑤。研究这群学生的学习特点,有助于我们认识到如何进一步有效地引导和帮助社会经济背景较差的学生,缩小社会经济背景较差的学生与社会经济背景较好的学生之间的成绩差距,从而使教育对于来自各个社会阶层的学生来说更加公平和公正,促进整个社会的均衡发展。⑥

---

① 参见 https://www.apa.org/topics/socioeconomic-status/index.
② Coleman, J. S. *Equality of Educational Opportunity*[M]. Washington, DC: US Government Printing Office, 1966.
③ 庞维国,徐晓波,林立甲,等.家庭社会经济地位与中学生学业成绩的关系研究[J].全球教育展望,2013(2):12-21.
④ 乔娜,张景焕,刘桂荣,等.家庭社会经济地位、父母参与对初中生学业成绩的影响:教师支持的调节作用[J].心理发展与教育,2013(5):507-514.
⑤ OECD. *PISA 2009 Results: Overcoming Social Background—Equity in Learning Opportunities and Outcomes (Volume II)*[M]. Paris: OECD Publishing, 2010.
⑥ 沈学珺.上海"抗逆"学生的学习特点:基于 PISA 2009 数据的实证研究[J].教育发展研究,2012(18):25-30,36.

二、文献回顾

(一) 学业抗逆学生的界定

OECD（经济合作与发展组织）分别从国际、国内和核心技能三个层面对学业抗逆学生进行了界定。在国际层面，在 PISA 2009 年的报告中，OECD 把学业抗逆学生定义为家庭社会经济地位处于本国（地区）最低四分之一，但是测试表现处于控制了家庭社会经济地位后所有参加国家或经济体的最高四分之一的学生[①]；在国内层面，在 PISA 2018 年的报告中，OECD 将学业抗逆学生定义为家庭社会经济地位居于本国（地区）样本最低四分之一，学业表现居于本国（地区）样本最高四分之一的学生；[②] 在核心技能层面，在《教育公平：打破社会流动壁垒》报告中，OECD 将家庭社会经济地位居于本国（地区）最低四分之一且 PISA 2015 阅读、数学、科学素养表现均达到水平 3 及以上的学生界定为"核心技能抗逆学生"[③]。

(二) 学业抗逆学生的影响因素研究

1. 国际层面

国际上对学业抗逆学生的研究起步较早，Agasisti 等人对 PISA 2009 年的数据进行研究发现，学生个人层面（性别、是否移民、对电脑的态度、是否喜欢阅读）、教师层面（师生关系、教师对学生的期望和态度）、学校层面（学校教育资源质量、学校提供的课外活动）、国家层面〔教育经费支持占国内生产总值的比例、年均教学时间、15 年教龄教师的法定平均工资、教师年龄分布（60 岁以上比例）、学生第一次教育分流的年龄〕对学业抗逆有显著的预测作用。[④] Sandoval-Hernández 等人对 2011 年 TIMSS（国际数学与科学趋势研究项目）的数据进行研究发现，学生的积极态度、教师对学生的信心

---

① OECD. *PISA 2009 Results：Overcoming Social Background—Equity in Learning Opportunities And Outcomes（Volume II）*[M]. Paris：OECD Publishing, 2010.
② OECD. *Pisa 2018 Results：Where All Students Can Succeed（Volume II）*[M]. Paris：OECD Publishing, 2019.
③ OECD. *Equity In Education：Breaking Down Barriers to Social Mobility*[M]. Paris：OECD Publishing, 2018.
④ Agasisti, T. Longobardi, S. Equality of educational opportunities, schools' characteristics and resilient students：an empirical study of EU-15 countries using OECD-PISA 2009 data[J]. *Social Indicators Research*, 2017, 134(3)：917-953.

能提升低家庭社会经济地位学生学业成功的概率。① PISA 2018 报告显示，从父母那里获得最多支持的学生和从父母那里获得最少支持的学生之间的学业抗逆的比例有所差异，在那些报告学校纪律氛围更好的学生中，学业抗逆学生的比例更高，表现出成长型思维的学生比表现出相反思维模式的学生具有更多学业抗逆的可能性。②

2. 国内层面

国内对学业抗逆学生的研究起步相对较晚，但是取得了较为丰硕的成果。沈学珺对2009 年的 PISA 数据进行分析发现，喜爱和兴趣、元认知学习策略、高质量的学校学习活动有利于处境不利学生实现学业抗逆。③ 张平平通过对 2016 年东部某省的监测数据进行研究发现，增加家庭社会资本对处境不利学生的学业成绩的积极作用显著大于对处境优势学生的作用，教师在课堂上更多采用以学生为中心的教学策略对处境不利学生的学业成绩的正向效应显著强于对处境优势学生的效应。④ 陆璟通过对 2018 年 PISA 数据进行研究发现，通过提高处境不利学生的教育期望、对阅读的兴趣和元认知策略水平可以提高他们成为国内学业抗逆学生的可能性。此外，处境不利学生进入一个成绩好的学校更有利于他们成为学业抗逆学生。⑤ 钱鹏图等人基于江苏省 2018 年基础教育学业质量监测数据的研究发现，学生的非认知因素包括外向、乐观、严谨能够显著正向预测学业抗逆的概率，坚韧品质是小学生学业抗逆成功的关键因素，自我期望是中学生学业抗逆成功的关键因素。⑥ 任明满等人基于中部某省会城市和某省级贫困县 5 246 名八年级处境不利学生数据的研究发现，阅读监控策略、学校办学水平及师生关系对于提高处境不利学生阅读抗逆的优势比具有显著促进作用，兴趣性阅读时间则具有显著负向影响。⑦

目前，国内既有的研究主要基于 PISA、国家监测和江苏省监测数据来对学业抗逆学生进行研究，这些测试主要通过抽样的方式进行样本选择，在学段的选择上相对单一，没有覆盖所有初中生。此外，在指标的选取上，鲜有覆盖家庭、学校和学生个人的

---

① Sandoval-Hernández, A, Białowolski, P. Factors and conditions promoting academic resilience: a TIMSS-based analysis of five Asian education systems[J]. *Asia Pacific Education Review*, 2016(17): 511-520.
② OECD. *PISA 2018 Results: Where All Students Can Succeed (Volume II)*[M]. Paris: OECD Publishing, 2019.
③ 沈学珺. 上海"抗逆"学生的学习特点：基于 PISA 2009 数据的实证研究[J]. 教育发展研究, 2012(18): 25-30, 36.
④ 张平平. 处境不利学生如何抗逆?：家庭社会资本和学校质量的联合作用[J]. 教育与经济, 2021(1): 39-49.
⑤ 陆璟. 中国四省市学业抗逆和社会情感抗逆学生研究[J]. 教育发展研究, 2020(6): 26-35.
⑥ 钱鹏图, 姚继军, 蔡茹, 等. 非认知能力能否助力处境不利学生实现学业逆袭：基于江苏省中小学学业监测数据的实证分析[J]. 上海教育科研, 2020(6): 19-23.
⑦ 任明满, 郑国民. 处境不利学生阅读抗逆影响因素的实证研究[J]. 教育科学研究, 2021(5): 72-76.

相对全面的变量集。苏州市各区域的教育质量比较均衡，故本研究采用 PISA 在国内层面对学业抗逆学生的定义来界定苏州市初中学业抗逆学生。

本研究拟通过卡方检验、独立样本 t 检验和二元 Logistic 回归分析等方法，探究以下几个问题：第一，苏州市初中不同学生群体学业抗逆的现状如何？是否存在差异？第二，学业抗逆学生和学业非抗逆学生在各变量上是否存在显著差异？差异如何？第三，学生个体层面的变量如何影响其成为学业抗逆学生？第四，学校层面的变量如何影响学生成为学业抗逆学生？

研究处境不利学生如何打破阶层限制，在学业上实现突破，对于学校教育质量的提升具有直接的现实意义，在一定程度上也有利于打破阶层固化，实现教育公平。

三、研究方法与变量说明

（一）数据来源

数据来自 2021 年苏州市义务教育学业质量监测数据。苏州市义务教育学业质量监测是由苏州市教育质量监测中心组织的、于每年 9 月初实施的聚焦学生学业质量及相关因素的监测，该监测覆盖初中三个年级，主要分为两个部分：学科测试和相关因素问卷调查。学科测试涵盖语文、数学、英语和科学四门学科，每个学生通过随机抽样的方式只参加其中一门学科的测试，所有学生均参加相关因素学生问卷调查。

（二）研究对象

2021 年，共有 285 所初中学校、306 917 名初中生参加苏州市义务教育学业质量监测。在参测学生中，将家庭社会经济地位处于各年级最低四分之一的学生定义为处境不利学生；在处境不利学生中，将参测学科的学业成绩处于该学科参测学生中最高四分之一的学生定义为学业抗逆学生，将其他学生定义为非学业抗逆学生。苏州市初中三个年级共有处境不利学生 71 946 名，其中有 10 174 名学业抗逆学生，61 772 名非学业抗逆学生。在学业抗逆学生中，七年级共有 3 559 人，八年级共有 3 322 人，九年级共有 3 293 人；男生共有 5 278 人，女生共有 4 896 人。

（三）变量说明

基于苏州市义务教育学业质量相关因素学生问卷调查，本研究选取了与学业成绩关联较为密切的变量来研究处境不利学生实现学业抗逆的影响因素。由于在定义学业抗逆学生和非学业抗逆学生群体时选取了各年级家庭社会经济地位处于后四分之一的学生，故认为学业抗逆学生与非学业抗逆学生的家庭社会经济地位一致性较高。这部分学生的家庭对他们的学业支持一致性也相对较高，故在选取变量时未选择家庭层面的变量。在本研究中，因变量是学生学业抗逆或者非学业抗逆。自变量涵盖两个层面：一是学生个体层面，包括人口学变量和非认知因素；二是学校层面，包括对学生的教学支持和人际支持。变量设置说明如表1所示。

表1 变量设置说明

变量	变量名	题量	变量说明
因变量	是否为学业抗逆学生	—	0＝非学业抗逆学生；1＝学业抗逆学生
个体层面	年级	1	7＝7年级；8＝8年级；9＝9年级
	性别	1	0＝女；1＝男
	是否独生	1	0＝非独生；1＝独生
	是否流动	1	0＝非流动；1＝流动
	学习倦怠	10	连续变量，取值范围：1—4，数值越高越好
	主观幸福感	9	连续变量，取值范围：1—7，数值越高越好
	学习习惯	20	连续变量，取值范围：1—4，数值越高越好
	学习方法	7	连续变量，取值范围：1—4，数值越高越好
	学习动力	16	连续变量，取值范围：1—4，数值越高越好
	作业总时间	2	连续变量，取值范围：1—6，数值越高，时间越短
	学科补习时间	1	连续变量，取值范围：1—5，数值越高，时间越短
	主观压力感受	1	连续变量，取值范围：1—7，数值越高，压力越小
学校层面	课堂教学成效	14	连续变量，取值范围：1—4，数值越高越好
	师生关系	4	连续变量，取值范围：1—4，数值越高越好
	同伴关系	6	连续变量，取值范围：1—4，数值越高越好

1. 学生个体层面

学业成绩源于初中三个年级各学科测试卷成绩，以量尺分数的形式呈现。量尺分数是根据学生的作答情况，采用项目反应理论模型得到学生能力分数后再转换成的测验标准分数。

学生个体层面的人口学变量包括年级、性别、是否独生、是否流动，以及非认知因素，包括心理健康、学习品质和学业负担。

心理健康主要包括学习倦怠和主观幸福感。学习倦怠共由 10 个题项构成，采用李克特 4 点计分；主观幸福感共由 9 个题项构成，采用李克特 7 点计分。

学习品质主要包括学习习惯、学习方法和学习动力。学习习惯包括学习主动性、学习计划性和学习坚持性，共由 20 个题项构成，采用李克特 4 点计分；学习方法共由 7 个题项构成，采用李克特 4 点计分；学习动力包括学习兴趣和学习动机，共由 16 个题项构成，采用李克特 4 点计分。

学业负担主要包括客观学业投入和主观压力感受。客观学业投入包括作业总时间和学科补习时间，作业总时间共由 2 个题项构成，采用 6 点反向计分，学科补习时间由 1 个题项构成，采用李克特 5 点反向计分；主观压力感受共由 1 个题项构成，采用李克特 7 点反向计分。

2. 学校层面

学校层面的变量体现为对学生的学业支持，包括教学支持和人际支持。

教学支持主要选取了与学生学业成绩联系最紧密的课堂教学成效，共由 14 个题项构成，采用李克特 4 点计分，1 分和 4 分分别为"非常不符合"和"非常符合"，分数越高表明教师的课堂教学成效越好。

人际支持包括师生关系、同伴关系。师生关系共由 4 个题项构成，采用李克特 4 点计分；同伴关系共由 6 个题项构成，采用李克特 4 点计分。

本研究通过软件 SPSS 22.0 进行内部一致性检验，通过软件 Mplus 7.0 进行结构效度检验，采用内部一致性系数（Alpha 系数）和验证性因素分析各参数作为衡量工具信度和结构效度的指标。分别对家长陪伴、心理健康、学习品质和教学支持维度进行信度和效度分析，学业负担维度为非量表题，不对其做信度和效度分析。

如表 2 所示，在做信度分析的 10 个变量中，8 个变量的信度系数均在 0.9 以上，只有 2 个变量的信度系数在 0.85 以上，这说明各个变量的信度较为理想；如表 3 所示，各验证性因素分析拟合指标整体符合要求，只有主观幸福感这一变量的 RMSEA 值略大于 0.08，其余各变量的 RMSEA 值和 SRMR 值均小于 0.08，TLI 值和 CFI 值均大于 0.9，且各题目的因子载荷均大于 0.4，这说明模型的拟合程度较高。

表2 各维度的内部一致性信度（Alpha 系数）①

一级指标			二级指标 Alpha 系数	
心理健康			学习倦怠	0.898
			主观幸福感	0.949
学习品质		0.950	学习习惯	0.970
			学习方法	0.980
			学习动力	0.852
学业支持	教学支持	—	课堂教学成效	0.985
	人际支持	0.927	师生关系	0.934
			同伴关系	0.938

表3 各变量的验证性因素分析模型拟合信息②

	χ^2	df	RMSEA（90%CI）	SRMR	TLI	CFI
学习倦怠	22 023.317	25	0.080（0.079　0.081）	0.038	0.951	0.966
主观幸福感	60 562.364	27	0.128（0.127　0.129）	0.027	0.925	0.944
学习品质	173 613.312	694	0.059（0.058　0.060）	0.056	0.903	0.911
学业支持	246 784.989	1 367	0.050（0.049　0.051）	0.037	0.917	0.921

四、研究结果

本文通过卡方检验、独立样本 t 检验和二元 Logistic 回归分析对数据进行分析，结果如下。

（一）初三学生、女生、独生子女、流动学生的学业抗逆比例更高

如表4所示，在学业抗逆学生中，初一学生的占比③为 13.6%，初二学生的占比为 14.1%，初三学生的占比为 14.8%，卡方值为 12.91，$p<0.001$，这说明三个年级的学业

---

① Alpha 系数在 0.6 及以上，表示量表的信度尚可；在 0.7—0.8，表示量表的信度较好；在 0.8—0.9，表示量表的信度较为理想；在 0.9 及以上，表示量表的信度非常理想。
② TLI、CFI 均大于 0.9 表示模型的稳健性非常好，大于 0.85 表示模型的稳健性尚可；RMSEA 应小于 0.02，最好能小于 0.08；每个题目的因子载荷至少要在 0.3 及以上。
③ 抗逆学生比例=抗逆学生人数/处境不利学生人数。

抗逆学生占比存在显著差异,经过事后两两比较发现,初三学业抗逆学生的占比相对更高。在三个年级的学业抗逆学生中,男生的占比为13.9%,女生的占比为14.9%,卡方值为40.70,$p<0.001$,这说明女生的学业抗逆比例显著高于男生;独生子女的占比为15.0%,非独生子女的占比为14.0%,卡方值为35.09,$p<0.001$,这说明独生子女的学业抗逆比例显著高于非独生子女;流动学生①的占比为15.2%,非流动学生的占比为13.2%,卡方值为83.56,$p<0.001$,这说明流动学生的学业抗逆比例显著高于非流动学生。

表4 不同群体的学业抗逆学生比例

类别	年级	比例	卡方
年级	初一	13.6%[a]	12.91***
	初二	14.1%[a,b]	
	初三	14.8%[b]	
性别	男	13.5%[a]	40.70***
	女	14.9%[b]	
是否独生	独生	15.0%[a]	35.09***
	非独生	14.0%[b]	
是否流动	流动	15.2%[a]	83.56***
	非流动	13.2%[b]	

注:a、b代表不同的组别;***表示$p<0.001$,**表示$p<0.05$。

(二)学业抗逆与非学业抗逆学生在各维度上的差异分析

首先,对学业抗逆和非学业抗逆学生的学业成绩进行差异检验。结果显示(表5),学业抗逆学生的平均学业成绩为615分,非学业抗逆学生的平均学业成绩为451分,学业抗逆学生的平均学业成绩显著高于非学业抗逆学生的平均学业成绩($t=345.283$,$p<0.001$),效应量η^2为0.363,根据方差分析中的效应量判断规则②(η^2为0.01、0.06、0.14,分别表示小、中等和大效应)判定为大效应,这说明研究影响处境不利学生实现学业抗逆的因素有一定的现实意义。

其次,对学业抗逆和非学业抗逆学生的各变量进行差异检验。独立样本t检验结果

---

① 流动学生,是指为外地户口但在苏州市公办或民办小学就读的学生。
② 蒲显伟.定量数据分析效应值研究综述[J].统计与信息论坛,2014(4):18-22.

显示，学业抗逆和非学业抗逆学生除了在自身压力感受上没有差异外，在其他各层面的变量上均存在显著差异。

在个体层面，学业抗逆学生的学习倦怠显著低于非学业抗逆学生，属于小效应量（t值为-31.477，$p<0.001$，$\eta^2=0.022$）；主观幸福感显著强于非学业抗逆学生，但效应量相对较小，还未达到小效应量的标准（t值为-18.129，$p<0.001$，$\eta^2=0.009$）；学业抗逆学生的学习品质，包括学习习惯、学习方法和学习动力，显著高于非学业抗逆学生，均属于小效应量（t值分别为-25.334、-44.375、-41.979，p值均小于0.001，η^2分别为0.017、0.022和0.021）；学业抗逆学生的作业总时间和学科补习时间均显著长于非学业抗逆学生，但效应量很小，未达到小效应量的标准，且学科补习时间的效应量为0（t分别为9.014和2.690，p值均小于0.01，η^2分别为0.001和0.000）。

在学校层面，学业抗逆学生对学校教师的课堂教学成效的认可度显著高于非学业抗逆学生，属于小效应量（t值为-56.509，$p<0.001$，$\eta^2=0.036$）；学业抗逆学生的师生关系和同伴关系要显著好于非学业抗逆学生，但效应量相对较小，还未达到小效应量的标准（t分别为-18.055、-10.307，p值均<0.001，η^2分别为0.008和0.003）。

以上分析说明，除了学科补习时间和自身压力感受外（效应量为0），其余各变量都有可能是处境不利学生成为学业抗逆学生的影响因素。

表5 各变量独立样本t检验结果

维度	抗逆学生		非抗逆学生		t	η^2
	均分	标准差	均分	标准差		
量尺分	615	34.65	451	81.18	345.283***	0.363
个体层面						
学习倦怠	3.38	0.48	3.13	0.60	-31.477***	0.022
主观幸福感	4.40	1.21	4.05	1.35	-18.129***	0.009
学习习惯	3.08	0.49	2.89	0.54	-25.334***	0.017
学习方法	3.11	0.60	2.82	0.69	-44.375***	0.022
学习动力	3.24	0.57	2.98	0.63	-41.979***	0.021
作业总时间	3.19	1.41	3.33	1.42	9.014***	0.001
学科补习时间	4.54	0.84	4.57	0.84	2.690***	0.000
主观压力感受	2.78	1.30	2.76	1.31	-1.494	0.000

续表

维度	抗逆		非抗逆		t	η^2
	均分	标准差	均分	标准差		
学校层面						
课堂教学成效	3.33	0.49	3.02	0.58	−56.509***	0.036
师生关系	2.31	0.60	2.14	0.68	−18.055***	0.008
同伴关系	2.23	0.60	2.13	0.61	−10.307***	0.003

注：*** 表示 $p<0.001$，** 表示 $p<0.05$。

（三）处境不利学生实现学业抗逆的影响因素

为了进一步研究各变量的影响大小，本文采用二元 Logistic 回归分析对各层面变量与处境不利学生实现学业抗逆的关系进行实证研究。考虑一般认为学科补习时间和主观压力感受对学业成绩会有一定的影响，故在变量选择上，我们依然将学科补习时间和主观压力感受也放入回归模型中。表 6 所示的回归结果表明以下几点：

在学生个体层面的人口学变量上，性别情况、独生情况、流动情况不同的处境不利学生成为学业抗逆学生的概率有显著差异（$p<0.05$）。具体来说，男生对女生的胜算比为 0.880，即与女生相比，男生成为学业抗逆学生的概率比女生低 12%；独生子女对非独生子女的胜算比为 1.161，即与非独生子女相比，独生子女成为学业抗逆学生的概率比非独生子女高 16.1%；非流动学生对流动学生的胜算比为 0.792，即与流动学生相比，非流动学生成为学业抗逆学生的概率比流动学生低 20.8%。而在不同年级，处境不利学生成为学业抗逆学生的概率没有显著差异（$p>0.05$）。

在学生个体层面的非人口学变量上，学业倦怠、学习动力和作业总时间对处境不利学生能否成为学业抗逆学生有显著的预测作用（$p<0.05$），回归系数分别为 0.597、0.098 和 −0.150。具体来看，学习倦怠的胜算比为 1.817，即每当学生的学习倦怠得分增加 1 分（学习倦怠减轻）时，其成为学业抗逆学生的概率就增加 81.7%；学习动力的胜算比为 1.103，即每当学生的学习动力得分增加 1 分时，其成为学业抗逆学生的概率就增加 10.3%；作业总时间的胜算比为 0.861，即每当学生的作业总时间得分减少 1 分（增加作业总时间）时，其成为学业抗逆学生的概率就增加 13.9%。而本研究并未发现主观幸福感、学习习惯、学习方法、学科补习时间和主观压力感受对处境不利学生成为学业抗逆学生有显著影响（$p>0.05$）。

在学校层面，课堂教学成效和同伴关系对处境不利学生成为学业抗逆学生有显著的预测作用（$p<0.05$），其回归系数分别为 0.519 和 -0.208。具体来看，课堂教学成效的胜算比为 1.680，即每当学生认为教师的课堂教学成效得分增加 1 分时，其成为学业抗逆学生的概率就增加 68%；同伴关系的胜算比为 0.812，即每当学生的同伴关系得分增加 1 分时，其成为学业抗逆学生的概率就减少 18.8%。师生关系对处境不利学生成为学业抗逆学生没有显著的影响（$p>0.05$），其原因可能在于苏州市为教育发达地区，教师能够在一定程度上公平公正地处理与学生的关系，不会因为成绩等原因对学生差别对待，上文的差异分析也印证了这一说法：学业抗逆学生的师生关系得分为 2.31 分，学业非抗逆学生的师生关系为 2.14 分，两者之间的差异很小，还未达到小效应量的标准。

表6 各维度与学业抗逆学生的二元 Logistic 回归分析结果

维度	B	S.E,	Wals	p	Exp (B)
个体层面					
年级			6.787	0.034	
年级（1）	0.029	0.042	0.469	0.493	1.029
年级（2）	-0.078	0.041	3.522	0.061	0.925
性别（1）	-0.128	0.032	15.663	0.000	0.880
是否独生（1）	0.149	0.039	14.772	0.000	1.161
流动情况（1）	-0.234	0.033	51.057	0.000	0.792
学习倦怠	0.597	0.052	130.696	0.000	1.817
主观幸福感	0.020	0.018	1.158	0.282	1.020
学习习惯	-0.060	0.058	1.085	0.298	0.942
学习方法	-0.007	0.048	0.022	0.882	0.993
学习动力	0.098	0.040	5.975	0.015	1.103
作业总时间	-0.150	0.013	128.818	0.000	0.861
学科补习时间	0.021	0.021	1.012	0.314	1.021
主观压力感受	-0.010	0.014	0.546	0.460	0.990
学校层面					
课堂教学成效	0.519	0.06	75.035	0.000	1.680
师生关系	-0.004	0.034	0.011	0.918	0.996
同伴关系	-0.208	0.036	33.837	0.000	0.812
常量	-4.362	0.156	786.934	0.000	0.013

注：① Exp（B）指胜算比，说明自变量与依变量之间的关联，需要与1进行比较；② 年级对照组为七年级，年级（1）为八年级，年级（2）为九年级；性别的对照组为"女生"；独生情况的对照组为"非独生"；流动情况的对照组为"流动"。

五、主要结论

本研究基于苏州市义务教育学业质量监测数据,通过卡方分析、独立样本 t 检验和二元 Logistic 回归分析,对处境不利学生能否成功实现学业抗逆进行实证研究,得出以下结论:

首先,不同人口学变量下的处境不利学生实现学业抗逆的概率有显著差异。卡方检验结果显示,年级、性别、独生情况和流动情况不同的学生在抗逆比例上存在显著差异。女生比男生的学业抗逆实现概率高,独生子女学生比非独生子女学生的学业抗逆实现概率高,流动学生比非流动学生的学业抗逆实现概率高。

其次,学生的学业倦怠和学习动力对处境不利学生成为学业抗逆学生有正向的预测作用,即学业倦怠越轻,学业抗逆实现概率越高;学习动力越强,学业抗逆实现概率越高。

再次,客观学业投入对处境不利学生实现学业抗逆的作用有限,即学科补习时间对处境不利学生成为学业抗逆学生没有影响。增加作业总时间虽然能在一定程度上提高处境不利学生实现学业抗逆的概率,但是与其他因素相比,其作用相对较小。

最后,课堂教学成效对处境不利学生实现学业抗逆有正向预测作用,即教师的课堂教学成效越好,学生实现学业抗逆的概率就越高;而同伴关系对处境不利学生实现学业抗逆有负向预测作用,即同伴关系越好,实现学业抗逆的概率就越低。

六、对策与建议

(一)对处境不利的特定学生群体给予更多的关注

研究结果显示,女生比男生更容易实现学业抗逆。从生理上来说,女生比男生发育早,初中阶段女生在各方面比男生更成熟;从性格上来说,女生相对沉稳、内敛、集中注意力时间长,在学习上更能配合教师的教学,而男生活泼、好动、集中注意力时间短,不容易沉下心来学习。这往往对初中阶段男生的学业成绩有一定程度的影响。

独生子女比非独生子女更容易实现学业抗逆。2015 年 10 月,中国共产党第十八届中央委员会第五次全体会议公报指出要坚持计划生育基本国策，积极开展应对人口老龄化行动，实施全面"二孩"政策。2021年5月31日，中共中央政治局召开会议，审议了《关于优化生育政策促进人口长期均衡发展的决定》，并指出为进一步优化生育政策，实施一对夫妻可以生育三个子女政策及配套支持措施。聚集性关注是独生子女与非独生子女的亲子关系的主要区别，它指的是父母将关注集中在一个孩子身上①，而目前在苏州市初中生的非独生家庭中，这些学生一般多为家里的第一个孩子，家长的关注点往往会集中在年龄更小的"二孩"身上，对第一个孩子的关注与独生子女家庭相比有所降低，这在一定程度上会影响学生在各方面的表现，进一步影响他们的学业成绩。

流动学生比非流动学生更容易实现学业抗逆。对于处境不利的流动学生来说，他们想取得学业成功、改变命运的需求和动机比非流动学生强。王晓妹指出，这些学生在学习态度、学习动机和努力程度方面均表现得相对较好。②

因此，家庭和学校教育应该多给予处境不利的男生、非独生子女和非流动学生更多的关注。第一，目前小学和初中的考试模式，更有利于接受式学习和复习强化，对男生发展能力和成绩提升相对不利。杨志明等人认为，我国目前考试严格限定了内容规范，相对于男生来说，女生学习更加努力，因而对考试范围的把握往往比男生要好一些，考试成绩也普遍要高一些。③ 但成绩并不是评价的唯一标准，家长、教师要善于发现男生的其他方面的优点，给予他们更多的鼓励和包容，帮助他们提升学习自信心；针对男生的性格特点，要重视培养男生的规则意识，与他们一起制定规则，共同遵守，让他们静心学习。第二，家庭和学校要引导非独生子女学生培养自我学习的意识和方法，增强其自主学习能力，在一定程度上克服家长关注度相对不高的不利影响。第三，对于处境不利学生中的非流动学生，家长和教师要通过引导他们找到学习目标、建立学习朋友圈、体验成功等，提升他们的学习动力。

（二）提升学生学习的内在动力，缓解学业倦怠

研究结果显示，学生的学业倦怠和学习动力对处境不利学生能否成为学业抗逆学生有正向的预测作用。学生产生学业倦怠有多方面的原因：一是学习压力大。目前初中学生作业量大，课外补习多，睡眠少，长时间处于高负荷的学习状态，消耗了大量时间和

---

① 陈一心，王玲. 独生子女家庭的亲子关系[J]. 上海教育科研，2006（12）：57-58.
② 王晓妹. 关于农民工子女的中学学习适应性的研究：基于对大连66中学的调查与分析[D]. 大连：辽宁师范大学，2007.
③ 杨志明，李沛，刘湘艺. 学业成就测试和高阶思维能力测试的性别差异分析[J]. 教育测量与评价，2021（3）：3-10.

精力，不断损耗学习动力，产生逆反心理。二是学校生活与学生的生命成长需求不适应。有的学校不按规定开齐开足国家课程，少开设甚至不开设校本课程，体育课、艺术课、劳技课等课程常常被考试课程占用，学生的校园生活几乎完全被机械重复的学业学习占据，单调乏味，缺少生命活力和情感张力。三是家长教育期望值过高。我国素来有"望子成龙""望女成凤"的社会风气，学生承受巨大的精神压力，一旦与家长的期望值持续产生较大落差，其学习自信心就会被逐渐蚕食，进而产生学业倦怠。四是学生个体过于敏感，过分注重别人对自己的评价，容易产生学业倦怠。

因此，家庭和学校要共同致力减轻学生的学业负担，减少学生不必要的学业投入；家长之间不盲目攀比，要根据自己孩子的实际情况，设置孩子可承受的期望值。家长可以营造良好的家庭教育氛围，为孩子提供心理和行为层面的支持[①]；学校应依据政策开齐开足国家课程，努力创设健康多元的校园氛围，丰富学生的课余生活。社会各方要致力协同合作，帮助学生提高自我效能感，增强其学习自信心，以此来缓解学生的学业倦怠，提高其学习动力。

（三）家校协同合作，合理控制学生客观学业投入

研究结果显示，处境不利学生增加学科补习时间对于其能否成为学业抗逆学生没有影响；增加作业总时间虽然能在一定程度上提高学生实现学业抗逆的概率，但是与其他因素相比，作用相对较小。这一结论与教育部最近颁布的政策文件一致性较高。2021年7月24日，中共中央办公厅、国务院办公厅印发的《关于进一步减轻义务教育阶段学生作业负担和校外培训负担的意见》指出，要全面压减作业总量和时长，减轻学生过重的作业负担。因此，要坚持从严治理，全面规范校外培训行为，严禁超标超前培训，严禁非学科类培训机构从事学科类培训，严禁提供境外教育课程。校外培训机构不得占用国家法定节假日、休息日及寒暑假组织学科类培训。

对于处境不利学生的家庭来说，往往没有一定的经济条件来支持孩子进行学科补习，况且付出与回报的不对等会加大家庭经济压力。此外，增加作业时间也远没有减轻学生的学习倦怠、提高学习动力的作用大。因此，处境不利的家庭要将重心放在端正孩子的学习态度、提升学生的学习动力上。

（四）教师要提高课堂教学成效，引导学生形成共同成长的同伴关系

研究结果显示，课堂教学成效对处境不利学生实现学业抗逆有正向预测作用。影响

---

① 张平平，袁玉芝. 国际教育测评项目抗逆学生研究探析［J］. 比较教育研究，2021（6）：89-96.

教师课堂教学成效的因素包括学校、教师个人、学生等多个方面。教师个人原因主要表现为教师自身专业能力的不足、教学内容的针对性不强、教师工作量的超负荷、教师内部动机的缺乏等。来自处境不利学生自身的原因主要表现为对课堂教学内容不感兴趣，对课堂基础知识掌握得不扎实，无法跟上课堂节奏，且自控力较差，在较多时间内无法正常参与课堂活动。因此，对于学校来说，有必要多支持教师参加各项专业培训，提升他们的专业能力。对于教师个人来说，要潜心钻研教材，熟悉教学目标和教学内容，提升教学的针对性；在具体的课堂教学中，对于那些基础薄弱、学习自控力差的学生要给予更多的关注，关心他们的学习和生活，引导他们形成良好的学习习惯。

同伴关系对处境不利学生实现学业抗逆具有负向预测作用。这可能是因为处境不利学生的学业成绩一般也相对较差，他们没有意识和能力与同伴在学业上互帮互助、共同成长，他们的同伴关系往往表现为一同玩耍的生活交往，而学业抗逆学生恰恰能够克服这些生活交往的干扰。因此，学校和教师要更好地发挥同伴关系在促进学生学业发展中的作用，有意识地引导学生形成相互支持、共同成长的同伴关系。

七、研究不足与展望

本研究基于苏州市义务教育学业质量监测数据，研究了学生个体和学校在学生实现学业抗逆中的作用，虽然得出了一些结论，但也存在一些在后续研究中可以改进的地方。

首先，在变量的选择上，未选择家庭层面的变量。本研究发现，处境不利学生在家庭社会经济地位上有一致性，故认为其家庭教育也有一致性，但实际情况可能并不是如此，即使家庭社会经济地位差异不大，但是家庭教育氛围、家庭教育投入、亲子关系等客观方面是存在差异的，因此在后续的研究中，需要进一步探索家庭层面因素对学生实现学业抗逆的影响。

其次，在研究方法上，本研究以二元 Logistic 回归分析研究学生个体和学校在学生实现学业抗逆中的作用，因变量较多，对各变量的影响作用和效果的研究不够深入，因此在后续的研究中，需要对某个或某些变量的影响集中做更为深入的研究。

最后，在研究结论上，某些结论还需要更进一步的讨论。例如，本研究并未发现师生关系对处境不利学生成为学业抗逆学生有显著影响，虽然以往的实证研究也发现师生关系对学生学业成绩没有显著影响，但这一结论还需要在后续的研究中得到论证和说明。

（本文由苏州市教育质量监测中心提供，撰稿人：冯杰、罗强）